서울의
인문학

서울의 인문학
도시를 읽는 12가지 시선

초판 1쇄 발행／2016년 2월 25일
초판 2쇄 발행／2016년 3월 23일

지은이 류보선 염복규 신수정 조연정 최윤영 변미리 정수진 김성홍 정흥수 서우석 김명환 이성백
엮은이 조세형 서우석 이양숙 정희원
펴낸이 강일우
책임편집 정편집실·이상술
조판 황숙화
펴낸곳 (주)창비
등록 1986년 8월 5일 제85호
주소 10881 경기도 파주시 회동길 184
전화 031-955-3333
팩시밀리 영업 031-955-3399 편집 031-955-3400
홈페이지 www.changbi.com
전자우편 nonfic@changbi.com

ⓒ 서울연구원 2016
ISBN 978-89-364-7281-8 03910

류보선
염복규
신수정
조연정
최윤영
변미리
정수진
김성홍
정홍수
서우석
김명환
이성백
지음

도시를 읽는 12가지 시선

서울의
인문학

조세형
서우석
이양숙
정희원
엮음

서울시민의
'내면'을 추적하다

바야흐로 인문학 열풍이라 할 시점에 '인문학'을 제목으로 내건 책을 내는 마음가짐이 조심스럽기만 하다. 인문학이 무엇을 할 수 있는지, 우리 사회에서 인문학에 기대하는 역할이 무엇인지에 쉽게 대답할 수는 없으나 짊어지고 갈 수밖에 없는 공부길의 무게를 생각하면, 인문학을 이야기하는 수많은 책 위에 한권을 더 얹는 의미가 무엇인지 그 물음이 가볍지만은 않다. 그리하여 그 해답의 실마리를 '서울'에서 찾아본다. 서울시민들의 삶뿐만 아니라 한국사회 전반에 큰 영향을 미치는 거대도시 서울을 인문학의 시선으로 바라보았을 때 지금껏 논의되지 않은 의미있는 이야기들이 오갈 수 있다면, '서울의 인문학'이라는 책의 제목에서 '인문학'이 갖는 무게를 '서울'이 감당해주지 않을까 기대해본다.

이 책의 바탕이 된 '2015 서울인문학' 프로젝트는 그간 서울이라는 도시를 기록하는 여러가지 방식에 인문학적인 성찰을 더하고자 하는 시도에서 출발하였다. 서울연구원의 후원으로 시작된 '2015 서울인문학' 프로젝트를 위해 서울시립대학교 도시인문학연구소의 조세형, 서우석, 이양숙, 정희원이 기획팀을 꾸렸고, 기획위원들은 이 책이 전문성을 잃지 않으면서도 쉽게 읽힐 수 있어야 한다는 데 의견을 모았다. 그동안 서울에 대한 통계는 여러 기준으로 이루어져왔다. '인구센서스'는 5년 주기로 서울시 거주민들을 전수조사하여 인구, 거주형태, 소득, 주택, 도로 등 다양한 기준에서 통계수치를 제공하고 있다. 서울의 하드웨어에 관한 통계가 세부분야에 걸쳐 지속적으로 이루어지는 데 비해 정작 '인간의 내면'에 관한 기록과 정리는 제대로 이루어지지 않았다는 것이 이 책의 문제의식이다. 그리고 이 문제의식이 학계를 넘어 사회적으로 널리 소통됨으로써 활발한 논의가 생산되었으면 하는 것이 또다른 바람이다.

이 책은 지난 5년간 서울의 공간적 의미의 변화와 그에 따른 서울시민의 내면의 궤적을 추적하여 기록하고자 한 작업의 결과물이다. 기존에도 서울의 공간과 사회현상 등에 대한 글들은 있었지만 우리는 그것을 넘어서서 인문학적 상상력으로 서울을 투영하고자 하였다. 구체적으로 어떻게 할 것인지가 관건이었는데, 서울의 특정 공간들을 대상으로 하되 그로써 특정 사회현상들을 설명할뿐더러 그 속에 인간 내면에 대한 관심과 고민을 함축하는 작업이 되도록 하였다. 말하자면 공간, 사회현상, 인간 내면을 동시에 고려하는 삼차원적인 작업인 것이다.

먼저 류보선의 「광장의 꿈, 혹은 권력의 광장에서 대화의 광장으로」는 2002년 월드컵을 계기로 보행자 중심의 시민광장으로 다시 태어난 광화문광장과 서울광장을 대상으로 열린 사회를 지향하는 소통의 열정을 읽는다. 각종 문화행사와 종교행사, 정치적 소통의 장이 되었던 서울의 '광장'이 2014년에는 세월호를 추념하는 슬픔과 분노로 가득하게 된 상황을 논의한다. 이를 위하여 '밀실과 광장'의 대립구도를 넘어 '수많은 골목'을 제시하면서 대결과 일방적 설득이 아닌, 광장의 진정한 의미라 할 대화의 다양한 가능성을 모색하는 점은 주목할 만하다.

염복규의 「'서울 남촌', 100년의 역사를 걷는다」는 서울의 도시재생의 중요한 흐름이 되고 있는 역사문화자원에 대해 논의한다. 인사동에서부터 시작된 그러한 관심과 변화는 북촌, 삼청동, 서촌, 성북동으로 이어진 바 있는데, 이 글에서는 지난 5년 사이 논의가 새롭게 필요해진 남촌 지역을 그 대상으로 삼는다. 서울의 역사문화자원에 대한 관심은 더이상 일제에 의해 훼손된 역사성과 상징성을 회복하는 차원에 그치지 않으며, 기억이 환기하는 진정한 대상은 '현재'라는 점에서 서울의 역사문화자원을 낯선 풍경으로 재발견하는 노력은 끊임없이 이어질 것이다. 그런 의미에서, 일제강점기의 '한적한 북촌' 대 '북적이는 남촌'의 대비에서 시작해 여러 겹의 역사적 경험이 겹쳐 복수 텍스트화한 도시경관의 중층성으로부터 현재적 의미를 읽어내는 그의 시도는 흥미롭다.

신수정의 「노인에 대하여 말할 때 우리가 제대로 말하지 못한 것들」은 우리 안의 타자가 되어버린 실버 세대의 일상과 사랑을 논한다. 탑골공원에서 종묘공원으로 이어지는 '실버 벨트'에서 노년 세대가 연출하는 '경이로운 활기'와 '생의 의지'를 발견하는 대목에서 우리는 모든 인간에게는 '오늘'이 가장 젊은 시간이라는 평범한 진리를 다시 깨닫게 된다. 노인을 무성적 집단으로 규정하려는 공동체의 관념은 실패할 수밖에 없으며 오늘날 도시공동체가 그어놓은 그 경계선이 되레 우리의 자유를 구속할 수 있다는 그의 진단은 자못 시사적이다.

조연정의 「이 멋진 도시를 어떻게 내 것으로 만들 수 있을까」는 고시원과 편의점을 전전하는 '청년 세대'의 불안과 우울에 대해 진단한다. 언제부턴가 편의점과 고시원은 청춘의 우울한 아이콘이 되었다. 높은 대학진학률과 낮은 취업률 사이에 낀 오늘의 청년 세대에게 청춘의 특권인 기개는 사라지고 '취준생'의 아픔만이 있다. '삼포세대' '달관세대'로 불리는 이들에게 청춘은 원래 아픈 것이라고 말할 수 있을까? 정치에 대한 관심조차 자신들에겐 사치라고 말하는 이들의 불안과 우울은 10년 전의 '막연한 기대'는 이제 '지독한 절망과 불안'으로 바뀌었고, '다양한 상상력'은 '사회학적 상상력을 포기한 무중력의 상태'로, '손에 잡히는 풍요'는 '탕진의 기술과 소유의 환상'으로 대치되었음을 드러내고 있다.

최윤영의 「새로운 이방인 서울사람들」은 '서울사람'이 되고 싶은 이방인의 심층심리와 함께 서울시민의 '지구시민화'를 화두로 삼아 다문화 현상이 전면에 부각된 서울의 모습을 다루고 있다. 종래의 이주노동자와 결혼이주자 외에 최근에는 생계나 직업에 얽매이지 않고 자발적으로 서울에 와서 새로운 인생을 꿈꾸는 외국인들이 증가하고 있다. 최윤영은 「미녀들의 수다」와 「비정상회담」의 출연자들을 비교함으로써, 종래의 이주자들이 집단으로 기억되던 데 비해 이들 새로운 이주자들은 개인의 이름으로 기억되고 있음을 분석하고, 세계적 대도시와 유사성을 띤 서울의 변모를 논의한다. 이때 '우리 한국인'과 '저들 다문화인'을 구분하여 바라보는 서울사람의 양가적 시선에 대한 반성은 참조할 필요가 있을 것이다.

변미리의 「서울의 핫 플레이스 혹은 '뜨는 거리'」는 제목 그대로 새롭게 핫한 장소로 떠오른 홍대앞, 가로수길, 경리단길 등을 대상으로 장소

소비의 내면의식을 점검한다. 본래 인디밴드와 예술가들이 모여 있던 홍대앞이 '힙'한 이미지를 통해 소비와 유흥 문화의 중심으로 변모했듯이, 초기에 소규모 디자이너들과 플로리스트들이 모여 있던 가로수길 역시 이제 SPA브랜드와 기업적 장사꾼들에게 자리를 내주었다. 신촌이나 강남역 부근 같은 전통적인 유흥가 대신 이런 '분위기' 있는 골목에 한번쯤 발 디뎌보고자 하는 이들의 마음속에는 그 동네가 주는 예술가적인 낭만의 판타지를 소비하고 싶은 욕망이 놓여 있으며, 이는 SNS에서 '허세'로 자신의 이미지를 빚는 것으로 귀결된다. 핫 플레이스를 점유하는 세대가 오렌지족에서 보보스족으로 바뀌고 상업 공간들이 갤러리와 복합문화공간이 있는 문화 공간으로 변모하는 가운데, 예술적 소비 공간에 대한 욕망이 젠트리피케이션을 낳는 현상에 대한 문제제기는 경청할 필요가 있다.

정수진의 「청계천, 서울의 빛나는 신전」은 청계천과 동대문디자인플라자(DDP)를 통해 공간 디자인을 둘러싼 '서울의 꿈'을 해부한다. '디자인서울' 프로젝트는 디자인서울거리 조성, 도시갤러리 프로젝트 등을 내세워 서울의 경관에 많은 변화를 가져온 바 있다. 동대문운동장을 헐어내고 막대한 예산을 투입해 건립한 DDP는 한편으로 동대문이라는 공간 디자인에서 중심이 되어야 할 동대문 자체가 최신식 지형지물에 눌려 입지가 축소되고 초라해지는 결과를 낳기도 하였다. 최근 공중보행통로 계획으로 다시 주목받고 있는 세운상가는 한때 '빛나는 미래'였으나 지금은 '쓰러지기 직전의 폐허'처럼 바뀌었다. 이런 점에서 DDP가 청계천의 '21세기적 변주곡'에 해당할지 모른다는 지적은 주목할 만하다.

김성홍의 「땅과 용적률의 인문학」은 공간에 대한 인간의 욕망이 수치화되어 나타나는 용적률이라는 개념에 주목하면서 우리나라, 특히 서울에서 벌어져온 '용적률 게임'을 둘러싼 인간 내면을 면밀히 분석한다. 자신의 주거 공간이 '크고, 높고, 밝기'를 바라는 것은 모든 이의 본능적 욕망이겠으나 건축은 전망, 향(向), 프라이버시 가운데 어느 하나도 포기하지 않고 사적 공간의 확장을 통해 독특한 주거 모델을 만들어왔다. 이런 '용적률 게임'이 최근 들어 균열을 보여주고 있다는 지적과 함께, 극심하게 높은 밀도를 지닌 서울에서 건축의 '크기'에 대한 사회적 합의와 조절장치를 새로이 모색할 필요가 있다는 그의 주장은 무척 시사적이다.

정홍수의 「보행 공간의 확장과 자발성의 공간 실천」은 서울성곽길, 북한산둘레길 등 보행 공간의 확장이라는 현상에서 자발성의 공간적 실천이라는 문제를 제기한다. 2000년대 중반 웰빙 열풍을 이어받은 이른바 '힐링' 열풍 속에서 재탄생한 걷기 문화는 몸-주체로서 시민들의 자발성에 기초한 걷기와 보행 공간의 확장 요구로 이어지고 있다. 그는 확장되고 균질화된 공간을 전제하는 압축적 근대의 '질주'에 대한 반성으로서 '걷기'에 대한 성찰을 통해 오늘의 걷기 열풍과 등산 열풍이 함축하는 의미를 해석한다. 걷기의 리듬이 사유의 리듬을 형성하며 이때 걷는 주체는 혼자이지만 충만하고 견고해진 혼자라는 것이 그의 생각이다. 근원적인 곳으로 돌아가기로서의 걷기인 것이다.

서우석의 「「강남스타일」이 노래한 강남」은 서울의 한 지명인 '강남'에 일약 세계적인 유명세를 가져다준 싸이의 「강남스타일」을 통해 동시대의 서울을 되돌아보고 있다. 그 한편에는 분명 '세계의 인정을 향한 민족주의적 열망'이 자리 잡고 있을 터이지만, 동시에 다른 한편으로는 강남의 정체성의 변화와 함께 '필요에 따라 유연하게 적응할 수 있는 주체'

라는 새로운 인물 유형의 출현을 읽어낼 수도 있다. 그는 「강남스타일」이 단순히 강남의 소비문화가 아니라 생산과 소비의 순환관계가 가속화되는 포스트포디즘적 자본축적의 공간으로서의 '강남'을 노래한 것으로 해석하고, '강남 키드'인 싸이가 그 대변인 역할을 한 것으로 분석한다.

김명환의 「'대치동', 승자독식과 각자도생의 소용돌이」는 한국 사교육 시장의 중심이라 할 대치동의 일상을 논의한다. 자녀를 남부럽잖게 키우고 싶은 부모가 지불해야 할 비용이 한없이 높아지면서 '수저론'으로 대변되는 계급세습사회의 복귀를 우려하는 목소리 또한 커져가는 상황에서 이러한 논의가 시사하는 바는 자못 크다. 평균보다 높은 소득과 구매력을 지닌 대치동의 주민들은 끊임없이 구성원을 선택하고 배제하며 보이지 않는 성벽을 구축한다. 이 글은 대치동으로 상징되는 교육자본이 내포하는 배제의 우월의식을 '승자독식'과 '각자도생'의 키워드로 해석하고 있는데, 실제로 한 아파트에서 18년째 살고 있는 '대치동 원주민'의 밀착 관찰기가 주는 재미와 그 성찰의 깊이가 우열을 가리기 힘들다.

이성백의 「공동체사회론의 철학적 재성찰」은 19세기 후반 이후 서구 사회에서 시도되었던 도시공동체 이론을 역사적이고 철학적인 관점에서 사유한다. 19세기 후반 현대사회의 부정성이 표출되면서 인간들 사이의 유대 회복을 목적으로 하는 공동체사회의 이념이 하나의 시대정신으로 부각된 사정과, 그 과정에서 '개인의 자유'의 문제가 인간적 유대 회복의 절심함 속에서 소홀히 되었음을 지적하는 대목은 특히 경청할 필요가 있다. '자유로운 개인'이 '벌거벗은 생명'으로 내몰려 '생존의 불안' 속에서 전전긍긍하고 있는 현대 한국의 상황에서 '자유로운 개인들에 의해 결성되는 자유로운 공동체'의 다양한 실험이 21세기의 시대적 과제라는 그의 주장은 오늘날 서울의 곳곳에서 시도되고 있는 도시공동체운동에 시사하는 바가 크다.

2010년대 상반기 서울시민의 내면을 추적해보겠다는 야심찬 의도에서 출발했지만, 그 과정이 순탄하지만은 않았다. 인문학 분야 연구자들의 시선이 그래야 하듯이 그 출발점은 항상 과거를 복기하는 것에서 시작되었고, 이를 통해 특정 기간 동안 서울이라는 도시의 욕망과 그 내면을 들여다보고자 했던 우리의 의도가 얼마나 충족되었는지는 이제 독자 여러분이 판단해주실 것이라 믿는다.

이 책은 2014년 말 서울연구원의 지원을 받아 서울시립대학교 도시인문학연구소 사업의 일환으로 진행되었다. 2014년 12월 첫 기획회의가 시작되었고 이듬해 봄 최종 기획안을 확정하여 인문학, 도시사회학, 건축학, 조경학 등 다양한 분야의 전문 필진을 모시게 되었다. 전문성과 대중성, 현장성과 텍스트, 시간과 공간을 동시에 고려해달라는 쉽지 않은 요구를 기꺼이 수락해주시고 훌륭한 원고를 완성해주신 모든 필자들에게 진심으로 감사드린다. 서로 다른 분야의 필진들과 문제의식을 공유하기 위해 2015년 3월과 7월 총 4회의 필자 워크숍이 진행되었는데, 모든 분들이 빠짐없이 참석하여 원고를 발표해주셨고 원고에 대한 기획·편집위원들의 소소한 질문이나 수차에 걸친 수정 요청에도 흔쾌히 응해주셨다. 이 과정에서 도시인문학이라는 새로운 분야에 대한 이해와 지지는 물론 날카로운 문제의식과 조언을 보내주신 것에 대해서는 어떻게 감사의 마음을 전해야 할지 알 수 없을 정도이다.

더불어 서울시립대학교 도시인문학연구소에 모든 것을 일임해주신 서울연구원 김수현 원장님, 항상 발 벗고 도와주신 서울연구원 김인희

실장님, 이원영 실장님께도 이 자리를 빌려 깊은 감사의 인사를 올린다. '도시인문학'이라는 새로운 연구분야를 개척해온 도시인문학연구소와 우리 사회를 바라보고 기록하는 인문학적 시선의 중요성을 간파한 서울연구원과의 '운명적' 만남과 협업은 큰 행운이었다. 그 과정에서 기획·편집위원으로 함께 고생하신 서우석 선생님, 이양숙 선생님, 정희원 선생님께도 감사드린다. 촉박한 기일에도 불구하고 좋은 책을 만들어주신 창비 여러분들의 수고가 없었더라면 이 책은 세상의 빛을 볼 수 없었을 것 같다. 마지막으로 학문 융합의 시대에 앞장서 인문학의 운신의 폭을 넓히는 데에 매일 분투하고 있는 도시인문학연구소 모든 식구들에게 이 책의 출간이 조금이라도 힘을 실어줄 수 있다면 더 바랄 나위 없을 것이다.

2016년 2월 배봉산에서
기획·편집위원 4인을 대신하여 조세형

1

광장의 꿈, 혹은 권력의 광장에서
대화의 광장으로

– 2011년 이후 광화문광장과 서울광장의 풍경에 대하여

류보선

광장의 꿈 혹은
꿈의 광장

　최인훈의 『광장』(1960)이라는 소설이 있다. 『광장』은 잘 알려진 바와 같이 4·19혁명의 사건성을 충실하게 자기화하면서 씌어진 소설로, 주인공 이명준의 실천과 반성 그리고 결단을 통해 한국전쟁의 발생론적 기원과 남북분단의 극복 가능성을 세계사적 맥락 속에서 탐색한 한국문학의 살아 있는 고전이다. 그런데 『광장』은 특이하게도 남북분단의 극복 가능성을 진정한 '광장'의 건설에서 찾는다. 그러니까 『광장』에는 그 제목에 걸맞게 광장의 진정한 존재 형식에 대한 성찰도 들어 있는 셈이다. 『광장』「서문」에는 "사람들이 자기의 밀실로부터 광장으로 나오는 골목은 저마다 다르다. 광장에 이르는 골목은 무수히 많다"는 구절이 나온다. 『광장』은 다른 사람들과 나누어지지 않는 잔여물을 지닌 개인들이 그 나누어지지 않는 부분들을 가지고 광장에 나와서 광장을 채우길 바란다. 그리고 그 광장에서 나누어지지 않는 것들의 무한한 대화와 상호교류가 이루어지길 기대하며, 그 쉽지 않은 과정을 통해 개인은 개인대로 더욱 발전된 주체가 되고 광장은 한사람의 목소리가 아닌 여러사람의 목소리가 완벽한 화음을 이루는 축제의 공간이 되기를 희망한다. 궁극적으로『광장』은 나누어지지 않는 자신만의 창조적인 개성과 재능을 지닌 개인들이 자신의 그것을 타인들 혹은 사회 전체와 나누기 위해 망설임 없이 밀실을 나서고, 광장은 그들을 흔쾌히 받아들여 서로 다른 개인들의 목소리가 뒤섞이며 좀더 발전된 진리와 지혜가 움트는 공간으로 항상 살아 있기를 꿈꾼다.

『광장』은 이렇게 '꿈의 광장'을 머릿속에 그려놓고 한국전쟁 직후의 한국을 바라본다. 그리고 남북분단과 한국전쟁의 원인을 '밀실과 광장의 분열'에서 찾는다.『광장』에 따르면 남한은 밀실 안에 숨어든 개인만 있을 뿐 그 개인들이 서로의 목소리를 섞는 광장이 없는 '밀실의 감옥'이고, 북한은 광장에서의 삶이 지배적이되 각 개인의 '밀실'을 인정하지 않아 결국 한 목소리가 모든 것을 지배하는 전체주의 사회이다.『광장』은 이것이 한국전쟁의 원인이며 그 혹독하고도 참혹한 전쟁을 겪고도 여전히 남한과 북한이 갈라서 있는 이유라고 말한다.

이처럼『광장』은 한반도의 비극을, 더 나아가 꿈의 세계로부터 무한히 멀어진 이 세계의 파국적 상황을 '광장으로 가는 길을 막은 밀실의 삶'과 '밀실을 허여하지 않는 광장의 논리'의 대립에서 찾고, 진정한 통일의 길은 밀실과 광장의 변증법적 지양을 통해서만이 가능하다고 제시한다. 한마디로 최인훈의『광장』은 밀실과 광장이 변증법적으로 결합된 광장이 출현할 때 남북분단이라는 우리의 상황이 극복될 수 있다는, 더 나아가 모든 인간이 서로를 배려하며 아끼는 진정한 공동체의 실현이 가능하다는 '꿈의 광장' 혹은 '광장의 꿈'을 우리에게 제시한 소설이다.

그런가 하면 여타의 작가들과는 구별되는 자신만의 나누어지지 않는 잔여물로 21세기 한국소설의 또 하나의 계보를 구축한 소설가 김중혁은 이상적인 광장 혹은 광장의 이상적인 존재 형식에 대해 다음과 같이 말했다. 경청하고 또 경청할 만하다.

광장은 멈추어 서서 대화를 하는 곳이다. 광장은 골목에서 나온 사람들이 모여 대화를 나누는 곳이다. 광장이 제 기능을 하지 못하면 대화의 기술도 발달하지 못한다. 대화의 기술이란 설득의 기술과 다르다. 우리는 설득만 배우고 대화는 배우지 않는다. 설득은 상대방을 내 편으로 만들기 위한 것이다. 어떻게든 나를 상대방에게 이해시키기 위한 것이다. 설득이란 자기중심적인 화법이다. 결론을 정해놓고 시작하는 이야기다. 대화는 상대방의 이야기를 듣는 것이다. 우리는 설득의 기술만 가르친다. 지식과 화술로 상대방을 요리하는 법, 재치와 임기응변으로 상대방을 내 편으로 만드는 법만 가르친다.

요즘 '지적 수준'이라는 말이 화제다. 그 말을 꺼낸 당사자는 지적 수준을 높이기 위해서는 "최소한 일주일에 두세권 이상의 사회과학, 인문과학 책을 읽고 매일 신문과 잡지의 글을 최소 세시간 이상 읽으라" 하는 충고까지 곁들였던데, 다 맞는 이야기지만 모든 걸 책에서 배울 수는 없다. 설득의 기술만 배운 사람에게 지식이란 장식에 불과할 뿐이다. 광장 한가운데 높이 솟아 있는, 화려한 분수가 될 뿐이다. 광장이 있다면, 분수가 없는 광장이 있다면, 대화를 나눌 수 있는 광장이 있

다면 우리의 지식은 더 나은 세상을 만들 수 있는 흙이 될 것이다.[1]

김중혁은 이상적인 광장의 형식으로, 혹은 광장의 이상적인 존재 형식으로 "골목에서 나온 사람들이 모여 대화를 나누는 곳"에 주목한다. 각자 다른 삶의 이력과 경험, 그에 따른 나누어 가질 수 없는 잔여물을 지닌 존재들이 서로서로 상대방의 이야기를 듣고 그것을 자기화하여 좀더 고차의 자아로 성장하는 것은 물론 쌍방향의 소통과 성장을 지속하여 급기야 사회 전체가 서로 다른 목소리들로 들끓게 만드는 지적 향연의 장소. 김중혁은 바로 그러한 이상적인 광장 혹은 광장의 이상적인 존재 형식을 꿈꾼다.

오랜 시차를 두고 있지만 최인훈과 김중혁이 말한 밀실과 광장의 변증법이 이루어지는 광장이 우리가 도달해야 할 '꿈의 광장' 혹은 '광장의 꿈'이라고 한다면, 한국사회에는 과연 그러한 광장이 존재하는 것일까. 만약 '꿈의 광장'이 존재하지 않는다면 현실적으로 광장의 기능을 수행하는 광장들이 '광장의 꿈'에 얼마나 가까이 다가서 있는 것일까. 만약 광화문광장과 서울광장이 한국사회를 대표하는 광장이라면 이 광장들은 한국사회에서 과연 어떤 기능을 담당하고 있는 것일까. 아주 오랜 기간 동안 한국사회를 뒤흔든 사건이 있을 때마다 수많은 군중들이 쏟아져 나오곤 했던 광화문광장과 서울광장은 2011년 이후에도 역시 한국사회를 뒤흔든 사건들이 사회구성원 모두에게 진정으로 의미있는 사건이 될 수 있도록 대화와 소통이 이루어지는 공간이었던 것일까. 다시 말해 단순히 사후적 의견 표출의 장소일 뿐만 아니라 "대화를 나눌 수 있는 광장"이었으며 그래서 우리의 지식이 "더 나은 세상을 만들 수 있는 흙이 될" 수 있는 기능을 수행하기는 한 것일까.

권력의 광장에서 '일말의 희망'의 광장으로:
광화문광장과 서울광장의 기원과 변화

광화문광장과 서울광장이 오늘날의 외형을 갖춘 것은 그리 오래된 일이 아니다. 기존의 교차로를 교차점광장·미관광장·시민광장 중심의 대광장으로 이용하기 위해 서울시청 앞에 놓여 있던 분수대를 헐고 주변을 다듬어 서울광장으로 개장한 것은 2004년 5월 1일의 일이고, 오랜 기간 동안 각 정치권력이 자신들의 역사철학을 상징적으로 관철시키면서 숱한 변화가 일어났던 광화문광장이 이순신과 세종대왕이라는 두 동상을 갖춘 지금의 형태로 완공된 것은 2009년의 일이다. 하지만 광화문광장과 서울광장이 아주 오랫동안 한국사회를 대표하고 상징하는 광장이었음을 부인할 사람은 아무도 없을 것이다. 그곳은 대한민국의 수도 서울의 중심에 위치한 곳이므로 당연히 한국사회의 사회적 관계가 가장 집중적으로 응축될 수밖에 없다. 그뿐만 아니라 각 시기 정치권력의 이념을 대변하는 상징권력이 직접적으로 구현되어온 곳이기도 하다. 많은 이들이 광화문광장과 서울광장을 "권력의, 권력에 의한, 권력을 위한 공간"[2]으로 규정하는 것은 이 때문이다.

하지만 광화문광장과 서울광장은 단순히 정치권력의 상징조작만이 일방적으로 작동하는 곳은 아니다. 정치권력의 상징조작이 노골적으로 작동한 것은 사실이지만 그것이 그곳에 이르는 수많은 골목들을 모두 통제하지는 못했으며 세상 모든 곳으로 이어진 골목을 통해 이곳에 온 모든 이들의 의식을 제어할 수도 없었다. 상징권력이 통제할 수 없는 어떤 부분을 저마다의 밀실을 가진 시민들이 채웠으며, 그 시민들의 힘으로 광화문광장과 서울광장은 정치권력으로서도 어쩔 수 없는 '질서화되지 않은 혁명적 에너지'가 물결치는 '열린 광장'의 역능을 수행하기도 한다.

광화문광장과 서울광장이 우리에게 역사적이고도 살아 있는 광장으로, 그러니까 한국인들 모두에게 의미있는 곳으로 각인되기 시작한 것은 아무래도 2002년 월드컵 대회를 치르면서부터라고 할 수 있다. 2002년 한국에서 월드컵이 열렸고 한국 팀이 한 단계 한 단계 세계 축구의 중심을 향해 전진할 때마다 광화문광장과 서울광장은 눈이 시리도록 붉은 물결로 출렁였다. 작은 축구공의 역동적이면서도 우연적인 움직임 하나하나에 그 붉은 물결은 하나의 거대한 물결로 모여 요동쳤고, 그렇게 광화문광장과 서울광장은 전국민의 염원과 목소리를 한자리에 모으는 장소로 격상하기에 이르렀다. 물론 광화문광장은 이미 오래전부터 시민들의, 그중에서 발언권이 없는 소외된 민중들의 목소리가 모일 수 있는 공간으로 기능하기도 했고, 그 소외된 민중들의 분노와 염원을 잘 메아리치게 만들어 한국역사를 진화시키는 상징적 장소로서 자리한 것도 사실이다. 그러나 2002년 월드컵 이전만 해도 광화문광장과 서울광장은 민중들의 염원이 모이는 수많은 장소 중의 하나였지 단 하나의 공간은 아니었다. 하지만 2002년 월드컵 이후 광화문광장이 가지는 상징성은 일약 증폭된다. 여기에 2004년 서울광장이 개장하면서 광화문광장과 서울광장은 다른 곳에서는 아무리 소리쳐도 들어주는 이 없어 막다른 골목에 다다른 이들이 모여드는 유일한 터전으로 자리하기에 이른다. 실제로 2002년 월드컵 이후 광화문광장과 서울광장에서는 '미선이 효순이 추모 촛불시위'

서울을 대표하는 중심공간인 광화문광장은 숱한 변화를 거쳐 2009년 현재의 모습으로 개방되었다.

2004년 잔디광장으로 조성된 서울광장.

(2002), '미국산 쇠고기 수입반대 촛불시위'(2008) 등 일말의 희망을 부여 잡고자 하는 목소리가 울려 퍼지고 촛불들이 끊임없이 타올랐으며, 이후 광화문광장과 서울광장은 사회적으로 소외되고 억눌린 존재들이 인간으로서 최소한의 권리를 되찾고자 하는 마지막 희망의 장소가 되었다.

세월호 사건의 사건성과
애도의 공간으로서의 광화문광장

2002년 이후 형성된 이러한 상징성 때문에 2010년 이후 광화문광장과 서울광장에서 울려 퍼진 간절한 목소리들은 하나둘이 아니다. 이 기간 동안 광화문광장과 서울광장 주변에선 줄곧 일본군 위안부 문제의 해결을 요구하는 수요 집회와 쌍용자동차 해고노동자를 위한 집회 등이 연이어 열린 바 있다. 하지만 2011년 이후 광장에서 퍼져 나온 가장 선명한 목소리는 아무래도 세월호 희생자 유가족들의 처절한 외침이라고 해야 할 것이다. 처음 세월호 사고가 일어났을 때만 해도 세월호 희생자 유가족들이 광화문광장과 서울광장에 모여서 피맺힌 절규를 하게 되리라고 예상한 이는 거의 없었다. 사건의 엄중함과 상징성에 비추어보면 절대로 그런 일이 일어나서는 안 되는 것이기도 했다.

2014년 4월 16일 발생하여 전국민을, 아니 전세계인을 경악에 빠뜨린 세월호 사건은, 소설가 박민규의 말처럼, "국가가 국민을 구조하지 않은" (그래서) "사건"이다.[3] 처음엔 사고였다. 승객을 가득 태운 배가 바다에서 좌초한다는 건 상상만으로 오싹하기는 하나 일어날 수 있는 일이었다. 사고 이후 곧 '승객 전원 구조'라는 보도가 떴고 우리 모두는 그렇

2008년 서울광장에서 열린 미국산 쇠고기 수입반대 촛불집회.
광화문광장과 서울광장은 우리 사회의 염원과 분노가 모이는 상징적 공간으로 기능해왔다.

게 사고가 마무리되리라 믿었다. 그것이 상식이었다. 세월호는 꽤 오랫동
안 물에 떠 있었고 그 주위에 헬기는 물론 선박도 여럿 있었다. 우리는 생
중계로 그것을 지켜보았고 그러니 단 한명의 희생자도 나오지 않을 것이
라고 마음 편히 예상했다. 그러나 상황은 달랐다. 세월호가 엄연히 물 위
에 떠 있는데도 어느 순간부터 국가는 단 한명도 구조하지 않았다. 할 수
없어서 못한 것인지 아예 안하려고 한 것인지는 알 수 없다. 전자일 경우
이는 치명적이다. 국가가 만약의 위험으로부터 국민을 구조할 어떤 대책
이나 시스템도 갖고 있지 않다는 것을 의미하겠기에 그렇다. 후자일 경
우 이는 더욱 치명적이다. 인간은 어느 누구든 간에 무엇의 수단이 아니
라 그 자체가 목적이어야 하므로 어떤 희생과 비용을 치르더라도 구조를
감행했어야 할 터, 추가적인 위험 등을 이유로 구조 자체를 시도하지 않

았다면 그것은 우리 사회가 인간의 생명을 전혀 소중하게 여기지 않는다는 것을 너무도 명확하게 보여주는 것이겠기에 그렇다. 둘 중 어느 쪽이건 우리는 '국가가 국민을 구조하지 않은 사건'을 충격적으로 경험하고야 말았다.

하지만 세월호 사건의 충격은 여기서 그치지 않았다. 이후 세월호가 침몰하기까지의 경위와 세월호 침몰 이후의 과정이 밝혀지면서 우리는 충격 정도가 아니라 공포를 느껴야 했다. 세월호 사건은 운이 나빠 혹은 연때가 안 맞아 발생한 사건이 아니었다. 안정성을 고려하지 않은 무리한 증선, 견뎌낼 수 없을 정도의 선적, 무리한 출항, 위기상황에서의 안이하고 무능한 대처, '가만히 있으라'며 짐 대신에 승객들을 결박해놓고 배를 먼저 빠져나온 선원들의 무책임한 행동, 그 선원들을 먼저 구하느라 정작 승객들의 구조는 외면한 해경들의 이해 불가능한 선택, 살아 움직이는 생명들이 바로 눈앞에서 배와 함께 잠겨가고 있는데, 그 죽음의 스펙터클이 버젓이 TV로 생중계되고 있는데, 그저 바라만 보고 있었던 국가기구, 유리창 너머 절규하는 생명들이 있음에도 불구하고 그 소중한 생명을 단 한명도 구하지 못했으면서도 국가의 모든 역량을 집중하고 있노라며 민간잠수사들의 도움마저 차단한 채 72시간의 골든타임을 내다버린, 그러면서도 헬기 몇대, 잠수사 몇명이 구조활동을 하고 있다고 국민은 물론 유가족을 기만한 구조당국, 골든타임이라는 72시간 동안 아무런 구조활동이 이루어지지 않은 것을 현장에서 두 눈으로 확인했으면서도 국가의 모든 역량이 동원되어 체계적인 구조가 이루어지고 있다는 당국의 발표를 그대로 옮겨 적은 언론들까지, 우리의 상상을 넘어서는 최악의 상황들을 한자리에 모아놓고 바라보아야만 했다. 우리는 세월호 사건이 불운한 사건이 아니라 그간 사고가 나지 않은 것이 오히려 천행이었다는 명백한 현실 앞에서 새삼 뒤늦은 전율과 공포를 느껴야 했다. 우리는 침몰하는 세월호에서 우리 사회의 침몰을 발견해야 했다. 우리가 뒤늦게 발견하고 확인해야 했던 것은 이것만은 아니다. 우리는 세월호 침몰 전후를 통해 '저비용 고효율'이라는 자본주의의 단 하나의 교리에 순종하며 산다는 것은 곧 우리 모두가 잔혹한 괴물로 살아간다는 것을 의미함을 알게 되었고, 악의 평범성 정도가 아니라 평범성 자체가 악이라는 뼈아픈 자기확인도 해야 했다. 군이 "세월호는 침몰해가는 한국사회의 가장 끔찍한 은유"[4]라는 말이 아니더라도 세월호 사건이 우리가 사는 사회 안에서 우연히 발생한 참사가 아니라 우리 모두가 이미 일상화된 참사 속에서 태연하게 살고 있음을 통감할 수 있었다. 이처럼 세월호 참사 안에 담긴 사건성은 근본적인 데가 있으며, 그러므로 세월호 참사는 반드시 사건이어야 했다. 이런 사건을 겪고도 세월호 이전으로 돌아간다는 것은 '미개' 그 자체라 할 수밖에 없을 터이므로.

아마도 세월호의 사건성 때문이었을 것이다. 세월호 참사 이후 한동안 우리 모두가 계급과 젠더와 세대를 넘어 고통의 공동체로 살았던 것은. 우리는 너무도 분명하게 우리 사회의 총체적이고도 임박한 파국을 목격해야 했고, 또 부조리 그 자체인 상징질서에 순종하는 신체로 살아가는 것의 악마성을 뼈아프게 확인해야 했다. 정말 한동안 우리 모두는 타인의 고통을 각자의 마음속에 기입하는 고통의 공동체를 이루었고 더이상 이전처럼 살지 말자고, 다시 말해 조금 더 물질적으로 풍요롭자고 수많은 생명을 생매장시키는 삶은 살지 말자고 참회의 눈물도 쏟아냈다. 그뿐인가. 죽음을 앞둔 순수한 영혼들이 보여준 상상하기 힘들 만큼 숭고

한 우정과 희생이 뒤늦게 알려지면서 오로지 자신만 배려하며 살고 있는 우리들은 깊은 죄책감을 곱씹어야 했다. 이렇게 우리 모두는 정말 바뀌어야 한다며 각자의 자기성ipséité을 버릴 준비를 하고 있었고 비록 사회가 우리를 불편하게 하는 방향으로 바뀐다 하더라도 그 불편을 기꺼이 감내할 각오도 되어 있었다. 국가를 다시 건국하는 마음으로 사건의 근본적인 원인을 파악하고 머리끝에서 발끝까지 바꾸는 혁신책이 필요하다는 목소리가 곳곳에서 울려 퍼졌고, 정말 그 순간 우리 모두는 우리 자신을 머리끝에서 발끝까지 바꿀 마음가짐으로 결연했다. 대타자Autre의 욕망이 이런 잔혹극을 연출했고 '가만히 있으라'라는 대타자의 명령 때문에 이렇게 우리 사회 전체가 감당하기 힘든 희생이 발생했으므로 대타자의 혁신 혹은 새로운 대타자의 발명이 반드시 이루어져야 한다는 논리였다.

이때까지만 해도 광화문광장과 서울광장은 세월호 희생자 유가족이 겪는 고통을 나누어 갖는 추모의 공간이자 애도의 장소였다. 그와 동시에 우리 모두가 다시 태어나는 재생의 터전이기도 했다. 세월호 사건 초기 우리 모두는 고통의 공동체의 구성원이었다. 어느 누구 하나 광화문광장과 서울광장에 흩날리는 노란 깃발만 보여도 눈물을 흘리지 않는 이가 없었다. 타인의 고통을 같이 나누는 것은 물론, 세월호 사건이란 어느 한두사람의 잘못에 의해서 일어난 것이 아니고 우리 모두가 세월호 사건의 공동정범임을 거듭 확인하곤 했다. 우리 사회 구성원 전체가 비록 실제로 자기가 행한 것은 아니어서 형사상 책임은 없을지라도 그런 일이 일어나도록 방조한 죄에 대한 책임을 나누어 지는 양심적인 존재로 거듭나고 있었다고나 할까.

세월호, 사건인가 사고인가:
대립과 갈등의 공간으로서의 광장

하지만 시간이 지나면서 광화문광장과 서울광장은 추모와 애도의 장
소에서 대립과 갈등의 공간으로 바뀌어갔다. 어느 때부턴가 '존재는 사
건을 금한다'는 알랭 바디우Alain Badiou의 냉정하면서도 치명적인 예언이
서서히 현실화되기 시작한 것이다. 아마도 상징질서의 대리인인 국가기
구의 총괄자가 '악어의 눈물'을 잠깐 보여주고는 민생경제 활성화를 이
야기하는 순간부터였을 것이다. 그것도 아니면 세월호 참사에 모든 책임
을 지고 물러나겠다던 총리가 슬그머니 다시 돌아온 이후부터였을지도
모른다. 그것도 아니면 자본주의적 질서만을 신봉하는 사람들이 민생경
제의 위기를 말하면서부터였을 것이다. 하여간 세월호 사건은 자본주의
라는 상징질서에 순종하는 신체들에 의해 노골적으로 하나의 사고로 되
돌려지기 시작했다. 세월호의 진상 조사조차 이루어지지 않은 시점에서
세월호 사건이 경제의 발목을 잡고 있으며 이대로 가다가는 모처럼 활
성화된 경제가 다시 추락할 수 있다는 또다른 위기론이 대두하자 세월
호 사건에서 느꼈던 공멸에 대한 위기의식과 공포는 한순간에 사그라지
고 말았다. 그 결과 한때 우리 시대를 또다른 시대로 도약시킬 바로 그 희
생양으로 받아들여졌던 세월호의 탑승객들은 그토록 값진 생명을 우리
의 상징질서 때문에 잃었음에도 불구하고 전혀 희생양으로 받아들여지
지 않는 호모 사케르적 존재로 전락하고 말았다. '살아남은 자들의 상처
와 슬픔'을 위무하거나 치유하는 것은 고사하고 상징질서의 정언명령에
한순간에 죽어간 존재들에 대한 애도마저 서서히 불가능해져가는 상황

서울광장을 채운 노란 종이배. 세월호 사건은 광장을 추모와 애도의 장소로 만들었다.

이 우리 앞에 펼쳐졌다. 단순하게 말하자면 현재의 상징질서 안에 내재한 치명적인 결함 때문에 세월호 사건과 같은 참사가 일어났음에도 불구하고 우리 사회는 현재의 상징질서를 더욱 강화하는 쪽으로 흘러가고 있다. 이게 어떻게 가능한가 싶은데, 무슨 문제냐는 듯 태연하게 그런 일이 벌어졌다.

바로 이때부터였다. 광화문광장과 서울광장이 애도와 재생의 장소에서 대립과 갈등의 공간으로 퇴행한 것은. 그 어마어마한 희생을 치르고도 우리 사회는 하나도 바뀌지 않았음이, 아니 세월호 이전보다 더 나쁜 상태로 퇴행하고 있다는 예후들이 서서히 현실화되기 시작했다. 세월호가 침몰하고 국가가 국민을 구조하지 않은 사건으로 요약되는 세월호 사건은 그 진실은 물론 진상도 밝혀지지 않은 채 덮이기 시작했다. 진실을 밝히기는커녕 세월호 사건은 그냥 세월호 사고일 뿐이라는 노골적인 셈법이 고개를 들기 시작했다. 일종의 교통사고이니 손해배상만 받으면 된다는 식의 논리가 확산되더니 국가기구마저 유가족들에게 손해배상을 하는 것으로 사고를 일단락 짓고자 하는 야심을 노골적으로 드러내기에 이르렀다. 당연히 제대로 된 책임자 처벌도 이루어지지 않았고 인간을 그야말로 목적 그 자체로 존중하는 제도적 혁신은 논의조차 되지 않고 있다. 더불어 세월호 사고의 희생자들이 죽어가는 그 순간 서로에게 보였던 신뢰와 양보, 희생과 헌신 또한 자연스레 세간의 관심으로부터 멀어져갔다. 어느 순간부터 희생자들에 대한 추모와 애도도 제대로 이루어지지 않았고 마치 '욕처럼 남은 목숨'처럼 깊은 자괴감 속에서 살아가는 유가족들에 대한 공감과 위로도 행해지지 않았다. 그뿐만 아니라 이곳을 살아가는 우리 모두는 언제 어디서든 커다란 사고를 만날 수 있으며 그럴 경우 어느 누구의 구조도 받지 못한 채 죽어갈 수 있다는 공포를 지니며 살아가게 되었다. 세월호 사건은 발생 당시 '국가가 국민을 구조하지 않은 사건'이었지만, 거의 2년이 다 되어가는 지금 '그 어마어마한 일이 일어나고도 어느 누구도 책임지지 않을 뿐만 아니라 어떤 사회적 변화는 커녕 반성조차 하지 않는, 그래서 영원히 반복될 수 있는 사건'이 되었다.

비록 생때같은 자식을 가슴에 묻어야 했으나 진정으로 같이 고통을 나누어주고 진심으로 애도해주는 고통의 공동체 덕분에 마음을 추스르던 세월호 희생자 유가족들의 목소리가 피맺힌 절규로 바뀌기 시작한 것도 정확히 이때부터였을 것이다. 도저히 상상할 수 없는 희생을 치렀다 하더라도 그 자체가 저절로 사건이 되지 않는다는 것을 깨달은 이들은 세월호 희생자 유가족들이었다. 다시 말해 이제까지 인류 역사의 큰 변화 혹은 진화를 이끌었던 사건 중 어떤 것도 처음부터 사건인 것은 없었으며,

그 사건을 계기로 이전의 상징질서를 끊어내기 위해 모든 것을 건 쟁투를 벌였고 그 쟁투에서 승리했기 때문에 그것은 사건일 수 있었다는 것을 먼저 깨달은 것은 세월호 희생자 유가족들이었다. 유가족들은 세월호 참사를 사건으로 만들기 위해, 그러니까 한국사회가 세월호 사건 이전으로 되돌아가지 못하도록 상징질서와 힘겨운 싸움을 시작하기에 이르렀다. 그리고 세월호 희생자 유가족이 자신들의 목소리를 전달하기 위해 선택한 곳은, 아니 쫓겨 들어온 곳은 광화문광장이었고 서울광장이었다.

광화문광장과 서울광장에서 세월호 희생자 유가족들이 벌인 싸움은, 이곳까지 쫓겨 들어온 모든 이들이 그랬듯이 처절했다. 세월호 사건을 수습하던 팽목항에서 삼배일보로 전국토를 돌아 광화문광장과 서울광장으로 들어오기도 하고, 세월호 사건의 철저한 진상 조사와 진실 규명을 위한 대대적인 단식투쟁을 벌이기도 하고, 세월호의 진실 규명을 위해 전국민의 마음을 담아 촛불을 밝히기도 하고, 또 이미 큰 사고로 가족을 잃은 여러 사건의 유가족들과 마음의 상처를 나누는 한편 진실 규명을 위한 단호한 의지를 표명하기도 하였다. 세월호 사건의 진상 조사와 진실 규명의 핵심적인 역할을 할 수 있는 대통령을 만나기 위해 광화문광장과 서울광장을 나서 청와대로 걸음을 옮기기도 했으나 십리쯤 되는 그 길은 천리보다 멀었다.

아마도 광화문광장과 서울광장에서 세월호 사건의 진실을 밝히고 세월호 같은 사건의 재발 방지를 위한 근본적인 사회 변화를 요구한 세월호 희생자 유가족의 목소리가 가장 높이, 그리고 가장 멀리 메아리친 것은 2014년 8월 16일 프란치스코 교황이 광화문광장을 찾은 때였을 것이다. 100만 인파가 운집한 가운데 프란치스코 교황은 세월호 희생자 유가족의 불행을 위로하는 한편 다시는 같은 불행이 반복되지 않도록 인간 모두가 힘을 합쳐야 할 것을 힘주어 강조했으며, 교황이 세월호 사건에 관하여 전파한 메시지는 그곳에 모인 100만 인파뿐만 아니라 전세계인이 공유하게 되기도 했다. 특히 프란치스코 교황은 "다시 살릴 수는 없지만 왜 죽었는지는 밝혀야 죽어서라도 아이들 얼굴을 볼 수 있겠습니다. 꿈에라도 보고 싶은데, 진실을 밝히지 못해서 그런지 꿈에도 잘 나오지 않습니다. 보고 싶어서 아이들이 입던 옷을 입고 양말을 신고 다니지만 그마저도 다 낡으면 어떻게 할지 모르겠습니다"라는 세월호 희생자 유가족의 피맺힌 편지에 "직접 찾아뵙고 위로의 마음 전하지 못함을 송구스럽게 생각합니다. 그러나 저는 이번 한국 방문 기간 내내 세월호 참사 희생자들과 실종자들, 그리고 그 가족들을 위한 기도를 잊지 않았습니다. 다만 아직도 희생자들을 품에 안지 못해 크나큰 고통 속에 계신 실종자 가족들을 위한 위로의 마음을 어떻게 표현해야 할지 모르겠습니다"라고 회답했다. 이로써 세월호 사건의 진실을 철저하게 밝혀 한국사회가 결코 세월호 이전으로 회귀해서는 안된다는 세월호 희생자 유가족들의 절규에 깊은 위로와 공감을 표했다.

하지만 세월호 희생자 유가족들이 광화문광장과 서울광장에서 그 오랜 기간 동안 벌인 힘겨운 싸움에 모든 이가 공감한 것은 아니다. 오히려 이 시대의 상징질서 혹은 현실원칙에 순종하는 상당수의 사람들이 진실을 규명해야 한다는 세월호 희생자 유가족들의 목소리, 그리고 타인의 고통에 공감하는 사회로 변화하자는 요구를 외면하기 시작했다. 이 악착같은 현실에서 살아남아야 하며 그것만이 가능하고 그것만이 의미있는 삶이라고 생각한 대다수의 사람들은 또다시 그 현실 속으로 도피했고 광화문광장과 서울광장의 노란 물결에서 떨어져나갔다. 다시 한번 이제까지 자기의 정체성을 구성하는 자기성을 버리고 무시무시하고 외설적인 타자 혹은 사건에 자기를 맡긴다는 것이, 그리고 그를 통해 대대적인 자기혁신을 행한다는 것이 얼마나 힘든지를 목격하는 순간이었다.

이렇게 대다수가 세월호 사건 이전의 삶으로 태연하게 회귀하는 것을 지켜보는 것도 쉽지 않을 터인데, 이 시대의 악마적 셈법에 깊이 빠져 있는 몇몇 이들은 오히려 세월호 희생자 유가족들의 진실 규명이라는 너무도 당연한 요구를 혹독하게 비난하며 나서기 시작했다. 세월호 사건을 초래한 그 셈법과 같은 논리에 의거한 비난이었다. 대다수의 인간을 희생하더라도 최소한의 투자를 통해 최대한의 이윤을 창출해야 하는데 세월호 사건이 경제 활성화에 찬물을 끼얹고 있다는 논리였다. 또한 좀더 많은 보상금을 받기 위해 진실 규명을 팔고 있다는 논리였다. 바로 세월호와 같은 사건이 또 일어난들 어쩔 수 없는 일이니 당장 좀 잘살자는 싸늘한 셈법에 의거한 비난이었다. 세월호 희생자 유가족들에 대한 이들의 비판, 아니 비난은 여기에 그치지 않았다. 이들은 세월호 희생자 유가족들을 마주 보며 비난을 퍼부었고 심지어 대결을 신청하는 듯했다. 세월호의 진실 규명을 위해 오랜 기간 단식을 하며 의지를 표명하는 세월호 희생자 유가족들 바로 앞에서 이들은 '폭식투쟁'을 벌였다.

그런데 흥미로운 점은 단식투쟁을 하는 세월호 희생자 유가족들 앞에서 폭식투쟁을 벌인 이들이 최소한의 투자를 통해 최대한의 이윤을 창출하고 있는 사회의 상층부에 속하는 이들인가 하면 전혀 그렇지 않다는 점이다. 이른바 '어버이연합' 등으로 일컬어지는 이들은 어떤 면에서 '최소한의 투자를 통해 최대한의 이윤을 창출하자'는 자본주의적 상징질서의

세월호 사건 이후 시간이 지나면서 광장은 어느새 대립과 갈등의 공간으로 퇴행하고 말았는지도 모른다.

최대 피해자들이다. 그들은 필요 이상의 노동력을 확보해놓고 그중 상당수를 추방하는 방식으로 사회를 구성하고 운영하는 자본주의적 사회 구성 원리에 가장 피해를 받는 소외계층인 경우가 대부분이다. 그런가 하면 그들은 1950년대 중후반부터 60년대 초반까지 수많은 아이를 낳았다가 그중 아이 한둘은 잃은, 그러니까 누구보다 자식 잃은 슬픔을 잘 아는 세대의 성원들이기도 하다. 그러니까 이들은 '나도 아파봐서 아는데 너무 엄살 피우지 말라'는 기괴한 논리로 타인의 고통을 외면하는 한편 더 나아가 타인의 고통을 공격하는 비인간적인 행태를 선보이기도 한다.

이런 과정에서 광화문광장과 서울광장은 세월호 사건 이후 대화의 광장의 아니라 일방적인 설득과 대결의 광장으로 전락해가고 있다고도 할 수 있다. 그뿐인가. 자식을 잃은 참척의 슬픔을 곱씹는 존재들을 위로하고 감싸 안는 환대의 장소가 아니라 오히려 이미 상처를 입은 존재들이 같은 상처를 입은 사람들을 공격하는 기이한 공간으로 변질되고 있는 느낌도 없지 않다. 안타까운 일이며 시급한 관심이 요구되는 일이기도 하다.

꿈의 광장 혹은
광장의 꿈을 향해

이제까지 서울의 중핵에 해당하는 광화문광장과 서울광장의 2011년 이후 시대적·사회적 풍경을 세월호 사건을 중심으로 살펴보았다. 항용 한국사회의 결정적인 사건들이 대부분 서울의 중심부에 해당하는 광화문광장과 서울광장에서 그 결정적인 국면을 맞이하듯, 현재 세월호 사건 역시 광화문광장과 서울광장에서 그 결말을 기다리는 중이다. 세월호 사건이 희생자 유가족들의 염원대로 세월호 이전의 사회와 결별하는 새로운 시대의 출발점이 될 것인지 아니면 우리가 반복적으로 경험하는 하나의 사고에 그치고 말 것인지 판단하기는 아직 어렵다. 현재로서는 세월호 희생자 유가족들이 광화문광장과 서울광장에서 그 오랜 기간 자신들을 소진해가며 소리 높여 외친 염원대로 '세월호 특별조사 위원회'가 활동을 시작한 것은 사실이나 위원회 자체가 태생적으로 '절반의 진실'밖에 밝힐 수 없는 구조를 안고 있어 그 활동이 어떻게 마무리될지 전혀 예측하기가 힘들기 때문이다.

하지만 이것만은 분명히 말할 수 있을 듯하다. 세월호 사건을 중심으로 2011년 이후 광화문광장과 서울광장의 존재 형식을 그려볼 때, 그것은 최인훈과 김중혁이 상상한 꿈의 광장과는 거리가 있다는 점이다. 최인훈과 김중혁이 밀실과 광장이 변증법적으로 지양되는 광장, 일방적인 설득이 아니라 대화가 이루어지는, 그래서 개인도 발전시키고 사회 전체도 카니발적 공동체로 활력 넘치게 만드는 광장을 꿈꾸었다면, 2011년 이후 광화문광장과 서울광장은 대화의 장소였다고 하기는 힘들 듯하다. 광화문광장과 서울광장은 대화의 장소이기보다는 일방적인 설득의 장소였으며 그런 까닭에 결과적으로 소통이 아닌 대결의 장소가 되고 말았다고 할 수 있다.

이는 우리 사회에 진정한 광장을 향유할 수 있는 대화의 정신이 더욱 요구된다는 것을 의미하기도 하고 다른 한편으로는 광화문광장과 서울광장에 서로 다른 개인들이 만나 진정으로 대화를 나눌 수 있는 세심한 배려나 배치가 필요하다는 것을 의미하기도 한다. 모든 광장이 그러한지 모르겠으나 광화문광장과 서울광장은 비어 있어도 너무 비어 있다. 사람들이 골목에서 나와 자연스럽게 마주 앉아 대화를 나눌 수 있도록 배려한 시설이나 장치가 없다. 그런 까닭에 광화문광장과 서울광장에서는 주로 어느 한 입장을 일방적으로 전달하는 큰 행사나 집회만이 반복적으로 개최될 뿐 서로 다른 밀실을 지닌 개인끼리 친밀한 대화를 나눌 수 없다. 혹시 이것이 광화문광장과 서울광장이 대화의 장소가 아니라 대결의 장소로 점점 더 고착되어가는 이유가 아닐까. 광화문광장과 서울광장이 '멈추어 서서 대화하는 곳'이 될 수 있으려면 좀더 세심한 배려가 필요한 것은 아닐까.

덧붙이는 말 **하나**

2011년 이후 서울광장에는 아주 크고도 상징적인 변화가 있었다. 2012년 10월 서울시의 새로운 청사가 완공된 것이다. 물론 건축물에 관해서라면 어떤 역사적 맥락도 심미안도 가지고 있지 않아서 서울시의 새로운 중심축이 그 의미에 충분히 값할 정도의 완성도를 지니고 있는가에 대해서는 한마디도 할 수 없다. 하지만 서울시의 이 새로운 상징물이 과거의 흔적을 지우지 않고 그것을 품었다는 점만은 높이 평가하고 싶다. 아마도 자본주의의 셈법과 기억법 때문일 것이지만, 그동안 한국의 건축은 이전의 흔적들을 지우고 그 자리에 오로지 새롭고 효율적인 것들을 지어오는 것으로 일관한 감이 없지 않다. 그것은 과거 우리 모두의 소중한 흔적들을 스스로 지워버리고 오로지 싸늘한 합리주의의 삶을 강요당한 근대화 과정과 정확하게 상동관계였다는 생각을 지울 수 없었는데, 서울시의 새로운 청사가 그 오래되고도 지긋지긋한 비인간적인 관행에 제동을 건 것 아닌가 하는 기대가 없지 않다. 김수영의 말마따나 '더러운 전통'이라도 이어나가 좀더 인간적인 사회를 만들어가는 소중한 계기가 되기를 기원해본다.

덧붙이는 말 **둘**

역시 서울시청사와 관련된 것인데, 새로운 청사로 옮겨가면서 빈자리가 된 옛 청사에 서울도서관이 들어섰다. 책은 인류가 남긴 정신적 자산들이 최고도로 응축된 숭고한 정신이고 사물이다. 어떤 철학으로 옛 청사를 인류 최고의 문화적·정신적 자산을 한자리에 모은 서울도서관으로 꾸밀 계획을 세웠는지는 알 수 없으나 서울광장의 한 축에 서울도서관이 들어섰다는 것은 서울광장의 역사에, 나아가 한국의 미래에 대단히 큰 변화를 가져올 것으로 보인다. 한국의 정치적 운명이 결정되는 자리인 서울광장에서 어떤 거대한 물결이 형성될 때 서울도서관에서 은밀하게 퍼져나갈 책의 향기가 부디 큰 역능을 행사하길 기원해본다.

2

'서울 남촌',
100년의 역사를 걷는다

염복규

잃어버린
'남촌'을 찾아서

작일은 양력으로 섣달그믐날이다. 일본 사람이 많이 사는 경성의 남
촌 진고개木町에는 큰 번창을 이루었다. 평상시에도 번창한 진고개의
좁은 길은 양편에 수없이 벌여 꽂은 세말歲末광고 깃발로 더욱 좁아진
듯한데 검은 옷 입은 남녀노소의 나막신 소리가 콩 볶듯 하여 (…) 이
와 반대로 조선인이 많이 사는 북촌에는 몇몇 귀족집과 하이칼라 실업
가 몇사람을 제하고는 다 적적하여 명절인 듯도 싶지 않으며 조선인에
게 물건을 많이 파는 남대문 동대문의 두 시장도 모두 한산하며 (…)[1]

지금으로부터 100여년 전 『동아일보』 1922년 신년호는 새해를 맞이한
서울 거리의 풍경을 이와 같이 묘사했다. 이 시기의 역사에 익숙하지 않
은 독자라도 "일본 사람이 많이 사는" 번화한 남촌과 "조선인이 많이 사

는" 쓸쓸한 북촌을 나누어 보는 기사의 논법이 금방 눈에 들어올 것이다. 이렇게 북촌과 남촌을 '민족적'으로 대비시키는 것은 이 무렵 서울의 도시공간을 응시하는 기본적인 시선이었다.

그런데 오늘날 서울시민들에게 북촌은 꽤 익숙한 공간이지만 남촌은 매우 낯선, 사실상 잊혀진 공간이라고 할 수 있다. 세칭 '북촌'이 한국의 전통을 상징하는 공간으로 떠오른 지 제법 되었고, 최근에는 그 확장으로서 '서촌'까지 부각되고 있는 데 반해 남촌은 다만 역사 연구의 대상일 뿐이다.

사실 북촌도 정확하게 말하면 먼 기원을 가진 공간이라고는 할 수 없다. 물론 조선 건국기 한양 정도定都와 궁궐의 입지가 북촌이나 서촌 형성의 뿌리라고 할 수 있지만, 현재 우리가 알고 있는 북촌은 1920~30년대 도시 한옥(개량 한옥)이 대거 들어서면서 형성되었다. 근대적인 공간의 의미가 훨씬 크다는 뜻이다. 그럼에도 불구하고 북촌이 전통을 상징하는 공간으로 인식되는 것은 지역 개발과 관광객 유치 등을 위해 전략적으로 선택된 일종의 '만들어진 전통'이라고 할 수 있겠다.

그런데 북촌이 만들어진 전통으로 실제 이상의 의미를 '과잉' 부여받게 된 데 반해 남촌의 역사적 기억은 왜 망각된 것일까? 또 망각의 저류에 의식하든 못하든 남아 있는 무엇은 없을까? 남아 있는 무엇이 있다면 그것은 현재 우리에게 무슨 의미일까?

그러면 먼저 남촌이란 어디인가? 대체로 남촌은 남산의 북쪽 기슭에서 청계천에 이르는 한양도성의 남부 일대를 가리키는 말이다. 그러므로 남촌의 용례는 조선시대부터 찾아볼 수 있다. 조선시대 남촌은 보통 궁궐과 권세가가 모여 있는 북촌에 비해 평민이나 한미한 양반의 주거지라는 의미로 사용되었다. 조선후기 실학자 이익이 『성호사설星湖僿說』에서 "도읍의 제도에 귀한 사람은 북쪽에 살고 천한 사람은 남쪽에 산다"고 한 것은 이런 인식을 전형적으로 보여준다. 또 18세기경에는 '남주북병南酒北餅'이라는 말이 유행했다. 주식으로 소비하고 남은 쌀이 있을 때 남촌에서는 술을 빚고 북촌에서는 떡을 빚는다는 뜻으로, 술을 마시며 만사를 한탄하는 남촌의 불우와 떡을 먹으며 즐기는 북촌의 여유를 대비하는 말로 해석된다.[2]

이렇게 서울의 변두리로 인식되었던 남촌은 그 때문에 아이러니하게도 19세기 말 외세의 침략적 진출이 본격적으로 전개되면서 역사의 주요 무대로 떠올랐다. 그리하여 식민지시기 서울의 중심, 나아가 한반도 전체의 중심으로 자리매김했다. 식민지시기 남촌은 보통 서울 도심부에서 일본인이 다수 거주하고 활동하는 지역을 의미했다. 일반적으로 서울로 들어온 일본인이 처음 정착한 본정本町(혼마찌, 현재의 충무로), 상업과 금융의 중심지 황금정黃金町(코가네마찌, 현재의 을지로), 유흥과 문화의 중심지 명치정明治町(메이지쪼오, 현재의 명동)을 아우르는 지역을 통칭 남촌이라고 불렀다.

그리하여 서두의 『동아일보』 기사가 전형적으로 보여주듯이 식민지시기 남촌은 일차적으로 이 땅의 권력과 부를 차지한 이민족 지배자의 공간으로 인식되었다. 남촌의 번영은 한국인의 일상과는 멀게 느껴졌던 것도 사실이다. 그러나 남촌이 제국주의 침략의 상징으로만 인식되었다고는 할 수 없다. 남촌은 조선시대 서울의 변방이었기 때문에 식민지시기 한반도의 정치·경제·문화의 중심이 되었으며, 그런 만큼 근대로의 이행 과정에서 서울과 세계, 나아가 조선과 세계가 만나는 장소이기도 했다.

이 글에서는 남촌을 찾아나선다. 2015년의 남촌에서 그곳에 쌓인 100년의 역사를 찾으며 그 현재적 의미를 생각해볼 것이다. 다만 여기에서 이런 문제의식을 전면적으로 다룰 수는 없으므로 남촌의 공간적 범위에 속하는 몇몇 주요 지점을 따라가보고자 한다. 그리하여 이 글은 일종의 답사기 혹은 만보기漫步記의 구성을 취한다. 머릿속에 거리와 장소를 떠올리며 따라오시기 바란다. 출발점은 본정, 식민지화 이전 일본인이 서울에 처음 정착했던 곳이다.[3]

진고개에서 한양공원까지,
남산으로 오르는 길

남촌은 본정에서 시작되었다. 일본식 지명에서 본정, 즉 혼마찌란 그 지역에서 가장 중심이 되는 동네를 일컫는다. 현재 정확하게 충무로2가 부근에 해당하는 서울의 본정은 원래 지형이 낮고 땅이 질어 사람이 살기에 적당하지 않은 지역으로서 조선시대에 '진고개' 혹은 '니현泥峴'이라고 불린 한적한 곳이었다. 진고개는 바로 이런 지역이었기 때문에 1880년대 서울로 들어온 일본인이 정착하기 시작했다.

처음에 진고개에 정착한 일본인은 조선에서 일본의 영향력이 확대됨에 따라 점차 활동 지역을 넓혀가기 시작했다. 그중 한갈래는 충무로에서 현재의 소파길을 따라 남산으로 오르는 길이었다. 먼저 그 길을 따라가보자.

지하철 충무로역이나 명동역에서 소파길을 따라 올라가다보면 서울유스호스텔 앞에 이르게 된다. 이 건물은 원래 남산의 중앙정보부 청사

(위) 식민지시기 남산 통감 관저로 올라가는 길.
왼편의 나무가 현재도 보호수로 지정되어 남아 있다.
(아래) 2010년 민족문제연구소에서 세운 통감 관저 터 표석.

중 하나였는데 1990년대 말 서울시가 인수했다. 그런데 이곳의 역사적 연원은 훨씬 더 오래전으로 거슬러 올라간다. 이곳은 19세기 말 일본 공사관이 있던 자리로서 1905년 일본이 통감부를 설치하면서 통감 관저가 들어섰다. 강제병합 후에는 1939년까지 그대로 조선총독 관저로 사용되다가 총독 관저가 현재의 청와대 자리로 옮겨간 후에는 식민통치의 역사를 기념하는 '시정施政기념관'으로 운영되었다.

현재 이곳에는 2010년 강제병합 100년을 즈음하여 민족문제연구소에서 세운 표석이 있으며 주말에는 학생을 비롯한 답사객이 꽤 많이 찾는 편이다. 그런데 연구자들 사이에서는 오랫동안 통감 관저 터를 정확하게 확정하는 문제를 둘러싸고 많은 논란이 있었다. 문제는 의외로 간단하게 풀렸다. 과거의 사진에 보이는 나무 한그루가 확인된 것이다. 수령 400년에 이르는 이 보호수가 조선시대부터 현재에 이르기까지 자리를 지키며 역사적 장소의 증언자 역할을 한 것이다.

한편 통감 관저 터 부근에 나무로 가려진 조그만 공간이 있다. 여기에는 마치 돌로 만든 벤치처럼 보이는 것이 있는데, 그중 하나에는 '남작 하야시 곤스께 군상男爵林權助君像'이라는 글씨가 새겨져 있다. 이것은 사실 벤치가 아니라 1936년 건립된 하야시 곤스께의 동상 좌대 중 일부가 광복 후 쓰러져 방치되어온 것이다. 그런데 하야시 곤스께는 누구인가? 누구기에 총독 관저 앞에 동상이 세워졌을까? 하야시는 1899년부터 을사조약 체결 때까지 약 7년간 주한 일본 공사를 지낸 사람이다. 대한제국이 수립된 후 통감부를 설치하기까지의 기간은 일본 입장에서는 한국 침략 과정에서 가장 어려운 시기인 동시에 러일전쟁에서 승전하여 한반도에서 독보적인 영향력을 확보한 '기념비적인' 시기였다고 할 수 있다. 이런

(왼쪽) 『매일신보』 1936년 12월 3일자에 실린 하야시 동상 제막식 사진. **(오른쪽)** 광복 후 숲속에 방치된 하야시 동상의 좌대. 원 안에 '남작 하야시 곤스께 군상'이라는 글씨가 뚜렷하다.

시기에 한국 침략의 첨병으로 '활약한' 하야시의 동상을 "회고의 터에 깊은 감개"[4]를 가지고 건립했던 것이다.

다시 큰길을 따라 좀더 올라가면 옛 통감부 터가 나온다. 현재는 서울 애니메이션센터가 위치해 있다. 통감부 청사도 1926년 경복궁에 새로운 청사를 준공할 때까지 총독부 청사로 사용되었다. 이곳에는 통감부 터라는 표석 외에 '김익상 의사 의거 터'라는 표석도 세워져 있다. 김익상 의거는 의열단원 김익상이 1921년 9월 전기공으로 위장하고 총독부 청사로 들어가 폭탄을 던지고 빠져나온 사건이다. 김익상 의사가 현장에서 체포되지 않았기 때문에 이 사건의 진상은 6개월 뒤 그가 다른 사건으로 붙잡힐 때까지 미궁에 빠져 있었다.

통감부 터에서부터는 식민지시기 왜성대倭城臺공원으로 불렸던 곳이다. 1897년 일본인 거류민단은 대한제국 정부로부터 이 일대가 임진왜란 당시 일본군이 주둔했던 곳이라는 명목을 내세워 공원 부지로 얻었다.

남산 통감부(총독부) 청사. 현재는 서울애니메이션센터가 위치해 있다.

공원 부지를 확보한 후 거류민단은 이곳에 일본인의 대표적인 종교시설인 신사神社를 건립했다. 거류민단이 건립한 신사는 처음에 남산대신궁南山大神宮이라고 불렸다. 이름은 거창하지만 작은 규모의 신사였다. 후일 거류민단은 이 작은 규모의 신사를 경성신사京城神社로 이름을 바꾸고 부속신사로 텐만궁天滿宮, 이나리신사稲荷神社, 하찌만궁八幡宮까지 건립했다. 현재의 숭의여자대학교, 리라초등학교 일대이다. 이와 함께 경성신사 본사로 올라가는 입구(현재의 숭의여대 정문 부근)에는 청일전쟁의 승전을 기념하는 갑오전승기념비甲午戰勝紀念碑를 세우고 해마다 위령제나 초혼제 등을 열었다.

경성신사의 건립과 확장은 일본인의 남촌 정착과 세력 확장 과정을 반영한다고 할 수 있다. 경성신사 자체가 국가나 정부가 아닌 거류민이라는 민간집단을 상징하거니와 일본의 토속신을 모시는 텐만궁, 이나리신

어느 봄날의 경성신사. 남촌이 서울 속 작은 일본이었음을 상징적으로 보여준다.

사, 하쩌만궁 등은 모두 신도의 민간신앙적 측면을 반영하기 때문이다.
게다가 신도와 직접 관계가 없는 갑오전승기념비가 세워진 것도 의미심
장하다. 주지하듯이 청일전쟁은 한반도의 패권을 두고 청나라와 일본이
충돌한 전쟁이었으며, 여기에서 승리함으로써 일본은 비로소 청나라에
대해 우위를 차지하기 시작했다. 식민지시기에는 경성신사의 전경을 담
은 사진엽서나 사진첩이 많이 간행되었다. 벚꽃이 활짝 핀 신사의 경내
는 전형적인 일본적 경관이다. 이렇게 경성신사는 남촌이 '서울 속 작은
일본'이 되었음을 상징적으로 보여준다.

　한편 리라초등학교 교내에는 남산원이라는 사회복지시설이 있다. 이
곳은 1934년 건립된 노기신사乃木神社 터이다. 노기신사는 경성신사 경내
에 건립되었지만 그 부속신사는 아니었다. 민간이 아니라 조선총독부가
주도하여 건립한 노기신사는 일본 육군대장 노기 마레스께乃木希典를 모

신 독자적인 신사이다. 그렇다면 궁금하지 않을 수 없다. 노기 마레스께는 어떤 사람이기에 본토도 아닌 식민지 조선에 그를 모시는 신사가 세워진 것일까?

메이지유신의 중심 세력인 쪼오슈우번长州藩(현재의 야마구찌현) 출신의 하급무사였던 노기는 막부와의 전쟁 과정에서 여러차례 활약을 하여 초기 일본 육군의 주역이 되었다. 그는 청일전쟁에도 여단장으로 출정했을 뿐 아니라 러일전쟁에도 제3군 사령관으로 참전하여 전쟁의 승부를 가른 뤼순旅順공략을 지휘했다. 그러나 이런 '활약상' 때문에 그를 모시는 신사가 건립된 것은 아니었다. 그의 두 아들은 러일전쟁에 참전하여 전사했고 그 자신은 1912년 메이지 천황이 사망하사 할복자살하여 천황의 충신을 대표하는 인물로 표상되었다. 조선총독부가 노기신사를 건립하기로 결정한 것은 이 때문이었다. 식민지인들에게 진정한 '천황의 충신'이 되라고 말하고 싶었던 것이다.

남산원에는 현재도 노기신사의 유구들이 많이 남아 시설의 탁자나 의자 등으로 사용되고 있다. 그러나 오랫동안 이 자리가 어떤 역사적 연원을 가지고 있고, 또 그것이 의미하는 바는 무엇인지 아는 사람은 드물었다. 최근에야 연구자들을 중심으로 알려지기 시작한 정도이다. 그런데 흥미로운 점은 한국인은 알지 못하는 이곳을 일본인들은 꽤 오래전부터 알고 있었다는 사실이다.

서울 남산에는 조선신궁 외에도 경성신사, 노기신사가 있었다. 노기신사는 러일전쟁 때 뤼순전투에서 일본군을 지휘한 노기 마레스께를 기렸던 신사다. 리라아트고등학교 옆 사회복지법인 남산원에는 신사

건물 3동이 남아 해방 후에도 30여 년 동안 원생들의 숙소로 쓰였다. 그러나 1979년 화재로 소실됐고 지금은 신사참배에 앞서 손을 씻기 위한 물을 담아뒀던 미타라이샤手水舍라는 수조만 남아 있다. 박홍식 남산원 사무국장은 "일제 때는 이곳이 경성의 7대 명소에 포함돼 일본인들이 많이 찾는 곳이었다고 한다"면서 "1980년대 이후 일본인 학자나 관광객들이 찾아오기 시작해 요즘도 한 해에 60～70명이 다녀간다"고 말했다.[5]

이곳을 찾는 일본인들은 과연 무슨 생각을 했을까? 노기 마레스께는 지금까지도 일본 근대사의 위인으로 여겨지고 있다. 그러나 오늘날의 시점에서 그의 충성이라는 것은 근대 천황제의 맹목성을 잘 보여주는 것이다. 또 그의 활약이 뚜렷했던 청일전쟁과 러일전쟁은 일본제국주의의 한반도 침략, 조선의 식민지화 과정과 뗄 수 없는 것이기도 하다. 지금 남산원에 말없이 흩어져 있는 노기신사의 유구들은 이런 역사적 기억을 우리의 관점에서 지속적으로 환기해야 함을 웅변한다.

남산원에 남아 있는
노기신사의 유구.

이제 소파길도 거의 끝나간다. 그 끄트머리 안중근의사기념관으로 올라가는 계단참이 보일 때쯤 '한양공원漢陽公園'이라고 새겨져 있는 표석과 만나게 된다. 한양공원은 이미 대한제국이 껍데기만 남은 것이나 다름없어진 1908년, 일본인 거류민단이 정부로부터 토지를 대여받아 1910년 3월 개원한 공원이다. 강제병합이 5개월밖에 남지 않은 시점에 만들어진 셈이다.

1912년에 세운 것으로 알려진 한양공원 표석도 광복 후 오랫동안 숲 속에 쓰러진 채 방치되어 있다가 최근 유적으로서 가치가 환기되면서 현재의 자리에 다시 세워졌다. 그런데 표석의 글씨는 누가 쓴 것일까? 이점도 오랫동안 의문이었다. 그러다가 한양공원 개원식 사진에서 의문의 실마리가 풀렸다. 사진에 나오는 휘장의 글씨체가 표석과 거의 같았기 때문이다.

휘장의 글씨는 당시 '선황제'였던 고종이 하사한 것으로 알려져 있다. 그뿐만 아니라 '한양공원'이라는 이름도 고종이 지은 것이다. 이제 거의 일본 땅이 되다시피 한 한반도의 수도에 일본인이 주도하여 만든 공원의 이름이 하필 한양공원인 것이 이채롭다. 이제 곧 역사 속으로 사라지게 될 이름 한양을 고종은 이렇게라도 남겨두고 싶었던 것일까? 이런 비운의 역사를 상징하듯 표석의 뒷면에는 일본인 거류민단장 코조오 칸도오古城管堂가 쓴 공원 설립의 내력이 새겨져 있었다고 하는데, 이것은 광복 후 누군가에 의해 모두 지워져 현재는 훼손의 흔적만 남아 있다.

1910년 3월에 만들어진 한양공원의 전경.

한양공원 표석의 앞면과 뒷면.

목멱산에 세워진
식민통치의 성소(聖所), 조선신궁

조선총독부는 3·1운동의 충격파가 가라앉고 이른바 문화통치가 어느정도 안정기에 접어들었다고 판단한 1920년대 중반, 그동안 미루어두었던 식민지 수도 경성의 정비 사업을 본격화했다. 그 핵심 내용 중 하나는 다양한 상징적 건축물을 건립하는 것이었다. 이에 1925~26년경 조선총독부 신청사(→ 중앙청 → 국립중앙박물관 → 철거), 경성부 신청사(→ 서울시청 → 서울도서관), 경성역(→ 서울역 → 문화역서울284), 경성운동장(→ 동대문운동장→동대문역사문화공원) 등 주요 건축물들이 한꺼번에 준공되었다. 지금부터 찾아갈 조선신궁朝鮮神宮도 그중 하나이다.

한양공원을 지나 곧 나타나는 계단을 올라가면 안중근의사기념관, 서울시 교육연구정보원, 서울시립 남산도서관 등이 모여 있는 광장이 나온다. 이곳은 1925년 건립된 조선신궁 상광장으로서 신궁의 본전과 배전이 있었던 곳이다. 조선신궁의 건립계획은 3·1운동 직후인 1919년 7월로 거슬러 올라간다. 일본 정부는 이 미증유의 대규모 독립시위가 가져온 정신적 충격에서 벗어나 영구한 식민통치를 신에게 기원하고자 하는 종교적 바람에서 조선신궁 건립을 공식적으로 허가했다.

조선신궁은 민간신사인 경성신사와 달리 국가 의례가 거행되는 '관폐대사官幣大社'였으며 천황이 직접 사신을 보내는 '칙제사勅祭社'이기도 했다. 1920년대 일본의 칙제사는 본토에도 16곳밖에 없었으며 식민지에는 조선신궁이 유일했다. 조선신궁의 제신祭神으로는 일본 열도의 시조신으로 일컬어지는 아마떼라스 오오미까미天照大神와 메이지 천황이 선정되었

조선신궁 전경. 조선신궁은 경성신사와 달리 국가 의례가 거행되는 '관폐대사'였다.

다. 이것은 그냥 선정된 것이 아니었다.

일본의 고대 역사서인 『일본서기日本書紀』에 의하면 시조신 아마떼라스의 동생 스사노오노미꼬또素戔嗚尊는 난폭한 행동을 하다가 열도에 쫓겨난다. 일제 식민사학자들은 스사노오가 쫓겨 간 곳이 바로 한반도 남부로서 이때부터 일본에서 건너간 세력이 한반도를 지배했다고 주장했다. 여기에서 좀더 나아가 스사노오가 바로 한국 역사서에 등장하는 단군이라고 주장하기도 했다. 일본 시조신의 동생이 고대 한반도의 지배자였기 때문에 원래 일본과 한국은 형제의 나라이며, 한일병합은 마치 헤어졌던 형제가 만난 것처럼 자연스러운 일이라는 논리이다. 그리고 여기에서 헤어졌던 형제의 재회를 가능하게 한 한일병합의 공로자는 메이지 천황이라는 논리가 나오게 된다. 이렇게 아마떼라스와 메이지 천황은 일본 식민주의의 대원칙인 동화정책의 핵심적인 상징이었다.

이와 더불어 한일병합은 단순히 헤어졌던 형제의 재회가 아니라 오랫동안 형제의 나라인 일본과 떨어져 야만적인 중국의 지배를 받던 한반도에 '문명의 빛'을 전해준 사건이었다. 조선총독부는 조선신궁의 건립에 이런 상징성을 부여하기 위해 철저히 계산된 이벤트를 준비했다. 1922년 공사를 시작한 경성역의 준공을 조선신궁의 진좌제鎭座祭에 맞추었다. 1925년 9월 30일 준공한 경성역에 첫 열차가 들어온 것은 10월 13일이었다. 이 첫 열차에는 토오꾜오에서 출발한 조선신궁의 '신체神體'가 실려 있었다. 그리고 이틀 뒤 경성운동장이 낙성했는데, 그 개장식도 신도의식에 따라 거행되었다. 이튿날부터는 3일간 '조신신궁 경기대회'가 열렸다. 이것은 마치 고대 그리스 신들에게 바쳐졌던 올림피아드를 연상케 하는 것이었다. 이후 조선신궁 경기대회는 매년 개최되었다.

그런데 조선신궁은 왜 남산에 건립되었던 것일까? 그 위치 선정을 둘러싸고는 여러 견해가 있었던 것으로 알려져 있다. 현재의 위치로 결정된 현실적인 이유는 이곳이 이미 한양공원 경내로서 별도의 용지비가 들지 않는 점이었다. 그러나 이런 중요한 상징물의 위치가 예산 문제만으로 결정될 리는 없는 법. 남산은 원래 이름이 목멱산으로 북악산, 낙산, 인왕산과 함께 서울의 중심부를 둘러싸고 있는 이른바 내사산內四山 중 하나이다. 풍수지리적 해석에 의하면 서울의 안산案山 겸 주작朱雀에 해당하는 산이다. 현재도 안중근의사기념관에서 내려다보면 고층 건물이 없다고 가정할 때 서울 도심부를 한눈에 조망할 수 있다. 여러모로 '신궁'이 들어서기에 적당한 장소라고 할 수 있다.

준공 당시 조선신궁은 총면적 약 12만평의 대지에 상, 중, 하 세 광장으

조선신궁 하광장의 토리이(鳥居)와
관광 기념 스탬프.

로 이루어져 있었다. 지금 우리가 서 있는 상광장에서 계단을 내려가면 나오는 백범광장이 중광장이며, 다시 그 아래 서울힐튼호텔 앞 삼거리가 하광장에 해당한다. 하광장에는 신사를 상징하는 커다란 기둥문인 토리이鳥居가 서 있었다. 방문객이 단골로 사진을 찍는 장소였다. 식민지 말기 조선총독부가 이른바 '황국신민화' 정책을 시행하면서 자의 반 타의 반 조선신궁을 찾는 이들이 증가했다. 일부 부유층 중에는 이곳에서 일본식 결혼식을 하는 경우도 있었다.

광복 후 조선신궁의 흔적은 비교적 빠르게 지워졌다. 그만큼 상징성이 컸기 때문이다. 그리고 이곳은 신국가 대한민국의 상징물로 채워져갔다. 처음에는 이승만 동상이 들어서기도 했으나 1960년대 이래 안중근, 김구 등이 그 자리를 대신했다. 그런데 최근 잊혀진 조선신궁의 역사적 기억이 우리 앞에 되살려졌다. 바로 지난해(2014) 여름 '남산 회현자락 정비사업'의 일환으로 한양도성 유적을 발굴하던 중 조선신궁의 배전 터가 발굴된 것이다.[6] 조선신궁의 역사적 기억은 전형적인 '네거티브 메모리'라고 할 수 있다. 그러나 역사는 긍정적인 요소만으로 구성되지 않는다. 부정적인 유산까지 끌어안고 기억하고 해석하지 않는다면 역사는 사라진다. 이제 어떻게 해야 할 것인가? 우리에게는 새로운 과제가 주어졌다고할 수 있다.

이제 내려갈 시간이다. 힐튼호텔 앞 삼거리에서 내려와 큰길을 건너 회현동 사거리 쪽으로 조금 가면 거대한 로터리와 만나게 된다. 한국은행 앞 광장, 식민지시기 선은전鮮銀前(센긴마에)이라고 불렸던 곳이다.

선은전 광장. 사진 왼쪽은 조선은행 본점, 오른쪽은 경성우편국이다.

식민지 도시 스펙터클의 절정,
남촌의 번화가 풍경

선은전은 조선은행 본점, 미쯔꼬시三越백화점, 경성우편국으로 둘러싸인 광장으로서 식민지시기 한반도 경제권력의 중심을 상징하는 공간이었으며, 또 식민통치에 의한 이른바 '조선의 근대화'를 상징하는 공간이었다. 현재도 이 광장은 옛 한국은행 본점인 화폐금융박물관, 미쯔꼬시 건물을 계승한 신세계백화점 본점, 포스트타워(서울중앙우체국)로 둘러싸여 과거의 공간적 위상이 지속되고 있다고 할 수 있다.

이런 공간이니만큼 식민지시기에는 선은전을 중심으로 많은 백화점이 들어섰다. 백화점이란 무엇인가? 도시 중심가의 거대한 건물에서 화

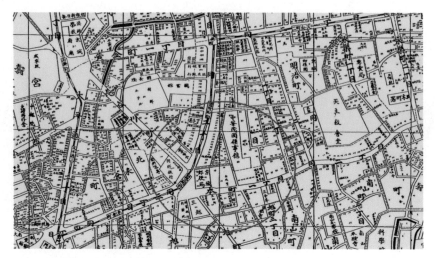

식민지시기 남촌의 지도. 5대 백화점 가운데 4곳이 원 안에 밀집해 있었다.

(위) 미쯔꼬시백화점.
(아래) 쪼오지야백화점.

려한 전시품을 마음껏 돌아보며 상품을 구매하는 장소로서, 자본주의 도시의 대표적인 상업 공간이라고 할 수 있다. 따라서 경성의 백화점이란 식민지 근대화의 진전과 도시 발달을 대표하는 장소였다. 또 백화점 건물은 소비자를 유혹하기 위해 화려한 고층의 외양을 갖춘 것이 보통이었다. 그렇기 때문에 당대 어떤 구조물보다 가시적인 스펙터클을 제공해주었다.

식민지시기 서울에는 보통 5대 백화점이 있었다고 일컬어지는데, 종로에 위치했던 유일한 조선계 백화점 화신和信을 제외하면 모두 남촌의 남대문로와 충무로 일대에 위치했다. 남촌의 백화점 중 대표격은 바로 선은전의 한 꼭짓점인 미쯔꼬시백화점이었다. 1904년 일본에서 최초로 백화점 영업을 시작한 미쯔꼬시는 러일전쟁 당시 조선에 진출했으며, 1930년 현재의 자리에 지하 1층, 지상 4층의 대규모 신관을 지어 본격적인 근대적 백화점으로 발돋움했다.

광복 후 이 건물은 한때 미군 피엑스(PX)로 사용되기도 했다. 6·25전쟁 발발로 생계가 어려워진 여대생 박완서는 여기에 취직하여 미군 초상화를 그리던 박수근 화백과 만나게 된다. 후일 소설가 박완서의 데뷔작 『나목裸木』(1970)의 무대가 된 장소가 바로 이곳이다. 이후 여러차례 주인이 바뀐 끝에 현재 신세계백화점으로 이어져오고 있다.

남대문로 쪽에는 1904년 쪼오지야丁子屋백화점이 들어섰다. 미쯔꼬시와 더불어 남촌을 대표했던 쪼오지야도 1939년 대대적으로 건물을 증축하여 광복 후에도 백화점 영업을 계속했다. 1954년에는 '메트로폴리탄' metropolitan을 음차한 미도파美都波로 상호를 바꾸었다. 전후 사회 재건의 뜨거운 열기가 느껴진다고 하겠다. 미도파는 1990년대 들어 신생 백화점

본정 입구. 왼쪽으로 보이는 건물이 경성우편국(현재의 포스트타워 자리)이다.

에 밀려 경영에 어려움을 겪다가 2000년 무렵 롯데에 인수되어 현재 롯데백화점 영플라자로 영업 중이다. 롯데 인수 후 건물의 전면적인 리모델링이 이루어져 현재는 골조의 형태에서만 희미하게 쪼오지야의 흔적을 찾을 수 있다.

한편 선은전 경성우편국 옆길로 들어서면 바로 본정이다. 1930년대 후반 본정통과 나란하게 소화통昭和通(쇼오와도리)이라는 새로운 도로가 뚫리고 광복 후 그 도로가 주도로(퇴계로) 역할을 하면서 현재 본정통은 이면 도로로 남아 있지만 이곳은 식민지시기 명실공히 서울 최대의 번화가였다.

본정 안으로 들어서면 히라따平田, 미나까이三中井 두 백화점과 차례로 만나게 된다. 두 백화점도 러일전쟁 전후 서울로 진출하여 1920~30년대에 정식 백화점 영업을 시작했다. 그러나 광복 후로 이어지지는 못했으며, 건물도 현재는 남아 있지 않다.

남촌의 백화점들은 지도에서도 확인할 수 있듯이 제한된 장소에 모여 있어 고객 유치를 위해 치열한 경쟁을 했다. 그리하여 각각 특징적인 영업 전략을 구사했다. 미쯔꼬시는 일본에서도 최고급 백화점이었던 만큼 서울에서도 일본인과 한국인을 막론하고 최상류층을 겨냥한 고급화 전략을 구사했다. 올여름(2015.7.22) 개봉한 영화 「암살」에는 조선군 사령관의 아들과 친일파 관료의 딸이 미쯔꼬시 2층에서 결혼식을 하는 장면이 나오는데 당시 이곳의 위상이 어떠했는지를 상징적으로 보여준다. 한편 본정 안쪽에 자리 잡은 히라따, 미나까이는 일찍부터 일본인 중산층 혹은 서민층을 겨냥한 대중화를 영업 콘셉트로 삼았다.

기실 초기 남촌 백화점의 고객은 일본인이 훨씬 많았다. 백화점에서 물건을 구매한다는 것 자체가 한국인에게 익숙하지 않았을 뿐 아니라 청계천을 건너 남촌에 가는 것을 꺼리는 사람들이 많았기 때문이다. 그러나 점차 시간이 흐르면서 백화점은 한국인에게도 익숙한 소비문화의 장소로 자리를 잡았다. 남촌 출입도 마찬가지였다. '식민지'라는 상황은 물론 엄존했지만 그것이 모든 일상을 심리적으로 규제할 수는 없었다. 남촌의 백화점을 찾는 한국인은 점차 증가했고, 젊은이들이 본정의 유흥가를 배회하는 것을 가리키는 '혼부라本ぶら'(토오꾜오 긴자銀座 산책을 가리키는 '긴부라'에서 나온 말)라는 말이 생길 정도였다.

혹시 남대문통이나 진고개를 지나보신 이면 누구나 흔히 눈에 띄는 일이겠지만 쪼오지야, 히라따 같은 큰 상점에는 언제나 조선여학생 신식부인들로 꼭꼭 차서 불경기의 바람이 어디서 부느냐 하는 듯한 성황, 대성황으로 물품이 매출되니 그곳들이 특별히 값이 싸서 그런가요. 그렇지 않으면 무엇에 끌려서 그러는지 알 수 없습디다.[7]

이렇게 세태가 변화하는 가운데 쪼오지야는 아예 독특한 영업 전략을 내세웠다. 쪼오지야도 일본 미에현 출신의 코바야시 켄로꾸小林源六가 창업한 전형적인 일본계 백화점이었지만 "조선 본위"를 내걸고 한국인 고객을 공략했다. 이것은 발상의 전환이라고도 볼 수 있지만 더 많은 이윤을 추구하는 자본가로서는 당연한 선택지였다고도 할 수 있다.

남촌은 식민지 자본주의의 소비 공간이기도 했지만, 문화와 예술의 공간이기도 했다. 현재 남아 있는 대표적인 장소로는 명동예술극장을 들 수 있다. 본정에서 샛길을 따라 북쪽으로 조금 올라가면 현재 유네스코 회관 건너편으로 장중한 바로크양식의 건물이 보인다. 1934년 명치좌明治座(메이지자)라는 이름으로 개관한 극장이다. 식민지시기 본정의 배후지로서 문화·예술·유흥의 거리였던 명동에는 많은 극장이 있었지만 지금까지 옛 모습을 전하는 것은 명동예술극장 하나뿐이다.

주로 일본영화 상영관이었던 명치좌는 8·15광복 후 서울시가 인수하여 시공관으로 사용했다. 시공관에서는 영화나 공연이 개최되었지만, 각종 행사나 집회 장소로도 사용되었다. 1956년 부통령으로 당선된 장면이 민주당 전당대회에서 연설을 하다가 테러를 당한 곳도 바로 이곳이다. 시공관은 한때 국립극장과 겸용되다가 1960년대부터는 온전하게 국립극장으로 사용되며 문화예술의 산실 역할을 했다. 1975년에는 국립극장이 장충동으로 신축·이전하면서 대한투자금융에 매각되어 금융사 오피

(왼쪽) 1934년 개관한 명치좌의 모습.
(오른쪽) 2009년 재개관한 명동예술극장.

스가 되었다. 1995년 소유자 측의 철거 움직임이 있자 이에 반대하는 문화예술계의 노력으로 정부가 매입하여 2009년 명동예술극장으로 다시 개관하기에 이르렀다. 명동예술극장에서는 2015년 7월, 현대 연극사의 문제작 중 하나인 「문제적 인간 연산」이 무대에 올랐다.

　명동예술극장의 보존과 재개관은 식민지시기 이래 남촌의 장소성^{場所}性을 숙고하고 지속시킨 대표 사례로 기억할 만하다. 아래의 회고에서 느낄 수 있는 것처럼 명치좌 시절 이래 이 극장은 세계의 문화적 첨단과 한국이 만나는 장소였으며 오늘날에도 명동이 바로 어떤 장소로 기능했는지를 증언하고 있다.

　우리는 시공관 연극도 구경 많이 갔어. 옛날에도 우리는 「안나 카레니나」 「마농」 그런 미국 영화만 봤어. 국도극장, 시공관, 명보극장, 대한극장, 뭐 그런 데 가서도 우리는 불란서 영화, 미국 영화, 영화도 외국

것만 봤지 국산 영화는 그때도 안 봤어. 우리가 아무리 달러 장사를 하고 나이가 여든이 되어도 밖에 나와서 장사를 했지만, 수준은 높았으니깐, 외국 영화만 봤지.(1950년대 명동 달러상 박진근 구술)

국립극장 바로 건너편에 코롬방 케이크집이 있었고, 그 2층에 은하수라는 다방이 있었어요. (⋯) 국립극장 바로 건너편에 있었으니, 거기 식구들이 다 여기 다방으로 모이고, 교류도 하고 그랬죠. 모든 연극인들의 아지트 같은 그런 곳이었어요.(원로 연극배우 백성희 구술)[8]

나오며

충무로에서 출발하여 명동까지 왔다. 아직 가볼 만한 곳은 많이 남아 있지만 이제 만보를 마쳐야 할 시간이다. 서울 남촌은 우리 역사의 아물지 못한 상처를 증언하는 공간이다. 근대 이행기 외세의 침략이 노골화되면서 의미있는 공간으로 떠오르기 시작했고, 식민지시기 뚜렷한 장소성이 형성되었기 때문이다.

이런 남촌의 위상은 광복 후 한편으로는 연속되면서 다른 한편으로는 단절되었다. 남촌의 주인이었던 일본인이 귀환하면서 그 자리는 한국인으로 새롭게 채워졌지만 상업·금융의 중심지로서 을지로, 유흥과 문화의 거리로서 명동과 같은 상징은 연속되었다. 그러나 이런 장소성의 기원이 근대 이행기에서 식민지시기의 역사에 기초하고 있음은 의도적·비의도적으로 망각되었다.

이것은 제도적 근대의 차원에서 식민지적 기원과 단절하려는 현대 한국의 국가 형성 전략과도 맞닿아 있는 것이었다. 이런 전략은 물론 광복 후 신생 독립국가로 재출발하는 국면에서 타당성을 가지고 있다고 할 수 있다. 그러나 이런 가운데 남촌이 점차 고유의 장소성을 잃어버린 점도 간과할 수 없다. 한 사례로 현재 한국을 찾는 외국 관광객의 대다수가 찾는 곳의 하나는 명동이다. 2013년의 경우 외국 관광객의 82.8%가 명동을 방문했다고 한다. 그런데 명동은 외국인이 가장 실망한 관광지 3위에 오르기도 했다. 아이러니한 일이 아닐 수 없다. 명동은 왜 서울의 대표적인 관광 명소라는 장소성을 가지고 있음에도 불구하고 콘텐츠가 부재한 것일까? 이 점이 명동이 식민지시기 '메이지쪼오'에서 기원한다는 점을 망각해온 우리의 현대사와 무관하다고 할 수 있을까? 아래 기사는 명동의 관광 콘텐츠 발굴에 대해 다음과 같이 조언한다.

원래 명동은 일제강점기엔 '혼마치'(현 충무로2가)라고 불리는 조선 최대의 유흥가였다. 부근엔 일본인 집단거주지가 형성됐다. 맞은편 남산 중턱엔 조선 최대의 신사인 조선신궁(현재 발굴 중)이 조성됐고, 바로 아래엔 조선총독부(현 서울애니메이션센터)가 1926년까지 자리 잡았다. (…) 명동성당, 명동예술극장(1936년 메이지자로 설립), 미쓰코시백화점(현 신세계백화점), 조선은행(현 한국은행 화폐박물관), 구 경성전기 사옥(1928년 건축한 현 한국전력 본사), 동양척식회사 본사 터(현 외환은행 본점) 등 역사성이 풍부한 오래된 공간도 많다. 이에 전문가들은 장기적으론 쇼핑 위주의 관광보다는 지역이 가진 친근함을 바탕으로 각각의 공간이 지닌 스토리텔링을 담은 콘텐츠를 개발해야 한다고 주문한다.[9] (강조는 인용자)

엄밀한 역사적 고증을 거친 글이 아님을 전제로 하더라도 위 기사는 남촌의 역사성을 콘텐츠화하는 것의 필요성을 말하고 있다. 이 글의 문제의식도 여기에 맞닿아 있다.

오늘날 무국적의 공간으로 고유한 매력을 잃어가고 있는 남촌, 이곳의 장소성을 어떻게 되살릴 것인가? 그러기 위해 우리는 먼저 상처와 환희, 굴욕과 영광이 어우러진 남촌의 역사와 두려움 없이 대면해야 하는 게 아닐까?

덧붙이는 말

이 글의 초고를 완성하고 며칠 후 다음과 같은 뉴스를 접했다.

광복 70주년을 맞아 서울시가 곳곳에 남아 있는 '일제 잔재' 지우기에 나섰다. 서울시는 22일 남산 북쪽 기슭에 있는 조선통감부 관저 터에 '거꾸로 세운 동상'으로 이름 붙인 표석을 설치한다고 20일 밝혔다. 이 표석은 일본 공사였던 하야시 곤스케의 동상에 사용됐던 판석 조각 3점으로 만들었다. (⋯) 서울시는 그동안 방치됐던 동상 잔해를 모아 이번에 표석을 만들었다. 표석에는 동상에 쓰였던 '남작 하야시 곤스케 군상' 글자가 거꾸로 표기됐다. 표석에 '거꾸로 세운 동상'이라는 이름이 붙은 이유다. 국가적인 치욕을 영원히 잊지 않겠다는 뜻이 담겼다. 표석 아랫부분에는 검정 돌인 오석을 배치했다.[10]

치욕의 상징으로 방치되어온 좌대를 없애거나 하지 않고 거꾸로 세워

2015년 8월 통감 관저 터에 세워진 '거꾸로 세운 동상'.

보존하기로 한 것이다. 이것을 어떻게 볼 것인가? 먼저 그간 망각과 삭제를 우선해왔던 방식에서 진일보한 것이라고 평가하고 싶다. 한걸음 더 나아가 네거티브 유산의 창의적인 발견-재창조라고 상찬할 수도 있을 것 같다. 그러나 한편 조금 석연치 않은 점이 있는 것도 사실이다. 여기에는 철저히 '복수의 정서'만이 깔려 있기 때문이다. 과연 '그것만'으로 끝내도 되는 것일까? '복수 너머'를 바라보는 성숙한 미래지향적 시선이 보이지 않는 것이 다소 아쉽다. 결론적으로 2015년 하야시 동상 좌대의 정

비와 새로운 의미 부여는 광복 70년의 역사의식이 도달한 성취의 지점이
면서 앞으로 숙고해야 할 과제를 제시해준다고 하겠다.

3

노인에 대하여 말할 때
우리가 제대로 말하지 못한 것들

신수정

「죽어도 좋아」,
노인들의 에로티카

영화가 시작되면 한 남자가 시야에 들어온다. 남자라기보다 노인이라고 불러야 할지도 모르겠다. 그는 도로 한 귀퉁이 좁다란 담배 박스에 들어앉아 오고 가는 사람들에게 담배나 껌 등을 판매한다. 그의 얼굴엔 아무런 표정이 없다. 그는 혼자 라면을 끓여 저녁을 해결하고 잠들기 전 틀니를 꺼내 닦는다. 고독은 그의 오랜 친구인 듯도 하다. 눈발이 날리는 추운 겨울날, 그는 공원의 벤치에 앉아 있다. 그의 옆에는 한 여인이 앉아 있다. 그들은 나란히 앞을 바라본다. 그러다 그가 불쑥 그녀에게 말을 붙인다. 어디 사십니까? 이름은? 너무 예쁘네, 할머니. 할머니로 불린 그녀는, 그러나 그를 쳐다보지도 않는다. 그는 아랑곳하지 않고 다시 작업을 걸기 시작한다. 나 좀 안 볼래요? 이렇게 예쁜 할머니 옆에 앉아 있으니 행복하네요. 그의 얼굴이 클로즈업된다. 그는 정말 행복해 죽을 것 같은 표정이다. 무표정했던 그의 얼굴은 어느 곳에서도 찾아볼 수 없다.

　우리는 지금 2002년 개봉된 영화 「죽어도 좋아」에 대하여 이야기하고자 한다. 이 영화에 나오는 박치규(73세) 할아버지와 이순예(72세) 할머니는 남녀 주인공의 이름이자 그 역할을 하는 배우들의 이름이기도 하다. 이 영화의 주인공은 자신들을 연기하는 아마추어 배우들이다. 우리가 알고 있는 일반적인 영화에서라면 절대 주인공으로 등장할 수 없는 사람들이라고 할 수도 있다. 심지어 이 영화는 무려 19금 멜로영화이기도 하다. 영화 속의 남녀는 오로지 서로 사랑하고 싸우고 토라지며 화해를 한 뒤 더욱 과격하게 사랑하는 일련의 과정들을 보여줄 뿐 다른 어떤 것도 하지 않는다. 이 과정은 여느 젊은이들의 그것과 조금도 다르지 않다. 오히려 죽음을 눈앞에 둔 그들의 사랑은 다른 어떤 이들의 그것보다 과격하고 급하다. 그들이 공원에서의 만남 이후 동거에 들어가기까지 걸린 시간이 그리 길지 않다는 사실이 이를 말해준다. 그들의 동거는 '예상과 달리' 밤낮없이 몰두하는 섹스로 채워진다. 섹스가 잘된 날, 박치규 할아버지는 달력에 의미심장한 동그라미를 남기고 옥상으로 올라가 어색한 몸짓으로 아침 체조를 한다. 단지 하루하루 살아가기 위해 건성으로 건사하던 그의 몸은 이제 조심스럽게 돌보아야 할 그 무엇으로 바뀐다. 그들은 서로의 몸을 보듬고 살갗을 비비며 서로에게 몸이 있음을 감사한다. 동그라미로 빼곡한 달력에 '낮거리'라는 표시를 남긴 날, 세상은 온통 그들의 것이다. 젊음도 부럽지 않다. 죽음도 두렵지 않다. 무릇 그들의 사랑은 사랑 일반이 그러한 것처럼 그들만의 육체적 쾌락으로 물든다. 육체를 통하여 생의 환희를 만끽하는 연인들의 통과의례는 그들이라고 해서 예외가 아니다. 그들은 좁고 둥그런 '고무 다라이'에 알몸으로 함께 들어

앉아 물장난을 치며 서로에게 몸이 있다는 사실에 다시 한번 감사한다.

일종의 금기로 치부되어오던 노인들의 성과 사랑을 전격적으로 파헤친 이 영화는 황정민, 전도연 주연의 「너는 내 운명」으로 유명한 박진표 감독의 처녀작이다. 그는 서울방송(SBS), 경인방송(iTV) 등에서 「그것이 알고 싶다」「뉴스 따라잡기」 등 다양한 시사 교양 프로그램을 연출해온

영화 「죽어도 좋아」는 금기시되어온 노인들의 성과 사랑을 정면으로 다루어 많은 화제를 낳았다.

PD 출신이다. 2001년 5월, 박진표 PD는 가정의 달을 맞아 노인들의 삶을 담은 프로그램을 방영할 계획을 세운다. 그리고 취재차 찾아간 서울 성동구 복지회관 노인 노래자랑대회에서 예의 박치규 할아버지와 이순예 할머니를 만난다. "얼마 남지 않은 인생, 앞으로 어떻게 하면 더 사랑할까만 열심히 연구하며 살기에도 시간이 모자라다"고 공공연하게 선언하고 다니는 이들 커플의 이야기는 「사랑」이라는 이름의 3부작 특집으로 방영되었고 프로그램을 본 사람들로부터 많은 반향을 얻게 되었다. 그러나 박진표 감독은 이에 만족하지 않았다. TV 방송용 다큐멘터리로는 미처 담지 못한 이야기가 있다고 생각했기 때문이다. 그는 이 커플에게 자신들의 이야기를 극화한 영화 촬영을 조심스럽게 권유한다. 그리하여 이제까지 볼 수 없었던 영화가 나오게 되었다. 「죽어도 좋아」가 바로 그것

이다.

물론, 그렇게 해서 나오게 된 결과물에 대한 관객들의 반응이 모두 동일했던 것은 아니다. 다큐멘터리와 영화가 같을 수 없을 것이다. TV에서 가정의 달 특집 방송을 재미있게 본 사람들 가운데에서도 이 영화의 '에로티카'에 대해서는 거북한 반응을 보인 사람들이 적지 않게 나타났다. 어떤 이는 7분에 걸친 롱테이크로 이루어진 이 영화의 섹스 장면을 두고 "아마도 한국 영화가 알고 있는 가장 아름다운 섹스 장면일 것"[1]이라고 애잔해하기를 그치지 않았지만, 또다른 어떤 이들은 이 장면이야말로 충격적 소재로 대중의 관심을 끌려는 한탕식 소재주의 혹은 고도의 상업적 계산에서 비롯되지 않았나 하는 의혹을 내비치기도 했다.[2] 전자가 이들의 섹스를 통해 삶에 대한 어떤 긍정의 몸짓을 읽어내고 있다면, 후자는 사랑을 꼭 실제 성교 장면으로 보여줄 필요가 있는지 묻고 있다고 해도 좋을 것이다. 이 과찬과 의혹은 그 자체로 어느 것이 옳은지 판단 내리기 곤란한 점이 없지 않다.

이 곤란은 10여년이 흐른 지금이라고 해서 달라진 것은 아니다. 우리는 노인들의 성과 사랑이 여전히 거북하고 민망하다. 초고령화 사회로의 진입이 그들의 삶과 사랑에 대하여 관용을 가져온 것도 아니다. 아마도 우리 모두는 그들과 다름없는 일상을 살아가게 될 것이다. 어쩌면 그들보다 더 힘겹고 고독한 삶이 기다리고 있을지도 모른다. 그러나 그렇다고 해서 그들의 삶을 지금 우리의 것으로 온전히 받아들일 수 있는 것도 아니다. 그들은 그들만의 섬에 기거하고 우리는 우리들의 영토에 뿌리박고 있다. 그들과 우리 사이에는 알 수 없는 경계가 여전히 존재한다. 우리는 그들을 우리들의 일상 공간 바깥으로 밀어둔 채 모른 체한다. 그들과 우리는 전혀 다른 시공간을 살아가고 있는 것처럼 보이기도 한다. 지금 이곳, 서울에서 그들이 숨을 쉬고 친교를 행하며 잠시 동안의 고독을 위로받는 공간을 생각해보면 이에 대한 답은 더욱 분명해진다. 노인들의 성지, 종로가 바로 그것이다.

'탑골공원' 혹은
'종묘공원'의 디오니소스

「죽어도 좋아」에서 박치규 할아버지와 이순예 할머니가 처음 만나 서로에게 호감을 느끼며 함께 살 결심을 하게 되는 공원을 떠올려보자. 이 공원은 어디인가. 우리는 이들이 처음으로 만나 말을 나누게 된 장소, 그 공원의 위치를 모르지 않는다. 아마도 영화가 만들어진 시점(2001)을 고려해볼 때, 이 공원은 종로3가 '종묘공원'일 가능성이 높다. 만약 그 이전이라면 이 공원은 당연히 종로2가 '탑골공원'(구 파고다공원)으로 추정될 것이다. 그러나 2001년 2월부터 1년 동안 서울시에 의해 주도된 '탑골공원 성역화 사업'은 이 공원을 생활의 근거지로 여기던 노인들을 근처의 '종묘공원'으로 대거 이동시키는 결과를 낳았다. 내가 이 영화의 공원으로 '종묘공원'을 지목하는 까닭이 거기에 있다.

앙리 르페브르Henri Lefebvre는 도시 공간을 개인적이고 사회적인 목적을 위한 공간의 자유로운 전유appropriation와 국가·계급과 같은 권력을 동원한 공간의 지배domination 사이의 대립과 갈등의 역사로 설명한다. 도시 공간은 정치경제적 지배에 의해 생긴 동질적인 리듬과 상이한 언어·문화·섹슈얼리티를 통해 생긴 이질적인 리듬 간의 투쟁의 장이라는 것이다.[3] 공공 공간은 그 특성상 의미가 불확정적이라는 점에서, 그 공간의 의미가 무엇이고 그 쓰임새가 어떠해야 하는지에 관해 다양한 사회적 집단들 간에 경합의 대상이 되어왔다. 탑골공원 역시 예외가 아니다. 탑골공원은 1897년 조성되기 시작한 서울 도심 최초의 근대공원으로 알려져 있다. 조선 전기 원각사 터에 조성된 이 공원은 10층석탑으로 불리는 원각사지석탑과 함께 원각사비, 1919년 만세운동으로 유명해진 팔각정 등 많은 국보급 문화재를 가진 까닭에 지금은 사적史蹟으로 지정되어 관리되고 있기도 하다.[4] '사적'이라는 말에서 이미 짐작할 수 있는 것처럼, 이 공원의 출발점은 기본적으로 국가의 지배로부터 자유롭지 않다. 대한제국은 조성 예정지에 있던 불법 가옥들을 철거·보상하고 도심 한복판에 부지를 확보하여 최초의 근대식 공원을 설립했다. 그런 의미에서 이 사업이 근대적 계몽 군주로서의 고종의 위엄과 권위를 전시하고자 하는 목적이 없었다고 말하기 어려울 것이다.

그러나 1916년 대중에게 개방된 이래, 이 공원은 애초의 목적에서 벗어나 다양한 집단의 문화적 정체성을 대변하는 역할을 해왔다. 무엇보다도 대한제국 시기 이 공원은 만민공동회로 대표되는 도심 집회와 연설회의 장소로 그 쓰임새가 확장되었다. 1919년 탑골공원이 만세운동의 온상이 될 수 있었던 것도 그러한 맥락이 적지 않은 영향을 끼쳤으리라 짐작된다. 일제강점기 탑골공원은 경성의 조선인 거주지 북촌의 유일한 공원으로 종로와 함께 조선인의 문화를 대표하는 공간으로 자리 잡는다. 1940년대에 발표된 채만식의 소설 「종로의 주민」에 이러한 사정이 잘 나타나 있다. 1941년 2월 20일 탈고되었으나 검열에서 전문이 삭제되어 발표되지 못하다가 해방 직후인 1946년 4월 작품집 『제향날』에 수록된 이

3·1운동 무렵의 탑골공원. 탑골공원은 1916년 개방 이래
다양한 문화적 정체성을 대변하는 공간으로 변모해왔다.

작품은 주인공 송영호가 대략 2주 동안에 걸쳐 배회하는 '종로 거리'를
소설의 주요 모티프로 활용하고 있다. 흥미로운 것은 이 배회의 여로가
왜 일제의 검열 대상이 되어 해방 이후에나 발표될 수 있었느냐 하는 점
이다. 이에 대한 답은 채만식 소설의 주인공이 매일 일정하게 순회하는
종로 거리에 있다. 우리는 이 거리, 이 공간이 지니는 '어떤 의미'를 상기
해볼 수 있을 것이다. 이 작품에서 반복적으로 언급되고 있는 4개의 장소,
즉 공원(탑골공원), 모리나가 찻집(구 종로경찰서), 화신백화점, 종로 네거리
는 모두 '민족'이라는 기의記意와 연결되어 있다.[5] '조선' 혹은 '민족'이라
는 기표記標 자체가 금기시되던 시기, 채만식은 그 텅 빈 공백에 '종로 거
리'를 가져다놓음으로써 차마 발설할 수 없었던 '어떤 의미'를 채워 넣고
자 한 것이다.

해방 이후 1960년대 탑골공원은 또 한차례 의미의 경합을 겪게 된다. 탑골공원은 4·19혁명의 와중에 시위대에 의해 이승만 동상이 전도된 곳이다. 1960년대 전반의 탑골공원은 사회적 갈등을 명확하게 드러내고 개인들에게 그러한 갈등의 해결에 직접적으로 참여할 수 있도록 기회를 제공하는 '민의의 성지'로 불리기 시작했다. 그러나 이러한 기능은 1968년 박정희 정부에 의한 '파고다 아케이드'의 건설과 공원 내 민족적 조형물의 배치로 인해 퇴색되기에 이른다. 1970년대 지배 엘리트 계급은 탑골공원이 함축하고 있던 시민들의 일상적 정치토론의 장으로서의 기능을 배제하고 그 자리에 독재체제의 이데올로기로 전락한 '민족'의 의미를 채워 넣기를 원했다. 이로써 공원의 의미는 시민들의 자발적 '민의의 성지'에서 다시 한번 국가권력의 강제에 의한 '민족의 성지'로 탈바꿈하게 된다.[6]

1980년대 이후 가속화된 산업화는 공원으로부터 젊은 실업자들을 일터로 내몰기 시작한다. 이로 인해 탑골공원을 이용해오던 젊은 사람들이 공원을 일상적으로 이용하는 경우가 현저히 줄어들게 되었다. 무엇보다도 1980년대 군부독재체제는 젊은이들이 공공 공간에서 배회하거나 군집을 이루는 것 자체를 불온시했다. 어디나 마찬가지였지만, 흔히들 '짭새'라고 부르는 사복 경찰들이 공원 이용객들을 감시하는 풍경은 탑골공원이라고 해서 예외가 아니었다. 젊은이들이 빠져나간 자리를 메운 것은 노인들이다. 노인 인구의 증가와 서울이라는 도시 구조의 변화 과정과 더불어 탑골공원은 점차 노인들을 위한 공간으로 그 의미가 전환되기 시작한다. 그 결과 1990년대 이후에 이르러 젊은 층이 다 빠져나간 탑골공원은 '노인의 전당' 혹은 '노인들의 해방구'로 불리게 된다. 이른바 '노인

공화국'의 위상이 확보된 것이다.

문득 폭우가 퍼붓기 시작했다. 탑골공원은 비가 오거나 눈이 온다고 해서 교활하게 표정을 바꾸는 곳이 아니다. 그저 분주하게 공원 팔각정과 대문 밑으로 몸을 피하고 비가 지나가기를 기다리는 것이다. 김포에서 왔다는 눈이 퀭한 70세의 할머니만이 "여기에 앉아 있는 게 좋아. 갈 데도 없어"라며 새우깡 스낵 봉지를 끌어안고 비를 맞았다.

노인들의 대화를 듣고 싶어 우산을 접고 탑골공원 삼일문 처마 밑으로 자리를 옮겼다. 검정색 민소매 상의와 빨간색 등산배낭, 진분홍색 양말 차림의 여성이 어느 할아버지의 등을 뒤에서 부드럽게 쓰다듬는 일에 시선이 꽂혔다. 할아버지들을 대상으로 매춘하는 일명 '박카스 아줌마'였다. 팔은 군살로 울퉁불퉁했지만 미소는 의외로 해맑았다.[7]

2000년 8월 탑골공원을 방문한 삼십대 여기자의 눈에 포착된 위 풍경은 이 공원의 현재 위상을 적나라하게 보여준다. 주로 남성 노인들이 이용객의 다수를 차지하고 있는 이 공원은 때로 가뭄에 콩 나듯 여성 노인들이 드나들기도 하는 유일한 공간이다. 이곳이 아니라면 이 할머니 역시 '갈 데'가 없다. 그녀가 갑자기 쏟아지는 폭우에도 아랑곳하지 않고 공원 벤치에 앉아 있는 것은 그 때문이다. 그녀는 거기 앉아 있는 게 좋다. 어쩌면 이 할머니는 박진표 감독의 영화에서처럼 비슷한 연배의 할아버지로부터 '예쁘다'는 소리를 듣게 되고 그와 더불어 젊은이 못지않은 사랑의 광풍 속에 내던져질지도 모른다. 어쨌거나 지금 이곳, 서울에서 늙고, 가난하고, 외로운 할아버지들이 '여성'을 볼 수 있는 곳은 이곳뿐이다. 그러나 이곳은 수요에 비해 공급이 현저하게 달린다. 할아버지들의 욕망을 채우기에 모자라는 할머니들의 자리를 대체하는 것은 일명 '박카스 아줌마'로 불리는 직업여성들이다. 그녀들은 할아버지들과 공원을 나와 횡단보도를 건너 파고다 영어학원 뒤쪽 골목길 여관으로 발걸음을 재촉해 들어간다. 이들은 단속의 감시망도 두려워하지 않는다. '박카스 아줌마'에게 매춘은 생계를 해결하기 위한 마지막 수단이다. 노인들에게 그녀들은 욕망의 분출구에 다름 아니다. 노인들은 그녀들의 직업적 친절에 힘입어 노년의 쓸쓸함을 잠시나마 위로받고자 한다.

삼십대 여기자는 이 현상을 대체로 중립적인 시각에서 서술하려고 노력한 편이다. 앞의 인용문에서 볼 수 있는 것처럼 '박카스 아줌마'들의 팔뚝 군살을 묘사하는 한편 '의외로' 해맑은 그녀들의 미소도 놓치지 않은 것이 그 증거다. 그러나 그녀는 철저한 이방인이자 관찰자의 자리에서 한걸음도 더 다가서지 않는다. 그녀에게 이 공간은 취재의 현장일 뿐이다. 그녀는 누구의 편도 들지 않는다. 노인들의 일탈적 욕망은 공동체의 안녕을 유지하기 위한 치안 당국의 감시체제에 대한 관심과 등가를 이룬다. 그녀는 탑골공원의 '낭만적' 풍경만큼이나 그것의 '냄새나는' 여파를 청소하고 관리하는 지배계급의 고충 역시 놓치지 않는다. 그렇게 노인들에 대한 '인류학적 보고서'가 완성된다. 하긴, 탑골공원의 노인들의 삶에 온전히 다가가기엔 그녀의 생의 시간은 아직 너무 이른지도 모르겠다. 그녀의 책 제목이 '구경'일 수밖에 없는 이유가 거기에 있다. 그녀는 '구경꾼'의 자리를 벗어날 수 없다.

이에 비해 2011년 8월 29일 오후 1시 40분, 그 자신 은퇴한 노인이 되어 처음으로 탑골공원을 찾은 전직 대학교수의 보고서는 '구경꾼'의 자리를 포기한다. 관찰자 자신이 그의 관찰 대상에 깊숙이 개입되어 있는 참여자, 즉 육십대 노인이기 때문이다. 그 역시 탑골공원과 종묘공원으로 이어지는 실버 벨트를 둘러보며 이 '퇴적 공간'들이 인근의 교보문고, 종로타워빌딩, 르메이에르 종로타운, 서울YMCA, 귀금속 도매점 등으로 꾸며진 종로 일대의 번화한 이미지와 너무도 다르다는 사실을 확인한다. "한끼의 식사, 간단한 음료, 바둑과 장기, 이발…… 이런 서비스가 이루어지는 골목의 가게들은 지갑이 얇은 노인들이 주눅 들지 않고 하루를 즐길 수 있는 조건들을 갖추고 있는 듯 보였다. 그것은 한국의 신자유주의와 자본주의가 감추고 싶어 하는 서울의 속살일 터였다."[8] 그러나 동시에 그는 그곳에서 아이러니하게도 서울의 잉여 인간들이 연출해내는 경이로운 활기를 체감하기도 한다. "가히 충격적이라고 말해도 좋을 만큼 활기찬 에너지로 가득 차 있었다. 이들이 단일하게 꾸며내는 이미지의 총체적 느낌은 죽음의 대기자와 같은 암울함도 아니고 보르헤스의 파라다이스처럼 만사가 귀찮고 허무하며 실종된 가치의 세계에 살고 있는 무기력함도 아니었다."[9] 그것은 살아 있다는 것, 여전히 살고 싶어 한다는 것, 이 모든 열망을 함축하는 생의 의지라고 할 만하다.

종묘시민공원 공간 대부분은 아폴론이 지배하고 있다. 보수와 진보의 시국강연, 바둑과 장기 게임, 법륜공 참선, 서화작품의 판매, 상호 담소 등은 아폴론의 마당에서 펼쳐진다. 그러나 비록 작은 규모라 할지라도 그 공간의 틈새에서는 디오니소스에게 바쳐지는 파토스적인 찬가가 조용하면서도 은밀하게 연주되고 있다. 이는 비난에 앞서 경이로운 일이 아닐 수 없다. 왜냐하면 여기에 모인 노인들이 아직도 생생하게 살아 있음을 보여주는 표징이기 때문이다. 이 두 가지를 동시에 말하지 않는다면 종묘시민공원에 대한 그림을 완성했다고 할 수 없을 것이다.[10]

참여자이자 관찰자인 전직 대학교수가 발견한 노인 공화국의 양면성은 기억해둘 만하다. 노인들은 자신들을 죽음의 유예자로 규정하는 것을 거부한다. 그들은 여전히 깨어 있는 이성의 소유자임을 자부한다. 앞의 인용문에서 '아폴론적인 것'은 모두 이 자부심에서 발원한다. 그들은 시국토론에 나서 자신들의 과거를 보상받기를 원하며 그들의 오랜 취미생활을 공적인 자리에서 영위하기를 원한다. 그렇다고 해서 '디오니소스적인 것'이 없는 것도 아니다. 어쩌면 생의 의지를 이야기할 때 가장 먼저 언급되어야 하는 것은 아폴론이 아니라 디오니소스인지도 모른다. 노인들은 연애를 하거나 '박카스 아줌마'와의 만남을 통해 옹색하나마 자신들의 내부에 숨겨진 리비도를 확인한다. 흥미로운 것은 이 노인들의 욕망의 분출을 대하는 저자의 시선이다. 그는 이를 '비난'할 것이 아니라 '경이'로 받아들일 것을 주문한다. 아직도 생생하게 살아 있다는 것을 확인하기 위한 노인들의 욕망은 수군거림의 대상이 되어서는 안 된다는 것이다. 이 유연한 통찰은 그가 '또다른 노인'이기 때문에 비로소 얻을 수 있게 된 성과라고 할 만하다. 노인이 된 그가 말한다. 노인의 성에 대하여 비난하지 말라고, 그것은 하나의 경이라고.

우리는 이 통찰에 다가가기 위해 먼 길을 우회했다. 공원의 벤치에 앉아 손을 잡고 입을 맞추는 남녀 노인 커플을 바라보다가 외면한 적은 없는가. 분명 '박카스 아줌마'임에 분명한 여인의 어깨에 손을 올리고 술

(위) 2002년 성역화 사업을 마치고 정비된 탑골공원의 모습.
(아래) 탑골공원에서 밀려난 노인들은 인근의 종묘공원에 새로이 자리 잡았다.

에 취해 종로 거리를 휘청휘청 걸어가는 노인을 볼 때면, 저 꼴사나운 모습을 보지 않기 위해서라도 국가가 나서서 그들의 생활 근거지인 탑골공원 및 종묘공원 일대의 재정비 사업을 서둘러야 한다고 침을 튀기며 핏대를 올려 주장한 적은 없는가. 멀리 갈 것도 없다. 2001년에 착수된 탑골공원 정비 사업은 정책 입안자의 이러한 시선이 작동해 얻어진 결과물이다. 월드컵 대회를 유치해놓은 당시, 시정 당국자들은 외국인들에게 노출될 노인들의 일그러진 공화국을 그대로 방치할 수 없었다. 그들은 탑골공원을 '역사·문화 공간으로 재정비하고 성역화하기 위해서'라는 명분을 내걸고 이 장소로부터 노인들을 몰아낼 계획을 수립한다. '서울노인복지센터'가 설립된 것은 그 때문이다. 그러나 노인들을 위한 보건 복지와 무료 급식, 노인 취업 및 상담 활동 등을 병행하는 이 센터는 정책 입안자들이 생각한 만큼 성공한 것은 아니다. 탑골공원으로부터 내쫓긴 노인들이 이 복지센터에 수용되는 데 그치지 않고 인근의 종묘공원으로 이동해간 사실이 이를 말해준다. 노인들은 '노인'이라는 이름의 단일한 집단이 아니다. 그들은 내부에 다양한 욕망을 함축한 무정형의 집단에 가깝다. 그들을 하나의 타자로 밀어내는 것은 이 무정형의 운동성에 눈감는 일에 다름 아니다. 그들의 욕망에 가까이 다가가야 할 이유가 여기에 있다.

『은교』, 위험한 봉인

박범신의 『은교』(2010)는 "나는 2009년 이른 봄에 죽었다"라는 시인 이적요의 선언으로 시작한다. 시인 이적요는 2008년 섣달그믐날, 자정을 알리는 보신각 종소리를 들으며 자살을 결심하고 유서를 작성한다. 그리고 자신의 노트에 '한은교'를 사랑했음을 분명하게 밝혀둔다. 은교는 이제 열일곱살 어린 처녀이고 자신은 예순아홉살의 늙은 시인이지만 그들은 52년이라는 시간의 간격을 뛰어넘어 사랑했다는 것이다. 아울러 자신의 제자이자 자신이 써준 소설로 베스트셀러 작가 반열에 오른 '서지우'를 죽였다고 공표한다. 그는 자신의 분신에 다름 아니지만 문학이 무엇인지도 모를 뿐만 아니라 오로지 문학을 자신의 명성을 드높이는 계기로만 차용함으로써 문학의 의미를 훼손시켰다는 점에서 죽어 마땅하다는 것이다. 소설 『은교』는 이처럼 쉽게 용납되지 않는 노인의 위험한 욕망에 관한 서사로 일관한다. 노인 이적요는 '변태적 사랑'에 몸부림쳤으며 '젊음에 대한 억누를 수 없는 질투'에 불타 제자를 죽였다. 이 엄청난 고백의 무게가 이 소설을 블라디미르 나보꼬프Vladimir V. Nabokov의 『롤리타』에 버금가는 찬반양론의 대상으로 만들었다. 박해일 주연의 영화로 만들어진 「은교」(2012)에 대한 대중의 폭발적인 반응 역시 마찬가지다.

사랑의 발화와 그 성장, 소멸은 생물학적 나이와 관계가 없다. '사랑에는 나이가 없다'라고 설파한 것은 명저 『팡세』를 남긴 파스칼이고, 사랑을 가리켜 '분별력 없는 광기'라고 한 것은 셰익스피어다. 사랑은 사회적 그릇이나 시간의 눈금 안에 갇히지 않는다. 그렇지 않은가. 그것은 본래 미친 감정이다. 당신들의 그것도 알고 보면 미친, 변태적인 운명을 타고났다고 말하고 싶지만, 뭐 상관없다. 당신들의 사랑은 당신들의 것일 뿐이니까.[11]

시인 이적요는 예순아홉, 곧 칠십대에 이르게 될 자신의 나이에 대하여 사회가 부과한 이미지를 거부한다. 칠십대 노인과 십대 소녀의 사랑이 사회로부터 어떤 손가락질을 받게 될지 모르지 않지만, 그에게는 그러한 모욕과 수난이 문제되지 않는다. 그에게 사랑은 '사회적 그릇'이나 '시간의 눈금' 안에 갇히지 않는 어떤 것이다. 그에 따르면, 사랑은 원래 '미친 것'이기도 하다. 이 근본적인 전제를 승인한 자리에서 사랑을 상기할 때, 그것은 그 본연의 의미를 획득하게 된다. '미친 사랑'의 자리에서라면, 노인과 소녀의 사랑이 불가능할 까닭도 없다. 우리들은 모두 각자의 방식으로 각자의 미친 사랑을 해나갈 뿐이다.

　고요하고 쓸쓸하다는 뜻의 '적요寂寥'라는 필명을 쓰는 노시인의 십대 소녀에 대한 불타는 갈망은 우리가 설정해놓은 사랑의 경계를 위협한다. 한평생 문학만을 삶의 동반자 삼아 오로지 시만 쓰고 살아온 이적요의 고고한 삶은 그가 십대 소녀를 갈망하는 순간 용서받지 못할 무엇으로 화한다. 우리에게는 그로부터 욕망을 거세하고 그를 곧고 우아한 노인의 초상으로 추대하고 싶은 집단적 염원이 없지 않다. 그러나 그가 이러한 염원에 반발하여 자신의 욕망을 비루하게 내보일 경우, 우리는 그를 지탄할 수밖에 없다. 그런 의미에서 그의 사랑은 '위험'하다. 그는 은교와의 사랑을 이루는 대신, 사회 공동체로부터 제거될지도 모른다. 이적요 역시 이를 모르지 않는다. 그는 은교가 자신의 삶을 뒤흔들어놓을 것이라는 것을 예감한다. 그럼에도 불구하고 그는 어느 여름 오후 외출했다 돌아오는 길에 본 십대 소녀의 눈부신 관능을 영원히 잊지 못한다. 자신의 집 데크 의자에 앉아 잠든 한은교의 푸르스름한 정맥이 내비치는 팔뚝은 그에게 자신이 "평생 갈망했으나 이루지 못했던 로망"이자 "머물러 있으나 우주를 드나드는 숨결의 영원성"[12]으로 자리매김된다. 그는 말한다. "나는, 제 육체의 뜰 안에 비밀의 방을 품고 있는 어떤 '처녀'를 오직 그리워하면서, 그러나 현실 속에선 '마지못해' 살아왔다는 것을 그 데크, 소나무 그늘 안에 아무렇게나 '놓여져' 있던 '처녀'인 너를 들여다볼 때 알았다."[13]

『은교』는 노인을 우리의 관념으로 치장하려는 시도가 결국 실패할 수밖에 없음을 상기시킨다.

박범신은 이적요로 하여금 한은교를 통해 자신의 육체 속에 깃들어 있던 '처녀'에 대한 갈망을 상기하도록 만든다. 여기서 잠깐, '처녀'라는 단어에 따라붙기 마련인 비릿한 순결주의를 잠시 내려놓자. 박범신이 이야기하는 '처녀'가 곧바로 일반적이고도 상투적인 의미에서의 처녀성을 의미하는 것은 아니다. 비록 십대 소녀의 몸을 '처녀성'의 대상으로 신비화하고 있는 만큼 이 소설이 소녀의 몸을 착취하고 있다는 오해로부터 완전히 자유로운 것은 아니지만, 이때 은교의 육체는 이적요의 몸에 대한 감각을 환기시키는 메타포라고 할 만하다. 이적요는 한은교의 '푸르스름한 정맥'을 통해 자신의 몸 안에 흘러넘치는 젊은 피의 감각을 회복한다. 이 피의 감각, 예컨대 '제 육체의 뜰 안에 비밀의 방을 품고 있는 어떤 처녀'의 감각은 청년 이적요가 사회적으로 공인된 노시인으로 추앙되는 긴 삶의 여정에서 상실할 수밖에 없었던 어떤 본능에 다름 아니다. 그는 그것을 내주는 대신, 우아한 시인이라는 명예를 받아들였다. 이 명예가 자랑스럽지 않은 것은 아니다. 그러나 죽음으로부터 자유롭지 않게 된 현재, 노인 이적요는 자신이 걸어온 그간의 행적이 비겁하다는 생각을 한다. 그는 자신의 명예가 사회적 거세의 결과라는 것을 안다. 우리는 한은교야말로 이적요가 상실해버린 그의 처녀성, 그의 원시적 생명력을 환기시키는 예술적 영감의 원천이라고 할 수 있을 것이다. 그런 의미에서 한은교는 이적요다. 이적요는 한은교의 몸을 통해 비로소 자신이 봉인해버린 육체의 출구를 확인하게 된 것이다.

노인들로부터 성을 제거하고 그들을 끊임없이 무성의 존재로 규정짓는 움직임은 모든 공동체가 필요로 하는 덕목인지도 모르겠다. 공동체는 그들로부터 욕망을 거세함으로써 '그들'이 가해올지 모르는 위험으로부터 '우리'들을 보호하고자 한다. 우리가 그들을 오로지 지혜와 연륜의 총체로만 규정짓고 싶어 하는 데는 그러한 이유가 있을 것이다. 그러나 이미 '탑골공원'으로 대표되는 노인들의 공화국, 노인들의 성적 해방구를 없애려는 시정 당국의 정책 입안이 실패로 끝난 데서도 알 수 있듯이, 노인들을 우리의 관념으로 치장하려는 모든 시도는 어쨌든 결국 좌절하게 되어 있다. 이적요의 노트는 바로 이 점을 우리에게 상기시킨다. 그들은 '그들'에 그치지 않고 끊임없이 '우리' 사이로 역류해온다.

「그리움을 위하여」,
우리 안의 경계를 넘어

박완서의 말년 단편 가운데 하나인 「그리움을 위하여」(2001) 역시 그러한 경계 설정의 무효를 암묵적으로 과시한다. 거의 작가 자신이라고 보아도 무방할 이 소설의 화자에게는 여덟살 아래의 사촌동생이 있다. 둘 다 환갑 진갑 다 지나 같이 늙어가는 처지지만 동생은 늘 볼이 발그레하고 주름살이라곤 없는데다가 살피듬까지 좋아 오십대 초반으로밖에 보이지 않는다. 다른 점은 예서 그치지 않는다. 같은 집에서 태어나 한집에서 유년기를 보낸 사이지만 동생과 화자가 사는 형편은 천양지차다. 일찍이 공부 잘하는 아이로 인정받음으로써 집안일을 조금도 거들지 않고 공부만 하다가 시집을 가게 된 화자는 살림을 대신 살아주는 시어머니와 시골에서 상경한 파출부 아이 덕분에 살림살이의 고단함으로부터 비켜나 중산층의 여유로움을 만끽하며 살게 된다. 그와 달리, 공부에 별 취미가 없던 동생은 중학교도 낙방하고 초등학교 졸업에 그친 상태로 열두살이나 더 먹은 유부남과 열렬한 연애를 한 뒤 결국 그 남자를 이혼시키고 정식 부부가 된다. 이렇게 각각 딴 집안으로 출가외인이 돼버린 후 일년에 한두번 만날까 말까 한 사이였던 두 사람이 중년이 되어 저절로 가까워지게 된 것은 동생의 남편이 빚보증을 잘못 서서 살던 집에서 나앉고 난 뒤부터다. 말하자면, 동생이 쫄딱 망해 화자의 집안일을 거드는 파출부 노릇을 하게 되면서부터라고 할 수 있다.

박완서는 형편이 다른 두 사촌자매의 저간의 삶을 특유의 입담으로 풀어놓는다. 그녀들은 앞서거니 뒤서거니 남편을 여의고 서로를 의지하며 노년의 삶을 맞이한다. 화자에게 동생은 어려운 시기를 버티게 해준 고맙기 그지없는 존재다. 그러나 그녀가 동생의 고마움을 뻔뻔하게 '착취'한 것만은 아니다. 그녀는 때가 되면 필요한 만큼 '수고비'를 넉넉하게 쳐줌으로써 동생에게 물질적 도움을 주는 것으로 자신의 도리를 다해왔다고 생각한다. 심지어 동생이 '시혜'라고 느끼지 않도록 동생을 매일 쓸 필요가 없을 정도로 살림이 간소해졌을 때에도 그녀를 매일 불러 정당한 수입을 보장해주기까지 한다. 그러나 그 '양심적 배려'는 이제까지 별다른 불평도 없이 사랑에 목을 매며 살던 동생이 한여름의 '옥탑방' 더위를 견디지 못해 몸이 축나는 게 눈에 보일 때, 잠시 그녀를 널찍하고 시원한 자신의 아파트에 와 있으라고 할까 고민하다가 그녀의 수다를 견딜 자신이 없어 포기할 정도로만 '정당'하다. 이 정당함의 '깍쟁이스러움'을 놓치지 않는 데에 박완서 소설의 묘미가 있다. 어느 누가 이 화자에게 돌을 던질 수 있으랴.

그러나 소설이 진행될수록 우리는 화자의 미묘한 '상전의식'에 주목하지 않을 수 없게 된다. 그녀들은 한집에서 나고 자란 '사촌자매'이지만, 그들 사이에도 경제적 정도에 따른 '구별'이 없는 것은 아니다. 화자는 입으로만 동생을 위한다고 주장할 뿐, 실상 동생과 자신을 같은 등급이라고 생각해본 적이 없다. 이는 동생이 더위를 피해 친구가 펜션을 하고 있는 '사량도'에 내려가 있다가 그곳에서 홀아비 선주를 만나 새 출발을 결심하는 순간 터져 나온다. 인물이 좋고 손매가 야무지며 진정으로 사람을 사랑할 줄 아는 동생은 사량도에서 자신을 애지중지 사랑해주는 노인을 만나 황혼의 새 출발을 결심하게 된 것이다. 물론 화자는 동생의 '선택'에 쌍심지를 켜고 반대한다. 한번이면 됐지, 또 그런 결혼을 하냐는 것이다.

그런 것들을 받고 나서도 내 쪽에서 섬으로 전화 거는 일은 없었다. 고맙지 않아서도 전홧값이 아까워서도 아니고, 그 영감이 받을까봐서였다. 전화상으로라도 그 늙은 뱃사람하고 수인사를 하기가 싫었다. 그러나 내 주위 사람에게 동생이 재가했다는 걸 알리지 않을 수 없는 경우가 생겼을 때는 그녀가 남해의 그림 같은 섬의 선주한테로 시집갔다

고 말해주곤 했다. 내 체면을 위해선지 모르지만 대단한 격상이었다.[14]

박완서 소설 그리움을 위하여

박완서의 「그리움을 위하여」는 '노인'과 '우리' 사이의 경계가 허물어지는 장면을 보여준다.

중산층의 삶의 감각이 뼛속 깊이 새겨진 화자에게 동생의 재혼은 결코 이해할 수도 없고 이해하고 싶지도 않은 본능의 영역에 속한다. 그녀는 자신이 숙수처럼 부리고 있던 동생에게 일어난 삶의 기운, 요컨대 서로를 사랑하고 서로를 섬기는 사랑이 가져다주는 행복에의 충일감을 인정하고자 하지 않는다. 화자는 이러한 자신의 내면을 중산층의 도덕, 즉 정절 이데올로기로 미화하지만 그녀 역시 모르지 않는다. 그녀의 동생의 욕망에 대한 인정 불가가 '경멸'의 다른 이름이라는 것을. 화자는 처음부터 끝까지 동생과 자신 사이의 경계를 한번도 허물지 않는다. 사는 형편이 다른 동생의 삶이 자신에게 묻어오는 것을 막기 위해 그녀는 동생의 수다에 제대로 귀를 기울이지 않았으며, 고생하는 동생이 남편의 사랑을 자랑하면 속이 없다며 비웃었고, 남편을 잃은 동생이 갑작스럽게 고통을 호소하며 사랑과 돌봄을 갈구할 때는 감당할 자신이 없어 내쳤다.

그러나 그녀 역시 자신 안의 허위의식을 인정하지 않을 수 없는 순간에 직면하고 만다. 섬에서 행복한 재혼 생활을 만끽하고 있던 동생이 전 남편의 제사에 맞춰 상경하여 얼굴을 보여주게 된 것이다. "석달 만에 만난 동생은 어찌나 생기가 넘치는지, 첫 근친 온 딸자식이라 해도 그만하면 시집 잘 갔구나 마음을 놓고 말 것 같았다."[15] 화자는 이 '생기' 앞에서 비로소 자신의 '우월감'을 내려놓고 '그리움'을 되찾게 된다.

> 나는 상전의식을 포기한 대신 자매애를 찾았다. 여름에는 시원하고 겨울에도 춥지 않은 남해의 섬, 노란 은행잎이 푸른 잔디 위로 지는 곳, 칠십에도 섹시한 어부가 방금 청정해역에서 낚아올린 분홍빛 도미를 자랑스럽게 들고 요리 잘하는 어여쁜 아내가 기다리는 집으로 돌아오는 풍경이 있는 섬, 그런 섬을 생각할 때마다 가슴에 그리움이 샘물처럼 고인다. 그립다는 느낌은 축복이다. 그동안 아무것도 그리워하지 않았다. 그릴 것 없이 살았음으로 내 마음이 얼마나 메말랐는지도 느끼지 못했다.[16]

흥미롭지 않은가. '상전의식'을 내려놓고 '자매애'를 되찾게 되는 계기가 동생의 가슴에 흘러넘치는 '그리움'에서 촉발되었다는 사실이. 동생의 재혼을 한사코 인정하지 않으려 애쓰던 화자는 동생의 얼굴에 가득 찬 '생기'에 힘입어 자신이 오래전 상실한 '그리움'이라는 감정을 소환한다. 이 그리움이 있는 한, 그 또는 그녀가 노인이든 아니든, 삶은 축복의 황금빛으로 물들게 될 것이다. 유토피아가 따로 있는 것이 아니다. 우리는 우리 안의 낙원으로 가는 길을 지나치게 봉쇄하고 있는지도 모른다. 사철 덥지도 춥지도 않은 섬에서 섹시한 어부가 고기를 낚아 요리 잘하는 어여쁜 아내가 기다리는 집으로 돌아가는 풍경은 우리 안의 '그리움'을 더이상 억압하지 않는 순간 비로소 우리에게 허락되는 신천지이기도 하다. 화자는 말한다. 그립다는 느낌은 축복이라고. 우리는 이 순간 종묘공원 일대의 노인들의 파토스적 찬가에 대하여 비난 대신 경이를 주문했던 전직 대학교수를 떠올리게 된다. 그들은 '노인'이 되어 마침내 알게 된 것이다. '그리움'이 사람을 얼마나 '생기'있게 만드는지를, 또 '디오니소스적 열정'이 어떻게 '살아 있음'의 징표가 될 수 있는지를. 우리 안의 구별 짓기의 경계가 사라지는 것은 바로 이 순간이다.

서울이여,
다시 한번

산다는 것은 어느 누구에게나 소중한 것이다. 무엇보다도 도시에서 이 명제를 전제로 살아갈 때 비로소 타자에 대한 배려와 더불어 미약하나마 공존에 관한 '한줌의 도덕'을 유지할 수 있게 되는 경우가 많다. 현대적 윤리의 창안자 지그문트 바우만Zygmunt Bauman은 묻는다. '그들'이 너무 많은가? "그들은 언제나 너무 많다. '그들'이란 적으면 적을수록, 더 낫게는 아예 없어야 좋을 사람들이다. 반면 우리가 충분한 적은 결코 없다. '우리'는 많으면 많을수록 좋은 사람들이다."[17] '그들'을 몰아내고 '우리'끼리 충분하기 위해서, 우리는 이제까지 '그들'의 욕망을 외면하고 비난과 경멸을 아끼지 않아왔다. 경계선을 그은 다음, 그들을 '저곳'으로 밀어넣어왔다.

현대화는 끊임없는 질서의 재창조 및 경제적 진보의 환상과 더불어 잉여의 인간을 창출하는 데 앞장서고 있다. 우리의 도시가 발전하면 할수록, 우리는 공인받지 못했거나 우리와 함께 공존하도록 허가받지 못한 여분의 인간 집단을 더 많이 배출하게 된다. 여기에는 당연히 지구의 또

다른 영역으로부터 우리의 도시로 이동해 오는 다양한 집단들, 즉 이주민들과 외국인 노동자들이 포함될 것이다. 그러나 이 집단군에 노인 역시 포함되지 않는다고 말하기 어렵다. 오늘날, 우리들의 도시에서 노인들은 그들만의 리그를 형성하는 완전한 이방인, 아마도 전형적인 타자라고 할 만하다. 그러나 우리가 살펴본 바대로 이 노인들은 우리가 설정해 놓은 경계를 넘어 우리의 구별 짓기 자체를 무화시키는 다양한 움직임을 그치지 않는다. 그들은 우리의 관념을 교란시키며 우리의 맹점을 상기시키는 기표로 작용한다. 무엇보다도 그들의 욕망에 대한 위험하고 대담한 분출이 이를 현실적으로 웅변하고 있다. 이 모든 '현실'을 언제까지 '가상'이라고 외면할 수 있을 것인가. 이미 탈주는 시작되었다. 우리는 모든 살아 있는 것들의 거대한 움직임 속에 내던져져 있음을 부인할 수 없다. 사정이 그러하다면 이제 우리가 할 일은 분명해 보인다. 우리가 그어놓은 그 경계선이 되레 우리의 자유를 구속하고 우리의 의식을 경계선 안쪽 귀퉁이로만 몰아넣고 있는 것은 아닌지 되돌아볼 때다. 그 순간 비로소 '새로운 도시와 시민들의 합창'이 시작될 것이다. 공존을 이야기할 수 있는 것은 바로 그때부터다.

4

이 멋진 도시를 어떻게
내 것으로 만들 수 있을까

– 빈곤한 청년 세대가 서울을 소유하는 방식

조연정

노량진,
잠시 지나가는 곳?

노량진을 잠시 "지나가는 곳"으로, 반짝이는 미래를 위해 청춘의 일정 시간을 잠시 유예하는 곳으로 그린 것은 2005년의 김애란이다. 학비를 마련하기 위해 학부 시절 내내 학원가로 뛰어다니며 "지하철역에서 풍겨 오는 달콤한 '델리만쥬' 냄새에 다리가 후들거리"기도 했던 '아영'은 노량진의 한 기숙 독서실에서 보낸 재수생 시절을 회상한다. 「베타별이 자오선을 지나갈 때, 내게」(『창작과비평』 2005년 겨울호)라는 단편의 이야기이다. 1999년의 그곳에는 IMF 이후 경쟁률이 수직 상승한 교육대학을 목표로 대입을 준비하던 자신과 같은 재수생들이, 그리고 마치 대입을 준비하는 듯한 비장함으로 공무원 시험 준비에 매진하던 대여섯살 위의 언니들이 있었다. 그 암울했던 공간을 '아영'은 그저 '지나가는 곳'으로 여겼을 것이다. 그러나 지금 그토록 꿈꾸던 대학생이 되어 있음에도 불구하고 여전히 아르바이트를 위해 지하철을 타고 힘겹게 서울을 맴돌고 있는 그녀는 "2005년 지금도 나는 왜 여전히 그곳을 '지나가고 있는 중'인 걸까"라며 유예만을 반복하는 청춘의 삶에 대해 생각한다.

「베타별이 자오선을 지나갈 때, 내게」라는 단편이 쓰인 지도 벌써 10년이 지났다. 상황은 훨씬 더 심각해지고 견고해졌다. 청춘이 유예된다는 말의 의미는 어떻게 변했을까. 2015년 현재, 이 시대의 청춘들은 어디로 향하고 있을까. 2011년에 발표된 김애란의 「서른」(『문예중앙』 2011년 겨울호)은 10년 전 노량진에서 재수생활을 성공적으로 마치고 J대 불문과에 입학했던 '수인'이 그후 10년의 시간을 어떻게 보냈는지 따라가보는 소설이다. 「베타별이 자오선을 지나갈 때, 내게」의 뒷이야기라고도 할 수 있다. 아르바이트를 멈추지 않으며 휴학과 복학을 반복하여 학교를 겨우 졸업했고 학원강사로 일했으며 가난한 남자친구와 사귀다 헤어졌고 오랜만에 자신을 찾아온 전 남자친구의 꼬임에 넘어가 다단계에 빠지기도 했던 '수인'은, 그렇게 10년의 시간을 보낸 후, 고작 공책만 한 창문이 그나마 제대로 열리지도 않는, 그러니까 10년 전 노량진의 독서실과 별다를 바 없는 방에 놓여 있다. "서울에서 구한 여섯번째 자취방"에 말이다.

"이전에도 채무자. 지금도 채무자"라는 사실에는 변함이 없지만, 이십대 내내 미래에 대해 품었던 막연한 기대가 지독한 절망과 불안으로 바뀌어 있다는 사실만은 다르다. 밤이 되면 반짝이는 불빛들이 흩뿌려지는 "깨물어 먹고 싶을 만큼, 예쁜 서울"에서 '수인'의 청춘은 이렇게 사그라지고 있다. 이른바 '거마 대학생'이라 불리는, 즉 거여동과 마천동을 근거지로 한 불법 다단계에 빠진 이십대 청년들의 실상을 극사실적으로 그린 「서른」은 지금 우리가 마주하고 있는 청년들의 불우한 사정이 아주 먼 미래로까지 이어질 것이라는 불행한 확신을 심어준다는 점에서 더욱 비극적인 소설이 된다. 10년 전의 바로 저 자신처럼 새벽부터 밤까지 하얗게 된 얼굴로 학원가를 오가는 아이들을 보며 '수인'은 생각한다. "너는 자라 내가 되겠지…… 겨우 내가 되겠지"라고. 불안하고 고단한 청춘 시절을 견디고 나면 안락하고 안정된 삶이 영원토록 주어질 것이라는 믿음은 우리 사회에서 이미 자취를 감춘 지 오래다. 유예가 청춘의 전유물이 아니라 삶 그 자체가 되어버렸다는 불행한 사실을 김애란은 일찍부터 간파했던 듯하다.

'삼포세대'에서
'달관세대'까지

「서른」이 보여주는 '수인'의 불행은 이미 우리에게 익숙한 불행이다. 청년 실업을 둘러싼 세대 간의 문제가 이미 계급의 문제로 확장·심화되고 있으며, 이러한 문제를 해결할 의지도 능력도 없어 보이는 2015년의 한국사회에서, 수많은 청춘들은 자기계발이 아니라 결국 낙오자를 찾는 구실이 되어버린 '스펙'을 위해 여전히 청춘을 열심히 탕진하고 있다. 대학 진학률은 이미 80%를 상회하게 된 반면 등록금은 엄청난 액수로 뛰어올랐고 의식주를 위한 기초 생활비도 올라 대학생의 경제적 자립은 도저히 불가능할 지경이 되었고, 2011년을 기준으로 대졸자의 43%가 경제활동에 참여조차 못하고 있다는 통계[1]는 청년의 빈곤이 비단 개인의 문제가 아니라 우리 사회의 심각한 구조적 모순임을 상기시켜준다. 대졸자의 수는 해마다 급증하는 반면 2016년부터는 대기업의 정년연장 의무화

노량진에 밀집한 고시학원들. 노량진은 이 시대 청년 세대의 유예된 시간을 상징하는 공간이다.

로 기업들의 채용수요가 급감하여, 향후 5년간 이른바 '청년고용 빙하기'라 부를 정도의 극심한 청년고용난이 지속될 것이라는 절망적인 예측들도 등장하고 있다.[2]

물론 이 같은 심각성을 느끼지 못하는 선택받은 개인들도 있다. 우리 사회의 부익부 빈익빈은 갈수록 심각해지고 자녀의 상위권 대학 진학률과 부모의 재력이 비례한다는 통계도 이미 흔하게 등장하는 상황 속에서, 피라미드의 가장 위쪽에 위치한 누군가는 가난도 불안도 모른 채 승승장구하고 있기는 하다. 물론 어느 것도 쉽게 얻기가 불가능한 시대이니 그들 역시 무언가를 이루기 위해 애쓰고 있는 것만은 사실이지만, 그 노력이 만족할 만한 보상으로 이어진다는 것 자체가 극소수만이 누리는 특권이다. 개천의 용은 더이상 불가능한 사회가 된 것이다. 이 같은 사정

속에서 2010년대 이후 청춘 세대를 호명하는 말은 훨씬 더 우울하게 진화하고 있다. 비정규직이라는 불안정한 고용 형태를 꼬집는 '88만원 세대'라는 명명은 이미 익숙하며, 연애·결혼·출산을 기약 없이 미루거나 포기했다는 의미의 '삼포세대', 나아가 인간관계와 내 집 마련까지 더불어 포기했다는 의미의 '오포세대'에 이르기까지 그 명명은 훨씬 더 암울해지고 있다. 이러한 명명들이 청년 세대의 절망을 환기한다면, 취업을 위한 스펙 쌓기를 포함하여 쉬지 않고 노동을 하고 있지만 여전히 빈곤하다는 의미의 '워킹푸어'working poor, 불안정precarious 노동자proletariat라는 뜻의 합성어인 '프리캐리어트'precariat 등은 청년 세대의 빈곤이 처한 사정을 날카롭게 지적한다. 청년실신(대학 졸업 후 실업자나 신용불량자가 된다는 뜻), 삼일절(31세까지 취업 못하면 절망), 청백전(청년백수 전성시대), 알부자족(알바로 부족한 학자금을 충당하는 사람들)처럼 이십대의 암울한 사정을 환기하는 자조적인 명칭[3]들도 넘쳐나고 있으며, 인구론(인문계의 90%가 논다), 문송합니다(문과라서 죄송합니다)와 같은 표현들은 문과생들에게 훨씬 더 가혹한 취업난에 대해 쓴웃음을 짓게 한다. 우리 시대 2030세대들은 끊임없이 노력하고 있지만 그에 값하는 결과를 얻지 못하고 있다. 물론 이러한 사정은 비단 이삼십대만의 문제는 아닐 테지만 미래를 향해 나름의 확신을 갖고 자신을 위해 즐겁게 투자해야 할 시기에 이미 절망의 미래를 어느정도 간파해버린 사정은 참담하기 그지없다.

그러나 절망만이 문제일까? 자신의 미래가 현재와 별로 다르지 않을 것이라는 우울한 짐작 이후에도 여전히 무언가를 준비하는 그 일상을 멈출 방도가 없다는 사실이 이 시대 청년들의 가장 심각한 불행이다. 피라미드식 서열 구조가 마치 소수점 단위의 시험 점수처럼 세분화되어 있으며, 그 꼭대기의 누군가는 여전히 원하는 것을 얻고야 마는 구조이니, 이 것저것 포기했다고 말하는 청년 세대들도 여전히 생존을 위해 취업 준비라는 노동을 멈출 수는 없다. 멈추지 않고 일해도 원하는 것을 얻을 가능성이 희박하지만 멈추면 살아남을 수조차 없는 악무한의 상황 속에 모두가 내몰려 있는 것이다. 중·고등학생들은 명문대생이 되기 위해, 대학생들은 안정된 직장을 얻기 위해, 비정규직은 정규직이 되기 위해 밤낮으로 각종 스펙 쌓기를 멈출 수 없는 '피로사회'⁴ 속에서 모두가 괴물이 되어간다.

'괴물이 된 이십대의 자화상'이라는 부제를 달고 있는 오찬호의 『우리는 차별에 찬성합니다』(개마고원 2013)는 자신들에게 마땅한 보상을 돌려주지 않는 사회를 향해 근본적으로 문제 제기하기보다는, 노력하지 않아 도태된다는 식으로 개인에게 책임을 전가하는 '자기계발' 프레임에 이미 익숙해져버린 청년 세대들의 괴상한 의식 구조를 우울하게 파헤친다. 청년 세대의 우울과 불안은 때로 분노가 되기는 하지만 이 분노는 사회구조를 개혁하는 혁명적 에너지로 응집되지는 않는다. 금세 체념에 자리를 내어주거나 엉뚱한 대상을 향한 혐오의 감정을 발생시키기도 한다. 계층화와 서열화가 세밀하게 진행 중인 한국사회에서 피라미드의 윗자리를 향한 응집된 분노보다 아랫자리를 향한 극단적인 혐오가 일상적 정념이 되고 있다는 사실은, 이 시대의 양극화가 돌이킬 수 없이 견고하게 정착되어버렸다는 진단을 낳게 한다. 점점 더 절망적이 되어가는 다양한 진단들은 이 시대의 청년들에게 오로지 체념만을 강요하고 있는지도 모른다. 최근 들어 여러 매체를 통해 심심찮게 등장하는 '달관세대'라는 용어는 우리 시대 청년들의 실상을 재현하기보다는 현재와 미래에 대한 체념을 강요하는 일종의 수행적 명명으로 기능하는 듯도 하다. 올해(2015) 초 『조선일보』의 기획기사 「'달관세대'가 사는 법」을 통해 소개된 '달관세대'의 특징은 '덜 일하기, 덜 벌기, 덜 쓰기'로 요약된다. "풍요로운 시대에 태어난 덕에 돈 없어도 재미있게 살 수 있는 방법은 많다" "양극화, 취업 전쟁, 주택난 등 노력으로 바꿀 수 없는 절망적 미래에 대한 헛된 욕망을 버리고 '지금 이 순간' 행복하게 사는 게 낫다" "직장에서 승승장구하는 것은 어차피 소수일 뿐이기 때문에 일을 위해 지금 누릴 수 있는 행복과 여가 생활을 포기할 수 없다"[5] 등 안분지족의 삶의 태도를 말하는 이삼십대 비정규직 생활자들의 생생한 목소리에는 오히려 청년 세대들의 '절망'을 '달관'으로 포장하려는 세대론적 시각이 투영되어 있다고 할 수 있다. 별다른 방도가 없어 그저 '덜 벌고 덜 쓰기'를 실천할 수밖에 없는 체념적 삶이 '달관세대'라는 세련된 명명과 더불어 자발적 선택의 결과로 포장되고 있는 것이다.

나아가 이러한 명명은 특정 부류의 삶의 태도를 세대 전체의 것으로 확장하는 오류를 범하기도 한다. 그뿐만 아니라 '달관'이라는 결과에 주목할 뿐 그 원인에 대해서는 침묵한다. 우리 사회에 깊게 침윤된 자기계발의 논리로 인해 이십대들에게 '피해자 탓하기'의 태도가 익숙해져버린 사태를 지적하는 오찬호는 한 개인이 경쟁에서 실패하는 이유가 단지 노력과 능력의 부족 때문만은 아니라는 사실을 자각할 필요가 있다고 힘주어 말한다.[6] 우리 시대 청년들의 체념과 절망은 비단 개인의 문제가 아닌 공동체의 문제임을, 나아가 특정 세대의 문제가 아닌 시대 전체의 문제임을 지속적으로 확인하고 이에 대한 대책을 사회 구성원 모두가 고민할 필요가 있다.

고시원,
빈곤 청년의 상징 공간

연애는 물론 인간관계도 잠시 포기하고 당연히 결혼과 출산도 미루고 내 집 마련의 희망마저도 포기한 세대의 청년들, 그러니까 금수저 은수저를 물고 태어나지 않은 한 아무리 노력해보았자 평범하게 직장을 얻고 집을 마련하고 가족을 꾸릴 수 있는 기회를 얻기 힘든 청년들이 늘어나면서 한국사회의 핵가족 모델은 붕괴되고 있다고 해야 할 것이다. 그래서일까. 1인가족의 대표적 주거 공간인 원룸 혹은 고시원은 언제부터인가 서울이라는 도시를 상징하는 공간이 되어버렸다.

고시원에는 더이상 고시생이 살지 않는다. 최근에는 고시텔, 미니텔, 웰빙텔 등의 산뜻한 이름으로 진화하고 있는 고시원은 경제학자 류동민의 지적대로 서울의 주거 비용이 비싸지면서 주거 공간과 작업 공간이 합쳐진 결과로 생겨난 상징 공간이다.[7] 1970년대 공단 근처 노동자들의 거주 공간이었던 '벌집'의 21세기적 형태가 바로 고시원이라는 것이다. 고시원은 신림동이나 노량진의 고시촌뿐만 아니라, "구로디지털단지 오거리의 뒷골목이나 청계천 근처 '마찌꼬바(영세공장)' 사이, 좁디좁은 골목이 꼬리를 물고 이어지는 그곳에도 어김없이"[8] 존재한다. 이러한 고시원은 도시 재개발 사업에 의해 파생된 빈곤층의 주거 형태인 '판자촌' '비닐하우스촌' '지하방' '쪽방' 등의 계보를 잇는 공간이기도 하다. 더 짧은 역사적 배경 속에서 살펴본다면 이러한 고시원은 "IMF의 부산물"[9]이라고도 할 수 있다. 실업과 장기적인 고용 불안으로 인해 이혼률이 증가하고 출산율과 혼인율은 감소하면서 1인가족의 수가 기하급수적으로

청년 빈곤의 상징이 된 고시원은 '벌집'
'판자촌'의 21세기적 형태이기도 하다.

증가하였고 이에 따라 고시원 혹은 원룸에 대한 수요가 늘어났다는 사실을 상기해볼 수 있는 것이다.[10]

  부모의 원조를 기대할 수 없는 사정이라면, 이 시대 최하위 빈곤층이라 할 수 있는 취업준비생(취준생)들이 거주하는 독립적 공간이 고시원일 수밖에 없음은 당연하다. 1인용 침대 하나와 책상 하나 정도가 놓일 만한 면적의 고시원은 이제 청년 빈곤의 상징이 되어버렸으며, 수많은 이십대들이 그곳에서 취준생의 신분으로 구직이라는 노동을 밤낮없이 하고 있다. 박민규, 김애란, 김미월, 김영하의 작품을 비롯하여 2000년대의 많은 소설들은 이 고시원을 배경으로 빈곤한 청춘의 삶을 그려내기도 했다.

필드워크fieldwork를 통해 '고시원'이라는 주거 형태를 청년 세대와 연관하여 연구한 정민우에 따르면, 2009년 현재 전국에 분포된 고시원 수는 6천여개이며, 그중 65%가 서울에, 80%가 서울·경기 지역에 집중되어 있다.[11] 서울에서도 특히 예로부터 고시촌으로 유명했던 신림동과 노량진에 가장 많은 고시원이 분포해 있고, 사무직 노동자들이 주거하는 강남 일대, 그리고 일용직 노동자들이 주거하는 영등포구·동대문구·광진구, 대학 밀집 지역인 서대문구·성북구 등에 고시원이 상당수 분포한다. 서울 지역 고시원 거주민 수는 10만 8천여명으로 서울 전체 인구의 약 1%에 해당하는데 고시원을 자기 집으로 소유하는 경우는 거의 없고 주로 6개월 미만의 단기 거주가 많다는 짐을 고려한다면 서울 전체 인구 수 중 고시원 거주민 수의 비율이 최대 3~5%까지도 육박할 것이라고 정민우는 말한다.[12] 이러한 2009년의 통계 수치가 2015년 현재 줄어들었을 것이라고 볼 만한 근거는 안타깝게도 별로 없다.

정민우의 사례연구에서도 볼 수 있듯 한평 남짓의 좁은 공간에서 자고 먹고 배설하는 모든 행위가 이루어질 수밖에 없으며, 각 방 사이 개인의 프라이버시가 결코 보호되지 않는다는 점에서 고시원은 반인권의 공간이기도 하다. 빈곤과 반인권의 상징 공간인 고시원을 대체할 만한 것으로 최근 한집을 다수가 공유하는 '하우스 셰어링'house-sharing의 주거방식이 대안처럼 제시되기도 했지만 이것 역시 어느정도의 자본이 필요한 것이기 때문에 누구에게나 가능한 것은 아니다. 이처럼 고시원이 이십대 1인가족의 상징적 주거 공간이 된 지는 오래다. 극소수의 선택받은 사람들을 제외하고 2인 이상의 가족들은 대체로 하우스푸어가 되어 가까스로 서울 안에 거주하거나, 서울 밖 근교로 점점 더 밀려나고 있다. 한 가정의 재력이 아파트 평수로 판단되던 시절이 있었지만, 최근 한 가정의 경제 사정은 출퇴근 시간에 걸리는 시간과 반비례하여 판단되기도 한다. 우리 시대의 청년들은 스스로의 힘으로 서울에서 번듯한 나만의 공간을 마련하는 일이, 쉽게 말해 서울에서 '내 집'을 마련하는 일이 그야말로 헛된 꿈에 불과하다는 판단을 이미 완료한 듯하다. 누군가에게는 한평 남짓의 공간마저도 내 것으로 소유하기 힘든 곳이지만 지속적인 도시 개발에 의해 서울은 최첨단 글로벌 시티의 위용을 얻고 있다.

이 예쁜 도시 서울에 뿌리내리기를 거절당한, 즉 안정된 생활공간을 허락받지 못한 어떤 청춘들은 현실에 대한 체념과 미래에 대한 불안이라는 정조를 바탕으로 이제 나름의 방식에 따라 서울이라는 도시를 상상하고 소유하고자 한다. 이 도시를 미래 없는 절망의 공간으로 확정하거나, 힙스터가 되어 이곳저곳을 즐겁게 떠돌거나, 서울의 고유한 장소성을 삭제하고 뉴욕, 토오꾜오, 빠리와 같은 도시 일반과 동일화해보기도 한다. 새로운 세기의 시작과 더불어 다양한 상상력을 장착하고 등장한 젊은 세대의 소설을 가리켜 사회학적 상상력을 포기한 '무중력'의 소설이라 칭한 평자도 있거니와, 그로부터 10여년이 지난 지금 이 시대의 청춘들은 사회학적 상상력은 물론 생활세계의 실감마저 박탈당한 듯하다. 이처럼 젊은 세대가 결코 '내 것'이 될 수 없는 서울이라는 공간을 나름의 미학적 방식으로 소유하려는 장면들을 김사과의 장편소설에서 확인할 수 있다. 김사과의 『천국에서』(창비 2013)를 읽어보자.

서울을 소비하고 여행하기:
김사과 『천국에서』

　우리 곁의 지루한 대도시들이 하나둘 거대한 테마파크로 재탄생하여 사람들을 유혹하기 시작한 것이다. 이런 도시 공간의 변화는 곧 거주자들의 삶의 양식의 변화를 의미했다. 여행지가 된 도시에서는 사람들도 여행자가 되어야 했다. 그런데 여행자가 된다는 것은 무엇인가. 그것은 무엇보다도 세상을 일련의 풍경으로 인지하는 것이다. 풍경이 된 세상은 아름답다. 거리에 가득 찬 쓰레기에서 고급 호텔에서 내려다보이는 스카이라인까지, 여행자의 시선 속에서 세상은 공평하게 아름답다. 이것이 가능한 이유는 여행자는 세상에서 한발자국 떨어져 있는 존재이기 때문이다. 여행자는 모든 것에서 한발자국 떨어진 채로 이미지로서의 세상을 경험한다. (…) 우리는 어떤 것도 소유할 수 없다. 우리가 소유하게 되는 것은 소유했다는 환상뿐이다. 그리고 사람들은 소비를 멈추지 않는 것으로 그 환상을 유지한다. 그렇게 환상이 유지되는 동안, 그것을 제외한 모든 것은 탕진되며 마침내 고갈에 이른다. 그리하여 마지막에 남는 것은 탕진의 기술이다. (…) 20세기에 발명된 멋진 삶의 양식은 결정적인 위기에 처해 있었다. 좋은 날은 다시 돌아오지 않을 것이다. 하나의 세계가 몰락하는 중이었고, 케이는 바로 그 안에 속해 있었다.[13]
(강조는 인용자)

『천국에서』는 서울 시내에 있는 한 사립여대의 국제학부에 재학 중인 '케이'를 중심으로 우리 시대의 평균적인 청년의 모습을 그린 소설이다. 홍대 부근과 이태원, 신사동 가로수길 등지에서 또래와 어울리고, 어학연수를 위해 잠시 머물렀던 뉴욕에서의 파티와 같았던 삶을 동경하며, 현재와 미래에 대한 별다른 희망도 없이 하루하루를 탕진하듯 살아가는 '케이'는 우리 주변에서 흔히 볼 수 있는 수많은 불특정 케이들의 삶을 대변한다. 쉽사리 "어떤 것도 소유할 수 없"는 채로 화려한 도시적 삶에 이미 익숙해져버린 그들은 끝없는 소비를 통해 무언가를 "소유했다는 환상"을 유지하며 세상에서 한발자국 떨어진 "여행자"로서의 삶을 살아가고 있다. 불과 한 세대 전만 하더라도 손에 잡히는 풍요로움 속에서 삶의 여유와 생기를 누렸던 1990년대 초중반의 이십대들과는 달리 2010년대를 살아가는 이십대들은 무기력하게 "탕진의 기술"을 실천 중인 것이다. 마치 현재를 진단하는 예리한 칼럼의 한 구절인 듯 작가의 육성을 수시로 노출하는『천국에서』는 한평 남짓한 자신만의 공간도, 번듯한 일자리도, 결국 미래에 대한 확신도 손쉽게 소유할 수 없는 젊은 세대들의 실상을 극사실적으로 그려낸다. 고스족 패션에 빠졌던 고등학생 케이나, 뉴욕의 진짜 힙스터들의 삶을 엿보고 동경했던 대학생 케이에게도 "몰락하는 중"인 세계 속에서 나름의 생존전략을 찾고자 하는 고투가 엿보인다.

그런데 이 소설은 단순히 우리 시대 청년들의 실상과 그들의 내면을 재현하는 데에만 몰두하지는 않는다.『천국에서』는 케이의 성장 배경을 토대로 하여 1980년대로부터 2010년대 현재로 이어지는 한국사회의 변모를 날카롭게 파헤치고, 나아가 뉴욕과 서울 사이, 더 좁게는 서울과 인천 사이, 그보다 더 좁게는 강남과 강북 사이의 미세한 차이를 두드러지게 드러내면서, 서울이라는 도시를 중심으로 근 20여년간 일어난 한국사회의 변모를 사회학적 시선으로 분석해본다.

케이에 대해 좀더 알아보자. 케이의 부모는 1988년 결혼했다. "새롭게 등장한 중산층들이 주말의 백화점을 가득 채웠고, 막 대학에 입학한 젊은이들은 정치 대신 문화에 관심을 쏟으며 세련된 인간이 되기 위해 노력"[14]하던 1990년대 초반, 케이의 가족은 나름 승승장구했다. 수입 상품을 취급하던 아버지의 사업이 화려한 상업주의에 물들어가던 시대의 흐름을 타며 성공한 덕에 이들 가족은 잠실에서 전형적인 중산층의 삶을 살 수 있게 된 것이다. 주말이면 온 가족이 백화점에 나가 옷과 먹을 것을 사고 꼭대기층의 식당가에서 점심을 먹고 여유롭게 귀가하는 풍요로운 삶을 누렸다. 남부러울 것 없던 케이의 가족이 한순간에 전재산과 집을 잃고 인천의 공업 단지로 숨어들어가야 했던 것은 역시나 1997년의 IMF 때문이었다. 케이 가족이 누렸던 갑작스러운 풍요와 급격한 몰락은 단지 그들만의 행불행이 아니라, 한국사회 전체의 사정을 대변하는 것이라 할 수 있다.

케이의 가족이 우여곡절 끝에 상수동 부근의 낡은 아파트를 얻어 서울에 재입성하게 된 것은 그로부터 4년 뒤인 2001년의 일이다. 케이는 인천에서 "자신이 그곳의 아이들보다 우월하다는 자만심과 그런데 나날이 그 아이들처럼 후져지고 있다는 자괴감 사이에서 오락가락하며"[15] 사춘기 시절을 보냈다. 끔찍한 꿈처럼 기억되는 인천 시절 동안 케이는 이미 돌이킬 수 없는 상처를 입었고, IMF를 무탈하게 통과한 '잠실 친구들'과의 몇년 만의 재회에서 결정적인 상처를 입게 된다. 상수동의 낡은 아파트는 불과 4년 전까지 살던 잠실의 아파트와는 너무 다른 곳이었다. 그 낡은 아파트를 벗어나는 일이 거의 불가능하게 되었으며 자연히 '잠실 친구들'

과도 결코 예전 같은 사이로 돌아갈 수 없
다는 사실을 케이는 뼈아프게 깨닫는다.

그런 케이의 눈에 들어온 것이 바로 홍
대앞 거리이다. 거대한 아파트촌과 잠실 롯
데백화점·롯데월드를 중심으로 명실상부
한 강남 3구로서 중산층들의 안락한 생활
단지가 된 잠실이 자본에 의해 획일화된
공간이었다면, 케이의 눈에 들어온 홍대앞
은 다양한 '취향'의 공간이었다고 할 수 있
다. 2015년 현재 홍대 부근의 거리 역시 거

김사과의 『천국에서』는 서울의 장
소들을 배경으로 청년 세대의 실상
과 내면을 사실적으로 그려낸다.

대 자본에 침식당하면서 그저 그런 유흥가가 되었지만 2000년대 초반까
지의 홍대 부근은 화방과 출판사들, 그리고 소규모 공연장과 클럽이 다
양하게 포진된 이른바 색다른 취향의 공간이자 문화 공간이었다고 할 수
있다. 이러한 소규모 문화 공간에 자본이 유입되면서 기존의 색깔을 잃
어가는 젠트리피케이션gentrification 현상은 홍대를 시작으로 이태원, 서
촌, 연남동 등으로 확장되고 있다. 다양한 취향들이 공존하는 장소인 홍
대 부근에서 케이는 경제적 무력감에 대한 열패감을 망각하는 방법을 구
하고자 했던 것이 아닐까. 자기보다는 훨씬 부유해 보이는 중산층 출신
의 대학 동기들과 쉽게 어울리지 못했던 반면 본격적으로 홍대 문화에
심취하게 된 케이는 "자신이 그런 존재들과 어울리기에는 너무 복잡하고
고상하며 섬세한 인간이라고 생각"[16]하는 식으로 정신승리를 하게 된다.
'잠실 친구들'이나 학교 동기들처럼 속물도 아니고, 인천의 친구들처럼
촌스럽지도 않은 '홍대 친구들'에게 케이는 강한 동질감을 느낀다. 그러

나 그 동질감이 마냥 행복한 것일 수는 없다.

　그들은 케이와 비슷한 종류의 젊은이들이었다. 대체로 서울 시내의 대학에 재학 중인, 서울에 살거나 혹은 지방에서 상경한 중산층 젊은이들. 요약하자면 소시민 그 자체라고 할 수 있었다. 그들은 자신을 둘러싼 소시민들을 바라보며 그들과 똑같이 취급될까봐 불안해하면서도 한편으로는 그 안락한 소시민의 세계에서 탈락할까봐 조마조마해했다. 그 소시민적 불안을 잠재우기 위해 그들은 무엇을 했는가? 그들은 취향을 선택했다. 마치 속물들이 아파트와 자동차의 브랜드로 서로를 재듯이, 그들은 세련된 것들의 목록을 끝도 없이 늘리며 자신들을 방어하는 한편, 또한 벗어날 수 없는 자신들의 출신계급을 향해 무해한 공격을 시도했다. 촌스럽고 돈밖에 모르는, 하지만 그렇다고 부자가 될 재능도 용기도 없는 소심한 사람들의 세계. 모든 것을 타인의 눈을 통해 선택하는 사람들의 세계. 유행하는 노래를 듣고, 유행하는 텔레비전 쇼를 보고, 유행하는 정치적 입장을 지지하는 멍청이들. 그들은 바로 자신들의 부모였고, 형제이자 이웃이었으며, 결국 자신들이었다. 하지만 그들은 스스로가 속한 그 세계를 받아들일 수가 없었다. 하지만 그렇다고 해서 바꾸거나 박차고 나올 용기도 없었다. 그리하여 기껏해야 할 수 있는 것은 구석으로, 더 구석으로 숨어드는 것뿐이었다.[17] (강조는 인용자)

　중산층이라는 계급 자체도 경제적 능력 차에 의해 지속적으로 계층화되면서 피라미드의 아래쪽에 속한 소시민, 즉 로또에 당첨되지 않는 한 결코 피라미드의 윗자리로 신분상승할 수 없는 그들은, 자신들의 열패감을 다른 식으로 해소해보려 한다. 물리적 빈곤함을 정신적 부유함으로 은폐해보려는 것이다. 중산층의 경계에서 밀려날 것을 불안해하면서도, 다른 한편으로는 자본의 자동인형이 된 중산층의 속물화된 정체성을 비판하며 '나는 너희와 달라'라는 포즈를 취해보는 것이다. 사실 이러한 차별화 전략은 그들과 같아지고 싶다는 진짜 욕망을 역설적으로 표현한 것에 다름 아닐지도 모른다. 케이가 홍대의 "인디 유명인사들"과 어울리며 그들이야말로 "진짜 예술가들"이라 믿는 것,[18] 그리고 어릴 적 뉴욕을 경험해 자신과 말이 잘 통한다는 이유로 능력 없이 허세만 가득한 '재현'에게 급속도로 빠져드는 것, 뉴욕에서 목격한 진짜 힙스터들의 삶을 서울에 돌아온 뒤에도 간절히 실천하고 싶어 하는 것은, 결국 중산층의 삶이 요원하니 아예 그들과 달라져버리겠다는 전략적 태도인 것이다.

케이는 기억을 되살리기 위해 이런저런 것을 시도해보았다. 먼저 아파트 옥상에 올라가서 맥주를 마셔보았다(하지만 옥상에 고추를 말리는 아주머니들 때문에 방해가 되었다). 혹은 일요일의 늦은 오후 이태원에 가서 뉴욕식 브런치를 먹기도 했다(하지만 한국인의 비율이 너무 높았다). 클럽에 가서 밤새 춤을 춰보기도 했다(하지만 외국인들이 자꾸 치근덕거려서 짜증이 났다). 그나마 가장 나았던 것은 코스트코에 가서 끝도 없이 쌓인 미국 상품들을 하염없이 바라보는 것이었다. (…) 왜 서울의 베이글은 이렇게 맛이 없어? 왜 서울의 커피는 이렇게 싱거워? 왜 우디 앨런의 새 영화가 개봉을 안하는 거야? 왜 사람들은 눈이 마주치면 웃는 대신 노려보지? 왜 서울에는 쎈트럴 파크 같은 게 없어? 왜 동네 공원에서는 재즈 공연 같은 걸 안 해? 왜 서울에는 스트랜드 같은 헌책방이 없어? 왜? 왜 서울은 이렇게 후진 거야? 그야 한국인들은 아무도 그런 데 관심이 없으니까. 뉴욕에선 말이야(…)¹⁹ (강조는 인용자)

서울에서 뉴욕을 꿈꾸는 케이는 세련된 미국식 취향의 세계를 그리워하며 결국 서울에서 자신이 마주하고 있는 현실을 외면하고 싶은 것인지도 모른다. IMF 때 진 빚을 이제 겨우 갚았을 정도로 집안 사정은 크게 나아지지 않았고, 그저 그런 학벌의 대학이나마 제대로 적응하지 못하고 휴학을 반복하여 졸업도 요원하며, 졸업을 한다 하더라도 앞으로 무엇을 해야 할지 혹은 무엇을 할 수 있을지도 모르는 채 그저 하루하루를 흘려보내고 있는 자신의 처지에 눈감고 싶은 욕망이, 뉴욕에서의 꿈같은 시절들을 자꾸만 호출하는 것이다. 케이에게 뉴욕은 '진짜 홍대'인 셈이다. 케이는 지금-이곳의 방관자가 되어 계속 다른 곳을 꿈꾼다.

『천국에서』는 이처럼 잠실, 홍대 등 서울의 특정한 장소들을 상징적으로 등장시키며 한국사회의 경제적 계층화 문제와 '몰락의 시대'를 살고 있는 청년 세대의 문제를 극사실적으로 그려낸다. 이 소설은 최근 20여 년간 한국의 사회 변동을 섬세하게 그려내는 한권의 사회학 서적으로 읽히기도 하며, 그 결과로서 청년 세대들의 황폐한 내면을 짐작해볼 수 있는 인문학 서적으로 읽히기도 한다. 책의 제목과 달리 2030세대들이 살아내고 있는 한국사회는 '천국'과는 거리가 멀다. 그들이 무한경쟁의 지옥에 무조건 적응하도록 방관하는 것도, 그들에게 체념과 달관을 강요하는 것도 적당한 해결책이 될 수는 없을 것이다. 무엇을 어떻게 해야 할까. 세대를 불문하고 지속적으로 진지하게 고민할 일이다.

5

새로운 이방인
서울사람들

최윤영

새로운
서울사람들

　몽골 음식점 '잘루스', 스페인 음식점 '떼레노', 포르투갈 음식점 '타버나 드 포르투갈', 태국 음식점 '똠양꿍' 등 세계 각국에서 온 외국인들이 꾸려가는 이국 식당은 외국에 가지 않고도 "서울 안에서 세계를 만나는 창"이 되어준다. 『연합뉴스』 '서울서 만나는 이주민의 손맛' 시리즈 기사는 홍대앞, 광희동 몽골타운, 대림동, 건대입구, 종로, 이태원 등지에 새로이 형성되는 이국 식당가 풍경을 소개하고 있다.[1] 이주민의 유입으로 서울의 음식과 언어, 문화가 풍부해졌을 뿐만 아니라 경제, 산업, 인구통계의 측면에서도 그들이 가져다준 긍정적 효과가 적지 않다. 대체로 젊은 연령층인 이주민들은 노령화하는 우리 사회에 새로운 활기를 불어넣고 있으며 한국인들이 대체로 꺼리는 노동집약적 가내수공업, 경공업, 건설업 등의 산업 현장을 채워주고 있다. 국제결혼도 흔해져 결혼하는 열쌍

중 한쌍은 외국인 배우자와의 결합이다. 여성 이주노동자들은 한국 여성의 사회진출이 활발해지면서 생겨난 돌봄의 빈자리와 서비스업에 대거 진출하고 있다. 이제 한국계 중국인들이 대중음식점의 종업원이나 요양(병)원의 간병인으로 일하는 것은 일상이 되었다. 고령화시대에 들어선 한국사회에서 한국인들이 외국인 도우미의 보살핌을 받으며 노년을 보내고 임종을 맞이하는 것도 거의 확실한 미래의 모습이 되고 있다. 또한 대학이 국제화를 추진하면서 한국의 대학에는 중국 출신 학생들을 비롯하여 여타 외국에서 온 학생들이 점차 증가하고 있으며 교수진 가운데서도 외국인을 찾아보는 것이 이제 그리 드문 일이 아니다. 특히 지난 5년간 다문화 현상은 더욱 확장되어 이제 다문화란 '그들'의 삶을 지칭하는 것이 아니라 바로 이웃으로 다가온 이주민들과 '내'가 함께 사는 현실, 바로 '우리'의 현실이 되었다.

새로운 풍속도는 그 배경을 살펴보면 세계화와 밀접한 관계가 있다. 1990년대 이후 이데올로기의 장벽이 무너지면서 한국도 새로운 물결에 신속하게 합류했고 인터넷, 소셜네트워크서비스(SNS) 등 뉴미디어의 발달과 여행, 유학의 대중화, 노동의 국제화는 이러한 과정을 가속화했다. 세계화가 상품과 자본의 이동만이 아니라 사람들의 이동을 촉진함에 따라 우리 사회에도 외국인 유동인구가 대거 유입되었고 더불어 다문화사회 담론이 대두되었다. 박천응의 경우 이러한 다문화사회를 설명하는 담론을 '국가의 국제화' '기업의 세계화' '국민의 지구 시민화'라는 핵심 개념들로 요약하면서, 우리 사회가 첫번째, 두번째 과정은 괄목상대하게 진전한 반면 세번째는 아직 앞의 두 과정을 따라가지 못하고 있다고 비판한다.[2] 이 글에서도 이와 동일한 문제의식을 가지고 현상황을 고찰하되 주로 새로운 서울시민으로 대상을 한정하여 관찰하고자 한다. 새로운 서울사람들은 누구이며 어떤 모습으로 우리에게 다가오는가? 이들은 어떤 동기로 서울에 와서 자발적으로 서울 문화에 적응하는가? 이들은 어떤 기대를 안고 살아가고 있는가 등이 이 글에서 추적하는 주요 내용이다. 이와 동시에 기존의 서울사람들이 이 새로운 이웃을 어떻게 받아들이고 있고 받아들여야 하며 스스로 어떻게 변모해야 하는가를 생각해보고자 한다. 또한 물질적·자본적 환경이 이미 세계화시대로 진입해 있고 인구 구성도 변화했으나 서울사람들의 인식은 여전히 많은 부분에서 민족국가시대에 머물러 있음을 지적하고자 한다. 이때 미국과 달리 한국처럼 단일민족국가를 주장하던 독일이 1960~70년대에 이주노동자들을 대거 받아들이면서 변모해간 사례는 여러가지 측면에서 시사점을 줄 것이다.

세계화시대의
시민의식?

우리는 과연 세계화시대의 세계시민이 될 준비가 되어 있는가? 대규모 이주나 이민은 고대로부터 늘 있어왔고 새로운 현상도 아니다. 4~6세기경 유럽 전체를 휩쓸고 다닌 게르만족의 대이동을 생각해보라. 제2차세계대전 후 교통수단과 통신수단의 발달은 단지 이러한 이주를 훨씬 더 쉽고 수월하게 만들었고 노동시장의 범위를 확대했을 뿐이다. 1990년대 이후의 이주는 정치적·이데올로기적·종교적 요인보다는 주로 경제적 요인으로 촉발되었다.

전후戰後 한국인의 대규모 이주는 독일에 1만 8천여명의 광부와 간호

사, 간호조무사를 파견한 1960~70년대에 시작되었다고 볼 수 있다. 그러나 이 대규모의 노동자 파견을 보는 시각은 '송출국'과 '목표국'이 서로 다르다. 독일에서는 비록 냉전시대였지만 국경을 넘는 외국인노동자의 유입을 주로 자국의 경제와 산업의 측면에서 고찰하였다. 독일은 '라인강의 기적'이라 부르는 경제개발에 따른 노동력 부족으로 1961년 터키와 상호 인력조달 협정을 맺고 '손님노동자'Gastarbeiter라는 명칭으로 이주노동자들을 대거 받아들였고, 이후 주변 국가들에서도 노동자들이 유입되었다. 즉 일자리가 있는 곳에 노동자가 온 것이다.[3]

한국의 광부와 간호 인력도 독일인의 눈으로 보면 광부의 경우는 일본에 이어, 간호사의 경우는 필리핀에 이어 다른 아시아에서 온 손님노동자의 일부이다. 그 때문에 독일 언론에서는 한국인 광부와 간호 인력에 대한 관심이나 보도가 그리 많지 않았고 일반 대중의 관심도 마찬가지였다. 특히 도시의 병원에서 독일인을 상대로 일한 간호 인력과 달리 광부들은 광산 지역에 파견되었기 때문에 지역적·직업적 제한으로 일반인들과 접촉이 거의 없었다. 또한 광부들은 계약이 끝난 후 직종을 바꾸는 경우도 많아서 독일 전역의 도시로 뿔뿔이 흩어져갔다. 독일 내의 가장 큰 외국인 집단을 구성하는 터키인들은 주로 대도시에 자신들의 공동체를 형성하여 정주하지만 한국인들은 독일 전역에 산재해 거주하는 특성을 보이고 있다.

한국의 입장에서는 당시에 머나먼 이국으로 노동자를 파견하는 것이 여러 관점에서 초미의 관심사였기 때문에 매스컴에서 자주 보도하였을 뿐만 아니라 다른 부가적 의미까지 부여했다. 한국 언론은 이들이 가난한 나라에서 부유한 나라로 노동하러 간 이주노동자라는 측면보다는 한

독일로 떠나는 파독 간호사들. 1960~70년대
에 이루어진 대규모 노동자 파견을 바라보는
시선은 한국과 독일이 서로 달랐다.

국을 대표하는 노동자 집단이라는 점을 강조하였다.[4] 당시 한국의 매스
컴, 특히 방송이나 신문보도, 극장상영용 대한뉴스 등은 이러한 민족주의
적 시각을 여실히 보여준다. 이것은 『파독 광부 45년사: 1963~2008』(재
독한인글뤽아우프회 2009), 『파독 간호 40년사』(재독한인간호협회 2009) 등의 책
에서 밝혔듯이, 파견된 광부나 간호사들 스스로도 초창기에 널리 공유한
시각이었다. 예를 들어 사진자료 등을 보면 다른 나라에서 독일로 간 손
님노동자들과 달리 한국의 광부와 간호사들은 만 하루가 넘게 걸리는 긴
여정에도 불구하고 매우 불편했을 정장과 한복을 차려입고 비행기에 올
랐는데 여기에는 이들 노동자 파견에 대하여 한국사회가 어떠한 의미를
부여했는지가 간접적으로 드러난다. 또한 이들 노동자에 대한 보도에서
눈에 띄는 점은 한국의 노동자들이 독일에서 호평을 받았다는 점을 강조
하는 것이었다. 특히 간호사들의 경우가 그러하였다. 이들이 뛰어난 지적

능력과 전문 간호능력, 따뜻한 배려, 적응력과 성실함으로 큰 인정을 받았다 하더라도 초창기에는 언어가 통하지 않아 의사소통에 어려움이 많았고 독일인들에게는 이들 노동자들의 우수성이 꼭 한국의 우수한 민족성이나 문화를 상징하는 것으로 받아들여지지 않았다. 이들은 일차적으로 이주노동자의 관점에서 다른 외국인들과 비교가 되었다. 특히 송출국인 한국에서는 고학력을 근거로 한국 출신 광부들의 질적 우수성을 자주 거론한 반면, 목표국인 독일의 입장에서는 다른 평가가 나왔다. 광산노동에서는 육체노동자로서 체력과 경험이 좀더 중요했기 때문이다. 오랫동안 이들 노동자 파견에 대한 한국 매스컴의 보도에는 한국사회의 부채감이 더해져 일방적·집단적·유교가부장적·민족주의적 시각이 강조되었고 그 과정에서 이들 개인의 삶에 담긴 복잡다단한 내러티브나 각 개인의 진취성과 자발성 등은 왜곡되기도 하였다.

조성형 감독의 영화 「그리움의 종착역」(2009)은 당시에 한국을 떠났던 세명의 간호사가 독일인과 결혼을 하여 가정을 꾸리고 살다가 정년퇴직을 하고 남편들과 한국으로 돌아와 남해의 한 마을에 '독일마을'을 일구는 과정을 보여준다. 이 영화는 당시 이들이 어떠한 삶의 조건에서 어떠한 목표와 의도를 가지고 한국을 떠났는가에 대하여, 일반인의 통념과 다른 각 개인들의 다채로운 삶의 서사를 보여줌으로써 오랫동안 한국사회에 지배적이었던, 민족주의적 색채가 짙은 단일 거대서사에 비판과 균열을 불러온다.

독일의 이주노동자 문제를 한국의 현재 상황에 대입해볼 때 주류사회와 주변부 이주노동자 문제 이외에 중요한 참조점은 독일이 이들 이주노동자의 사회적 적응을 위하여 언어 및 직업 교육을 위시한 적응 과정을 지원하였고 또 자국과 동일한 기준으로 노동자를 처우했다는 사실이다. 이들은 동일 노동에 대하여 독일인과 동일한 임금을 지급받았고 노동자로서 법적·사회적 보호를 받았다. 이와 달리 한국은 1980년대 중반 이후 동남아시아와 중국 등지에서 외국인 노동자를 대거 받아들이기 시작했는데 산업연수생제도나 고용허가제도만 있었을 뿐 제도를 제대로 정비하지 않아 많은 불법 노동자를 양산했고 그 결과 그들 다수가 매우 열악한 환경에서 부당한 대우를 받고 일하게 되었다. 한국 다문화사회의 이러한 어두운 부분은 잘 알려지지도 않았고 여론을 만들지도 못했다. 적지 않은 파독 간호사와 광부들은 이에 대해 다음과 같이 지적하며 한국사회의 각성과 개선을 촉구하였다.[5]

> "외국근로자들이 지금 국내에 와 있는 이 자원은 대단한 자원이거든요. 석유 전기만이 자원이 아니라 이런 사람들이 한국에 와서 생산하는 인적자원인 건데, 그 사람들이 한국에서 행복한 마음으로 일할 수 있고 그 사람들이 안전하게 일을 할 수 있고 그 사람들이 일하는 데 보답을 할 수 있는 그런 우리 국민의 자세가 돼야 되겠고 (…)"[6]

세계화시대를 맞이하면서 이주를 바라보는 한국사회의 민족주의적 시각은 많은 변화를 겪었지만 일각에는 여전히 강하게 남아 있다. 예를 들어 한국사회나 독일의 한인사회가 교포 2세나 귀국한 입양인들을 보는 시각이 그러하다. 이들은 이제 성인이 되어 독일사회에 진출하여 활동하고 있는데 우리 사회는 이들을 여전히 과거의 시선에서 바라본다. 서구 문단에서 한국 출신의 입양인 문학은 인종 간 입양이라는 특수한 소재와 체험의 깊이, 독특한 문학적 언어 때문에 최근 큰 주목을 받고 있다. 미국의 제인 정 트렌카Jane Jeong Trenka의 『피의 언어』(2003), 스웨덴의 아스트리드 트롯찌Astrid Trotzig의 『피는 물보다 진하다』(1996), 노르웨이의 브뤼뉼프 정 티엔Brynjulf Jung Tjønn의 『중국 남자』(2011) 등이 대표적이다. 이때 이들은 '피'의 의미를 반어적으로 사용하고 있으나 한국에서는 사실적으로 수용하고 있으며 이들을 한국인의 피를 이어받은 한국인이라고 보고 그러한 정체성을 요구하고 있다.

또한 독일에서 태어나 성장한 이민 2세대들에게도 혈연중심적 사고나 한국 문화의 고수를 요구하는데 이것이 당사자에게는 시대착오적인 것으로 여겨진다. 독일에서 최근 화제를 모은 한국인 2세 마르틴 현Martin Hyun의 수기 『소리 없이─말없이─아니야: 한국과 독일의 경계를 타는 자』(2008), 『일하지 않으면 먹지도 마라』(2012) 등에서 이러한 비판의 목소리가 드높다. 저자는 자신이 처한 상황의 이중적 어려움을 토로한다. 하나는 마치 문화적 섬에 사는 것처럼 부모들이 가정에서 한국 문화만을 고수하는 데에서 생기는 갈등이다. 또다른 하나는 저자 스스로는 자신이 출생해서 성장한 독일사회에 소속되어 있다고 생각하고 독일적 문화 정체성을 주장하는데 주류사회가 이를 받아들이지 않고 이들의 아시아적 몸 때문에 끊임없이 출신 지역을 환기하는 데서 오는 갈등이다. 독일의 한국교포 2세들은 민족 정체성이나 국가 정체성보다는 자신이 정주한 곳의 문화를 좇는 '지역 정체성'local identity이나 '혼종적 정체성' 혹은 '패치워크 정체성'을 주장하는데 이는 독일 내 다른 이민 2세 그룹과 동일한 성격의 요구라 할 수 있다. 이는 세계화시대의 자연스러운 문화 혼합 현상으로 우리 사회 역시 앞으로 진지하게 고려해야 할 지점이다.

새로운 이주자

서울사람들

1) 이들은 누구인가?

한국에 사는 외국인 수가 급격하게 늘어나고 있다. 법무부 출입국 통계에 따르면 2014년 7월까지 국내에 체류 중인 외국인은 총 162만 2,868명으로, 2004년 75만 873명에서 매년 10만여명씩 증가해 10년 만에 2배를 넘어섰다. 1980년대 중반 이후 급격히 그리고 대규모로 유입된 외국인은 노동이주자와 결혼이주자가 대종을 이루었는데, 전자가 서울이나 서울 근교 중소도시의 공단 주변에 집단 거주했다면 후자는 주로 도시뿐 아니라 군 단위의 지방까지 상당수가 분산 이주하였다. 그 때문에 대부분의 서울사람들은 이들에 대해 알고는 있으나 주변에서 보기는 쉽지 않았다. 그러나 최근에는 이들 외국인이 수적으로 증가할 뿐 아니라 그 구성과 거주지도 다양화되어 수도 서울의 다문화 풍경마저도 급속히 변하고 있다.

국제연합 자문위원 피터 스토커Peter Stalker는 이주민을 정착민, 예약 노동자, 전문직 종사자, 미등록 노동자, 난민과 망명 신청자 등 다섯 부류로 구분한다. 최웅선 등도 이를 참고로 한국에서 발급한 사증Visa에 근거하여 이주민을 단순기능인력, 전문인력, 유학생, 결혼이주자의 네가지 유형으로 분류한다. 그의 분류에 따르면 1995년부터 2011년까지 단순기능인력은 38.8%에서 55.4%로, 결혼이주자는 11.0%에서 14.7%로, 전문인력은 1.4%에서 4.8%로 증가하였고 유학생은 48.8%에서 8.9%로 감소하였다.[7] 즉 단순기능인력은 여전히 가장 높은 비율을 유지하고 있을 뿐 아니라 수적으로도 계속 증가 추세에 있으며, 결혼이주자도 증가하고 있어

이들이 가장 큰 이주자 그룹을 형성하고 있다. 여기에 전문인력의 증가로 노동이주자와 결혼이주자 중심이던 외국인 사회의 구성과 문화에 다양성이 커지고 있다. 한국사회가 다문화사회가 되었다는 사실은 특히 서울에서 확연히 드러나는데 2015년 1/4분기 통계에 따르면 서울에 거주등록을 한 외국인은 26만 8천여 명으로, 2000년과 비교하면 5.4배로 엄청나게 증가하였다.[8] 비율로 보면 조선족 등 한국계 중국인의 비율은 2006년의 60.1%에서 53.6%로 감소하였지만 절대수로는 확연히 증가하였고 한국계 중국인과 중국인을 합하면 총 72.3%로 가장 큰 그룹을 형성하고 있다. 다음으로 미국, 대만, 일본이 뒤를 잇고 있다.[9] 하성규 등은 서울 내 외국인 그룹의 거주 형태를 분석하여 이들이 출신국가나 체류자격, 소속된 사회계층 등에 따라 공간적으로 분리되어 있음을 지적하였다. 이러한 '주거지 분리현상'은 긍정적·부정적 기능을 가지고 있는데, 긍정적 기능으로는 이주민 내부의 공동체의식을 공고히 할 수 있고 그들만의 네트워크 등을 이용할 수 있다는 점을, 부정적 기능으로는 상위 노동시장으로의 진입이나 주류사회와의 통합이 어렵다는 점을 들 수 있다. 서울의 한국계 중국인의 경우 거의 대부분 단순기능인력 그룹으로 영등포구·구로구·금천구에 집중적으로 모여 살고, 미국인의 경우 전문직이 많고 서초구·강남구·용산구에 집중적으로 살고 있는데 점차 증가하는, 개인적으로 들어온 이주자들은 거의 모든 구에 산재해 거주하고 있다는 점에서 차이를 보인다.[10]

2) 새로운 서울시민, 이주노동자와 결혼이주자들

사람들은 왜 고국을 떠나 다른 나라로 이주할까? 전통적인 이론들은

서울의 등록 외국인 수

단위: 명

구분 연도	한국계 중국인	중국	미국	대만	일본	베트남	기타	합계
2006	105,178 (60.1%)	14,122 (8.1%)	11,890 (6.8%)	8,974 (5.1%)	6,864 (3.9%)	3,011 (1.7%)	24,997 (14.3%)	175,036
2015	143,702 (53.6%)	50,161 (18.7%)	9,416 (3.5%)	8,950 (3.3%)	8,426 (3.1%)	7,948 (3.0%)	39,477 (14.7%)	268,080

※출처: 서울 통계정보시스템

대체로 경제적 요인을 중시하는데 서울의 대다수 이주민들이 노동이민자라는 사실을 고려하면 마찬가지로 경제적 요인이 가장 크다고 볼 수 있다. 최웅선 등이 소개하는 국제이주의 발생에 대한 이론들은 대체로 신고전경제학 이론에 토대를 두고 지역 간의 노동력 수요와 공급의 차이를 그 원인으로 들고 있다.[11] 이 이론이 주로 초국적 이주의 초기 동기에 대한 중요한 설명을 하고 있다면 사회적 자본론들은 이주 이후에 생겨난 공동체, 네트워크 등이 이주민을 새롭게 끌어들인다고 설명하고 있다. 이러한 이론들은 1980년 중반 이후 우리나라에 급격히 늘어난 이주 현상을 설명하기에 적합한 틀이다. 한국 내 소득수준이 높아지고 기업 간, 업종 간 임금격차가 확대되면서 자국민이 저임금 단순노동을 기피하게 되고 제조업 중심의 중소기업에 심각한 인력부족을 초래하면서 이주노동자가 급격히 증가하였기 때문이다. 이들 국가의 유휴노동력이 한국으로 유입되면서 한국은 싱가포르나 말레이시아, 대만과 같은 동남아 국가로부터 값싼 노동력을 수입하는 국가가 되었다.

과거에는 국경을 넘어서는 이주노동을 이끌어내는 힘이 미주와 유럽에 집중되어 있었다면 최근에는 세계화 물결 속에서 주변부에서 중심부로의 노동력 이동의 방향이나 형태도 다양해졌고 중간 중심부 국가들도 다수 형성되고 있다. 외국인의 한국 이주, 특히 노동이주나 결혼이주에 있어서 경제적 동기가 가장 중요한 역할을 했음은 부인할 수 없다. 최근에 이주 연구는 세분화되고 있는데 삶을 개척하려는 이주자들의 적극적·능동적 의지 역시 중요한 역할을 했음을 다수의 학자들이 지적하고 있다. 또한 이주자들이 타지에서 정주한 후 두 나라 사이의 이분법적 정체성 규정에서 벗어나 제3, 제4의 정체성, 즉 초국적 정체성을 경험하고 만들어가고 있으며 모국 회귀까지 포함한 그들 나름의 미래계획을 세워간다는 사실도 관찰되고 있다.[12]

한국사회는 1980년대 중반 이후 많은 외국인들이 유입되어 다문화사회가 되었다고 역설하면서도 오랫동안 이들을 외면해왔다. 따라서 이들을 다룬 문학작품이나 영화도 드문 편이다. 영화의 경우 「파이란」(2001)은 위장결혼을 통해 한국에 이주하게 된 중국 여성을 다루었고 「나의 결혼 원정기」(2005)는 한국 남성들과 우즈베키스탄 여성들 간의 맞선에 초점을 맞추었다. 최근 「방가? 방가!」(2010)와 「완득이」(2011)는 베트남이나 필리핀 등 동남아 출신의 이주노동자들과 그들의 직장동료, 이웃, 자녀를 등장시켜 가정이나 노동현장에서 겪는 갈등과 차별 등의 문제들을 다루었다. 문학에서는 박범신의 『나마스테』(2005)와 천운영의 『잘 가라, 서커스』(2011) 정도가 이와 관련된 성과로 꼽을 수 있는데, 이주노동자와 결혼이주자가 한국인과 나누는 사랑과 결혼, 이별 등을 다루었다. 그러나 이들 작품은 작품성에서나 주제 면에서나 다문화사회 연구자들의 학문적 관심을 넘어서서 한국 주류사회에까지 큰 반향을 일으키지는 못했다. 텔레비전에서는 지난 몇년간 한국에 들어온 이주자, 그중에서도 특히 결혼

이주자의 삶을 다룬 다큐멘터리 프로그램이 점차 늘어나는 추세인데「다문화 고부 열전」(EBS),「글로벌 가족정착기」(EBS),「러브 인 아시아」(KBS1) 등이 그러한 예들이다. 이들 프로그램은 고부간의 갈등이나 2세 교육 등을 중심으로 한 이주민들의 한국사회 적응 문제를 주로 다루고 있다.

이주노동자나 결혼이주자들은 한국사회의 가장 큰 이주민 그룹을 형성하고 있고 최근 필리핀 출신의 이자스민처럼 국회의원도 배출하여 조금씩 자신들의 목소리를 내고 있다. 하지만 전체적으로 볼 때 여전히 서울 주류사회와의 접촉은 제한적이다. 아직 이주자들의 글이나 영화 등은 드물고 수기가 몇종 나와 있는 정도다. 독일의 경우 이주노동자들이 자국어로 글을 쓰기 시작하다가 현지어로 글을 쓰고 일부 작가는 독일문학사에 편입될 정도로 이민문학의 규모와 질이 성장한 데 비해, 한국의 경우 아직 가야 할 길이 멀지만 미래에 대해 기대해볼 만한 징후가 조금씩 엿보이고 있다.

3) 또다른 서울시민,「비정상회담」출연진

최근 다양한 그룹의 이주민들이 TV 예능프로그램에 많이 노출되는데, 이들은 무엇보다도 노동이주나 결혼이주자와 비교해볼 때 그들의 '가시성'과 '개인성'이라는 측면에서 구분된다. 가장 대표적인 예가 바로 최근 인기몰이를 하고 있는 JTBC의「비정상회담」이라고 할 수 있다. 외국인 예능 스타들이 등장하게 된 기폭제는 KBS2의「미녀들의 수다」(2006~2010)였다. 영국인 에바, 중국인 손요, 이딸리아인 크리스띠나, 핀란드인 따루, 베트남인 하이엔, 일본인 사유리 등 16명의 외국인 여성 출연자가 상당한 인기를 누리며 외국인 예능 시대의 문을 열었다. 이들은 서툴지만 한국어를 말하는 젊은 미녀 군단으로서 외모지상주의 등의 비난에도 불구하고 시청자들에게 호감을 주었다.

2014년 7월에 첫 방송을 시작한 「비정상회담」은 외국인 남성들을 출연시켜 다시금 화제를 모으고 있다. 12명의 젊은 외국인 남성이 특정 주제들을 놓고 각자의 입장에서 본국 문화와 비교해 토론하는 프로그램인데, 출연진은 대체로 출중한 외모, 백인 위주, 중산층 출신, 젊은 청년이라는 공통점을 가지고 있으며 무엇보다도 「미녀들의 수다」 출연진보다 훨씬 유창한 한국어로 토론을 한다는 점이 두드러진다. 출연진은 캐나다인 기욤 패트리, 터키인 에네스 카야, 벨기에인 줄리안 퀸타르트, 프랑스인 로빈 데이아나, 일본인 테라다 타꾸야, 이딸리아인 알베르또 몬디, 중국인 장위안, 미국인 타일러 라쉬, 호주인 다니엘 스눅스, 독일인 다니엘 린데만, 가나인 샘 오취리로 출발하여 여러차례 부분적으로 멤버가 교체되었다.

이 프로그램은 구성 의도나 시청자들의 반응 면에서 한국인의 세계화와 다문화에 대한 의식의 수준을 보여준다. 비록 출연진 자신들이 비공식적이고 비정상이라고 표방함에도 불구하고 정장을 입고 나오는 출연진, 그리고 각 나라의 문화적 기초 위에서 문화 차이에 초점을 맞추는 품격있는 내용, 각 나라의 뉴스와 소식 등을 소개하는 코너 등은 시청자들로 하여금 이들이 자국을 대표하는 출연진이라고 받아들이게 하는 데 무리가 없다. "새 멤버들은 흥미로운 포인트가 많다. 각 나라 사람들이 모여 문화적 베이스를 가지고 토론하는 프로그램이라 다양한 나라를 보여주고, 대륙별로 형평성을 맞춰가며 정치·외교적 관계 등 새로운 이야기를 들려주고 그 과정에서 케미도 보여주고 싶었다"[13]라는 제작진의 말 역시 그러한 의도를 숨기지 않는다. 마치 만국기를 전시해놓고 각국의 의견을 듣는 듯한 인상을 주며 그러한 의미에서 다문화시대, 세계화시대의 한국을 대표하는 프로그램이라 할 수 있다.

이 프로그램의 또다른 특징은 출연진을 각국의 대표로 인식하는 동시에 시청자들이 출연진 개개인을 스타로 인식한다는 것이다. 이 점은 매우 중요한데 이주민들이 집단이 아니라 개개인으로 기억된다는 것은 훨씬 가까운 인간관계를 전제로 하고 있고 이들을 자신의 이웃과 같이 생각한다는 의미이기 때문이다. 이주민의 대다수를 차지하는 이주노동자나 결혼이주자들이 주로 집단적으로 표상되고 기억된다면 「비정상회담」 출연진은 개인사를 가진 개인의 이름으로 기억된다. 이주노동자나 결혼이주자들은 대개 중개인을 통해 한국으로 유입되고 한국 대중사회와는 접촉이 제한적이어서 집단으로만 인식되어왔다. 이와 대조적으로 「비정상회담」 출연자들은 모두 개인으로 각인된다. 이들은 한류가 동인이 되어 그룹음악 활동을 하러 온 일본 출신 타꾸야, 학원에서 중국어를 가르치는 장위안, 병원에서 의료 전문 통역을 하는 러시아 출신 일리야, 자동차 세일즈 영업을 하는 이딸리아인 알베르또, 전 프로게이머 캐나다인 기욤 등 다양한 국적과 직업을 가지고 있다. 그밖에 타일러는 한국의 대학원에 재학 중이며 수준 높은 토론을 이끄는 원동력이 되고 있는데 비록 전문직 노동자가 아니더라도 이를 전문인력 이동의 전조 현상으로 볼 수 있다. 이들의 이주 동기도 매우 개인화되어 있고 다양하다. 그중 줄리안, 타꾸야, 타일러는 한국에 온 동기를 한 언론과의 인터뷰에서 다음과 같이 밝혔다.

줄리안_ 어릴 때부터 아시아에 관심이 많았죠. 그런데 어느날 한국계 혼혈인 친구에게서 한국인은 '아시아의 라틴족'이라고 불릴 만큼 정 많고 재미있고 잘 논다는 이야기를 듣고 흥미가 생겼어요. 그리고 한 글이 굉장히 매력적으로 보였어요. 처음 한국에 온 게 2004년이었는 데, 그때는 한류가 퍼지기 전이라 한국에 관한 정보가 많지 않았어요. 아무것도 몰랐지만 그래도 가보고 싶었어요.

타쿠야_ 케이팝 때문에 왔어요. 일본 TV에서 한국 아이돌 가수들을 보 고 나서 케이팝의 매력에 빠지게 됐어요. 한국 아이돌은 일본 아이돌 보다 퍼포먼스 부문에서 훨씬 퀄리티가 높아요. 한국 아이돌의 '칼군 무'를 보면서 나도 저렇게 해보고 싶다는 생각을 했어요. 그래서 한국 에 오게 됐고 지금은 가수 활동을 하고 있어요.

타일러_ 저는 국제학을 전공했는데, 외국어를 하나 골라서 배워야 했어 요. 아버지는 프랑스어를 배우길 바라셨는데, 저는 뭔가 새로운 걸 배 우고 싶었어요. 제 시각이 너무 유럽 중심으로 치우쳐 있다는 생각을 했거든요. 그때, 중국어를 배우던 친구가 아시아 언어를 배워보라고 했 어요. 그래서 서점에 가서 아시아 언어 책을 찾아봤는데, 쉽게 나와 있 는 책은 한국어밖에 없었어요. 그 책으로 독학한 짧은 한국어로 '유튜 브'에서 제 전공과 관련된 '북한, 김정일' 같은 걸 검색해봤더니 '북한 이탈주민, 인권 분쟁, 난민' 같은 제가 몰랐던 부분이 나왔어요. 그때 '이 언어, 지역을 통해서 내가 세상을 바라보는 시야를 넓힐 수 있겠구 나'라는 생각이 들어 한국에 오게 됐어요."[14]

한국 이주의 원인으로 종종 한류가 언급되는데,[15] 타꾸야의 예처럼 아시아 출신의 외국인들에게는 이러한 경우가 적지 않다. 그러나 삶의 정주지를 바꾸고 국경의 이동을 감행하게 하는 삶의 대모험에 과연 한류를 근본적인 동인으로 볼 수 있을까? 이처럼 한국 현대 문화의 우수성을 이주 요인으로 드는 것은 혹시 파독 광부와 간호사를 바라보는 시선과 같은 한국사회의 자부심 어린 민족주의적 시선은 아닐까? 많은 외국인들이 한류에 열광하더라도 그것 때문에 한국에 온다고 말하는 것은 무리가 있고 한류를 바라보는 시선도 대륙마다, 대륙 안에서도 온도 차가 크다. 예컨대 한류는 중국 및 동남아시아와 아랍권에서는 뜨거웠지만 유럽에서는 편차가 커서 프랑스에서는 뜨거운 반면 독일에서는 차갑다.

그러나 한류와 한류 담론은 세계화시대에 한국인들에게 새로운 자부심을 일깨워주는 동시에 외국인과 외국 문화에 대한 열등감을 상당 부분 해소시키고 그들을 동등한 시선으로 바라보고 이해할 수 있는 여유를 갖게 해주었다. 「비정상회담」을 바라보는 시청자들의 시선도 이와 유사하지 않을까? 이 프로그램은 많은 후속 프로그램을 낳았는데 예를 들어 「내 친구의 집은 어디인가」(JTBC)라는 프로그램에서는 출연자들이 각자의 고향을 함께 찾아간다. 네팔, 중국과 같이 비교적 가까운 곳부터 벨기에나 이딸리아, 캐나다와 같이 먼 곳까지 찾아간다. 시청자들은 그들의 고향집이 어디든 간에 이제 그들과 경제적·사회적·문화적 격차를 별로 느끼지 못한다. 즉 이전까지 이주노동자나 결혼이주자들이 경제적 격차가 벌어져 그 때문에 상대적으로 부유한 한국에 왔다면, 유럽이나 미주 지역 출신 출연진들은 거꾸로 이들 국가들과 경제적 격차가 좁혀졌기 때문에 이제 가난하지 않은 나라 한국에 왔다고 말할 수 있다. 한국사회는 이들에게 직업과 일자리를 제공할 수 있고 또한 그리 차이 나지 않는 삶의 질을 보장해줄 수 있게 된 것이다.

서울이라는 대도시의 일상은 다른 세계의 대도시와 점점 유사해지고 있다. 전세계적으로 도시화, 산업화, 현대화가 균일한 모습으로 급속하게 진행되어 서울의 경우 대도시에서 온 외국인들에게 그들의 도시와 그리 다르지 않은, 예상 가능한 생활환경을 제공해주게 된 것이다. 고층 건물, 지하철, 맥도날드화된 체인점과 편의점, 백화점과 마트에서의 쇼핑 등 서울의 겉모습은 세계의 대도시와 별로 다르지 않다. 그들에게 서울은 이제 그리 낯설지만은 않은 것이다. 「미녀들의 수다」에 출연했던 독일인 베라 홀라이터Vera Hohleiter의 지적처럼 '왜 서울에 왔느냐보다는 이제 왜 서울이라고 안되겠는가'라고 묻는 것이 이주 동기에 대한 더 정확한 지적이 될 것이다.[16]

4) 다문화사회와 한국어 그리고 이주민들

「비정상회담」에서 대표적으로 볼 수 있듯이 새로운 이주민들의 또다른 특기할 만한 점은 바로 놀라운 한국어 구사능력이다. 통상 이주자들의 동화 정도나 동화 노력을 측정하는 데 현지어 숙련도는 중요한 지표로 작용한다. 「비정상회담」은 토론의 수준이 높고 출연진의 낯선 시각이 진지하게 매개되고 있어 시청자들에게 참신한 충격을 주었다. 그러나 무엇보다도 시청자들을 놀라게 한 것은 바로 이들의 탁월한 한국어 실력이다. 우리와 다르게 생긴, 호감이 가는, 미래를 낙관적으로 바라보고 모험을 감행하는 외국 청년들이 우리 사회에 대해 토론한다. 이때 토론 언어가 한국어라는 것은 매우 의미심장한데, 현지어 구사력은 개개인의 능력

문제만이 아니라 언어가 담보하는 그 나라의 경제력과 문화력 등이 반영되는 상징적 문제이기도 하기 때문이다.

집단으로 유입된 이주노동자들은 별도의 어학 교육 없이 노동현장에서 필요에 의해 바로 한국어를 배워야 했고 이른바 '부서진'broken 언어, 즉 노동현장에서 급히 배운 이주자들 특유의 한국어를 구사했다. 뿔뿔이 흩어져 지방으로 간 결혼이주자들도 거의 대부분 모국에서 한국어 교육을 받지 않았고 새로운 가정 역시 학습환경을 제공해주지 못하였다. 최근 이들의 적응을 돕는 한국어 교육프로그램이 많이 생기고 체류기간이 길어지면서 점차 한국어 의사소통이 가능해지고 있지만 「비정상회담」에 출연하는 외국인의 한국어 실력과는 상당한 격차를 보인다.[17]

다른 한편 이제까지 사회적·경제적으로 상류계층에 속하는 미주나 유럽 출신의 외국인들은 거주지도 강남구와 용산구 등에 집중되어 있고 영어로 의사소통을 하였으며 한국어를 배우지 않았고 배울 필요성도 느끼지 않았다. 그에 비해 「비정상회담」의 각국에서 온 젊고 유능한 청년들은 미주나 유럽 등 선진국에서 온 출연진이 많고 교육 정도도 높으며 모국이나 한국 대학의 정규 과정에서 한국어를 배웠다. 상당수가 한국의 대학 또는 대학원에 재학 중이거나 졸업한 출연진들의 토론 능력 또한 뛰어나다. 이제 그들에게 한국어는 배울 만한 가치가 있는 언어가 된 것이다.

5) 세계화와 다문화의 빛과 어둠

「비정상회담」은 흥미로운 내용과 호감 가는 출연진으로 시청자들에게 한국인으로서의 자부심과 세계시민이 된 듯한 만족감을 주고 있다. 한국어를 말하는 멋진 청년들을 보면서 민족적 자부심을 느끼고, 세계 각국의 문화를 접하면서 스스로 세계시민이 된 듯한 착시효과를 느낀다. 그러나 새로운 서울사람에 대한 노출을 빛과 어둠의 대비 속에서 보면 이 프로그램이 한계를 지닌 오락프로그램이라는 점이 드러난다. 현대사회의 매스미디어는 엄청난 영향력을 가지고 있고 외국인과의 간접적인 접촉과 체험을 제공하는 중요한 통로 역할을 하는데, 이 프로그램이 새로운 서울사람들이 어떻게 살아가는지를 효과적으로, 혹은 대표적으로 재현하는지에 대해 진지하게 생각해본다면 회의적 시각을 감출 수 없다.

우선 인적 구성을 보더라도 앞서의 서울시 통계와 비교해보면 이들이 새로운 이주민을 대변한다고 말하기 어렵다. 서울의 대다수 외국인 그룹은 한국계 중국인이거나 중국인이고 그들은 노동이주자나 결혼이주자인데 그런 그룹을 대변하는 출연진이 거의 없다. 장위안은 중국인이고 학원강사이지만 그는 주로 중국 본토의 입장에서 한국과 세계를 이야기하지, 한국에 현재 거주하는 중국인이나 한국계 중국인의 현실을 이야기하지 않는다. 일리야도 최근 급속도로 늘어난 러시아의 의료 관광객들을 위한 통역관으로 일했지만 자신의 직업현장의 이슈 혹은 한국에 오는 러시아인의 상황이나 이들을 받아들이는 한국 의료계의 현실을 주제화하지 않는다. 한국인과 결혼한 알베르또도 이딸리아 대표로 이야기할 뿐이다. 이들은 거의 자국의 문화와 풍습을 시청자들에게 이색적 또는 이국적으로 흥미롭게 소개할 뿐이다.

방영 초기에 이 프로그램의 출연진 구성이 한국 거주 외국인을 대변하지 못하고 OECD 국가 출신 백인 위주로 구성되었다는 비판을 받은 후 네팔인 수잔과 러시아인 일리야가 새로이 들어왔다. 그럼에도 이 프로그램은 한편으로는 한국이나 서울의 세계화를 보여주면서 다른 한편 가장 진지하고 심각한 한국사회의 내부 문제는 여전히 외면하고 있다. 서울의 가장 큰 이주자 집단인 산업연수생이나 불법 노동자, 결혼이주자의 문제는 체계적이거나 비판적으로 접근하지 않고 그들에게 동질감이나 연대감을 표방할 수 있는 주제도 다루지 않는다. 이 프로그램 출연진은 새로운 서울사람들이지만 자신들과 유사한 운명을 가진, 그러나 다른 사회계층에 속하는 대다수의 문제에 침묵하는 것이다. 물론 이 프로그램은 오락프로그램으로 기획되었고 장르 자체가 가지는 한계도 있다. 그러나 시청자의 민족적 자부심을 자극하고 다수가 보고 싶어 하는 화장한 모습만으로 세계화와 다문화를 보여주는 데서 벗어나야 하고 그런 베일 뒤에 존재하는 서울의 민낯을 보여주어야 한다.

우리는 세계시민으로서의
서울사람이 될 준비가 되어 있을까?

그러면 다시 처음의 문제로 돌아가 우리 서울사람들은 새로 이주해온 서울사람들을 이웃으로 받아들일 준비가 되어 있을지 질문해보자. 물론 이때 「비정상회담」에 출연하는 이웃뿐 아니라 아직 어둠 속에 감춰진 이주노동자나 결혼이민자를 모두 포함해서 생각해야 할 것이다. 그러면 이미 그들은 우리의 이웃이 되었는데 우리가 진정한 이웃으로 대하지 않는다는 부정적인 답이 나올 것이다. 이는 크게 두가지 관점에서 접근해볼 수 있는데 최근 이주민의 유입이 많은 나라라면 경중은 다르더라도 근본적으로는 같은 문제를 갖고 있다고 할 수 있다.

첫째, '동화'와 '통합'의 문제다. 우리가 한국 주류사회의 입장에서 이들의 다양한 문화적 배경과 혼종적 정체성을 인정하지 않고 한국사회에 적응하라고 요구하는 것이다. 최근 다문화사회가 도래하면서 한국사회는 이주자들을 위한 다양한 프로그램을 준비하고 있다. 한국어 교습을 포함해 많은 프로그램들이 명목상으로는 이주자의 사회 적응을 돕는 것을 목표로 하고 있지만 실상은 한국 문화와 사회로의 '흡수' 프로그램으로 구성되어 있다. 특히 결혼이주여성들을 "한국인과 혼인하여 자녀를 낳고 한국에서 영구히 살 목적으로 이 땅으로 이주해온 사람들"로 보고 결혼이주자와 그 자녀의 경우 한국 국적을 가진 한국인으로 보고 완전히 한국화하려고 하고 있다.[18] 그러나 많은 학자들이 비판하듯이 이들 이주자는 자신들의 다문화적인 배경을 간직하면서 한국사회에 통합되기를 바라고 있지만 한국사회가 이를 받아들이지 않고 일방적으로 동화를 요구하는 경향이 지배적이다. 최근에 나온 논문에 따르면 결혼이주자의 경우 한국 체류기간이 길어지면서 한국어와 문화를 익히면서도 이들이 각자 자신의 방식대로 한국사회에 적응해나가고 있으며 일방적인 한국화 요구를 따르지 않고 이 사회 속에서 자신의 정체성을 새롭게 모색하고 있다.

둘째, 새로운 서울시민들을 여전히 '이방인'이나 '타자'로 취급하는 문제다. 이것 역시 근본적으로 보면 주류사회와 주변부사회, 자아와 타자를 이분법적으로 구분하려는, 즉 경계나 혼종성을 인정하지 않는 맥락에서 나온 결과라 볼 수 있다. 새로운 이주민들은 다른 문화적 배경을 지녔지만 서울을 자신들의 정주지로 정하고 적응하고 있다. 하지만 서울시민들은 이주민도 이 도시에 같이 거주할 권리가 있는 서울사람이라는 것을 인정하지 않는다. 다음은 「비정상회담」에 출연했던 제임스 후퍼James Hooper가 쓴 글로서 자신이 세월호 1주기 추모기간 동안 다시 한번 '외부

2015년 세계 이주민의 날 기념 이주노동자 대회에 참석한 사람들.
세계화시대의 서울은 '한국인'과 '다문화인'을 나누지 않는 열린 태도를 요청하고 있다.

인'으로 분리되는 경험을 했음을 토로한다. 그는 SNS상에서 희생자들에게 애도를 표하고 "우리는 모두가 안전하게 자신의 꿈과 희망을 키워나갈 수 있는 미래를 만들어야 할 책임을 빚지고 있으며 이런 비극이 다시는 일어나지 않길 바란다"라는 글을 올린 뒤 한국인들로부터 '고맙다'는 댓글을 받은 뒤 느낀 소감을 다음과 같이 묘사한다.

사실 우리는 한국이 좋아서, 그 문화가 존경스럽고 한국인의 열정과 투지에 매료돼 이곳에 살기로 했던 것이다. '당신'의 슬픔을 슬퍼해주고 '당신'이 기뻐해서 함께 기뻐해주는 것이 아니다. 나도 한국사회의 일원으로서 '우리' 한국사회의 슬픈 일에 슬퍼하고, 나라에 좋은 일이 생겼을 때는 함께 성취감을 느끼며 기뻐한다. 나도 이 사회의 일원으로서 이 땅에 사는 다른 사람들과 똑같은 슬픔과 희망을 안고 살아간다. 이는 인간적으로 너무도 자연스러운 일이다.[19]

비록 서울이 다문화사회가 되었다 하더라도 아직도 서울사람들은 '우리 한국인'과 '저들 다문화인'이라는 대립구도 속에서 이방인을 바라본다. 모두 섞이고 합해져서 우리가 되지 않고 여전히 우리와 저들로 나뉘는 것이다. 우리 스스로 다문화사회의 일부분이라고 생각하기 전에는 다문화사회란 저절로 오지 않는다. 다문화사회는 세계화의 흐름이고 우리 스스로 국경을 열면서 외국인을 받아들이며 결정한 결과이다. 필립 라스킨Phillip Raskin은 현대의 한국을 대표하는 문화로 "역동성, 유대감, 성취욕"을 꼽지만 그 이면도 동시에 보고 있는데 세계화시대의 한국 속에서 이주자들에게는 유대감이 허용되지 않음을 지적한다. 그는 "한국이 먼저 열린 태도로 세계를 사랑할 수 있을 때 세계 또한 한국을 사랑하게 된다"고 말한다.[20] 한국인의 연대감이 외국인에게도 열려야 우리는 진정 세계화시대의 시민으로 거듭날 수 있을 것이다.

6

서울의 핫 플레이스
혹은 '뜨는 거리'

—보보스적 예술과 허세 사이 그 어디쯤

변미리

장면 1:
핫 플레이스의 장소성을 확산하는 서울의 지역과 가로

홍대앞, 신사동 가로수길, 이태원 경리단길. 이들의 공통점은 뭘까? 블로그나 페이스북 등 소셜 미디어에 가장 많이 등장하는 서울의 장소들이다. 이른바 서울의 '핫 플레이스'라 불리는 이 지역은 사람들이 많이 찾고 또 찾아가고 싶어 하는 곳이다. 그곳에 가면 사람들은 뭔가 '있어 보이는' 느낌을 갖게 되고, 스스로를 세상의 흐름을 앞서가는 사람으로 느끼고 다른 사람에게도 그렇게 보일 거라 기대하게 된다. '핫 플레이스'란 이렇듯 어떤 공간이나 지역이 다른 장소와는 구분되는 독특성을 지속적으로 갖게 되어 사람들을 끌어들이는 장소를 의미한다.

홍대앞과 가로수길이 지금은 소비와 유흥 문화의 대부분을 점령했지만 본래 이 장소들은 '다름'과 '독특성'으로 사람들의 시선을 사로잡았던 곳이다. 인디밴드와 예술가들이 모여 있던 홍대 일대, 초기에 소규모

디자인 사무실과 디자인 관련 출판업체가 모여 있는 탓에 다양한 영역의 디자이너들이 모이고, 그들의 모임 장소로 카페들이 들어서기 시작한 가로수길, '유학파 셰프'들이 창의적 음식으로 작고 아담한 가게를 하나둘 열기 시작한 경리단길. 가로街路 전체에서 일주일에 한번씩 벼룩시장이 열리는 이국적인 분위기, 스타일리시한 셀레브리티들이 모여들고 연예인이 지나가도 지나치게 아는 척하면 오히려 눈총을 받는 길, '분위기' 있는 골목의 이어짐. 서울의 핫 플레이스는 이렇게 성장하고 각 지역이 갖는 공간의 특성인 '장소의 정체성'으로서 '장소성場所性'[1]을 형성하며 확장하는 중이다.

장면 2:
쿨함에 목숨 걸다

한 정신과 의사는 많은 심리적 문제를 가진 사람들이 스스로에게 "제가 참을 수 없는 것은 쿨하지 못한 저 자신이에요"라고 말한다면서, 요즘 젊은이들이 왜 그렇게 '쿨함'에 목숨 거는지 의아하다고 한다. 그런데 그가 파악하기에 쿨함을 원하는 사람들의 본질은 누군가 자신을 봐주기를 바란다는 것이다. 자기 내면 기반이 약한 사람들일수록 외부의 시선으로부터 자유롭지 못하고 외부의 시각으로 자존감을 유지하려고 애쓴다.

젊은이들이 매혹적으로 느끼는 '쿨하게 즐기다'라는 문장에는 쿨한 자기를 봐달라는 내적 욕망이 숨어 있다. 따라서 쿨함을 즐기고자 하는 사람들에게 핫 플레이스는 자신의 쿨함을 드러내고 타인의 시선을 맘껏 즐길 수 있는 최적의 장소이다. 청담동과 동질적 공간으로 인지되는 가로수길, 경리단의 '분위기' 있는 골목은 이런 욕망을 소비하는 사람들로 넘쳐난다. 일상 속에서 예술적인 낭만과 소비가 공존하는 거리와 동네에 가면 '엣지' 있어 보이는 부류로 여겨지고, 테라스 카페에 앉아서나 길을 걸으면서도 그 낭만의 판타지를 소비할 수 있다. 이 욕망과 소비는 소셜 미디어에서 공유되고 확산된다. 타인들의 글을 읽고 사진을 흘끔거리며 나 또한 그 일원임을 확인하기 위해 업로드를 시작한다. '나 이런 데 좀 다니는 사람이야'라는 자신의 이미지를 빚기 위해서. 자, 이들 집단의 확장은 과시적 소비로서의 '허세'인가 아니면 '예술적 소비 집단'의 형성인가?

서울,
다양한 공간의 장소성이 상호공존하다

도시는 사람들이 살아가는 물리적이고 사회문화적인 공간이다. 도시 공간을 물리적으로 분석하면 다양한 층위의 유형과 위계가 있다. 도로, 가로, 주거 등으로 구분되는 유형과 그 유형 내부의 다양한 층위들로서의 위계. 어쩌면 도시 공간은 가로와 세로로 촘촘하게 구성된 조직일 것이다. 한편, 사회문화적 공간으로서 도시는 개인과 개인, 집단과 집단이 상호작용과 관계맺음을 통해 의미체계를 만들어가는 일련의 과정이다. 도시 공간이 갖는 물리적 특성과 사람들 간, 사람과 공간의 상호작용으로서의 행위들이 도시 공간에 의미를 부여하고, 이 과정이 순환되고 지속되면서 물리적 공간으로서 특정 장소는 '장소성'을 획득한다. 대학교 앞 놀이터 주변에서 시작되는 홍대앞이라는 단순한 물리적 공간, 혹은 다세대 주택이 모여 있는 좁은 골목길에 지나지 않았던 경리단길은 놀이

터와 골목길이 나타내는 특성과 그 장소에 모여드는 사람들이 만드는 지속적이고 차별화된 특성이 맞물려 '홍대앞' '경리단길'이라는 정체성을 갖는 공간으로 재탄생된다. 사람이 갖는 정체성과 유사하게 물리적 공간으로서 장소가 갖는 정체성을 의미하는 장소성은 이렇듯 시간이 흐르면서 다른 공간과 구별되는 실체로 다가온다. 도시 공간에서의 장소성은 하나의 '길'이나 '광장'으로 드러나기도 하고, 특정 지역을 아우르는 동네로 발현되기도 한다. 이렇듯 물리적 속성으로서의 공간에서 사회문화적 행위가 끊임없이, 지속적으로, 시간의 켜를 겹겹이 쌓아가면서 이뤄질 때 공간의 속성으로서의 '장소성'은 획득된다.

이제 도시는 단순한 거주 공간이나 인프라가 갖춰진 편리한 공가의 이미지를 넘어서고 있다. 도시 공간은 자본주의사회의 상품이다. 상품은 사람들을 사로잡을 수 있어야 하고, 호소력이 떨어질 때 상품의 생명도 사라진다. 도시 공간은 상품의 생애주기를 닮아 있다. 소비하는 사람들이 상품을 인지하고, 그 인지가 입소문, 소셜 미디어 등을 통해 확산될수록 그 상품의 영향력은 커진다. 특히 '선호'가 작동되는 소비재는 더욱 그러하다.

서울은 하나의 단일한 공간이 아니다. 서울은 다양한 특성을 갖는 장소나 공간으로 나뉜다. 특정 공간이 가진 특성을 씬scene(장면)으로 부르면서 서울을 여러 씬의 복합체로 파악하는 주장들도 있다. 도시 씬이란 '도시의 특정 장소에서 나타나는 고유한 문화적 특성이면서 주민들의 사회경제적·정치적 활동에 영향을 미치고 있는 생활양식'이라는 것이다.[2] 특정 장소는 그 공간에서 집중적으로 나타나는 광경으로서의 독특한 문화적 표현과 정체성을 갖고 있다. 장소성을 사회문화적 언어로 재현한 것이 씬이다. 도시 씬 중 '화려함 씬'이나 '보헤미안 씬'이 증가할수록 도시는 매력적인 장소가 확장되며 도시의 매력도는 도시 경쟁력의 다른 표현이 될 수 있다. 따라서 도시의 정책 입안자들은 도시를 어떻게 매력적인 공간으로 만들 수 있을 것인지 고민한다. 도시개발은 기본적으로 도시민을 위한 주거지의 확장과 개선이지만, 도시 자체가 상품가치를 갖는 오늘날에는 마케팅 대상으로서 도시 공간의 개선과 옷 입히기를 시도하는 것이기도 하다.

서울의 공간은 도시 정책의 고민이 일정하게 묻어난 결과이다. 홍대의 '힙'한 동네는 자연발생적으로 예술가들이 모여들기 시작한 것이 시초였지만 홍대앞, 홍대 놀이터 등의 공간이 번창하여 뻗어나갈 수 있었던 이유 중 하나는 서울시가 이 지역을 문화지구로 지정한 데 있기도 하다. 이렇듯 서울의 장소성 형성의 한 축은 그 공간을 구성하는 주요 행위자의 자연발생적 집적이지만, 다른 한 축은 공공영역에서 도시 매력성 증진을 위한 정책적 개입의 결과이기도 하다. 이 양자의 긴장과 조화, 합의와 갈등이 공간이 지닌 장소성의 역동을 드러낸다.

서울의 문화예술 공간,
핫 플레이스는 어디에 있는가

앞서 서울을 도시 씬으로 파악했다는 내용을 조금 더 구체적으로 살펴보자. 이들은 서울의 도시 공간을 5개의 특성화된 영역dimension으로 나눈 다음 서울의 공간이 갖는 특성을 특정한 씬이 얼마나 중첩되어 나타나는지로 파악했다. 5개의 영역은 전통주의traditional scene, 화려함glamour scene,

Traditional Scenes

Glamour Scenes

Bohemian Scenes

Ethnic Scenes

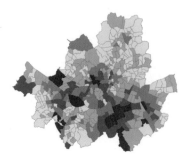

Global Scenes

출처: Wonho Jang · Terry Clark · Miree Byun, *Scenes Dynamics in Global Cities : Seoul, Tokyo and Chicago*, 서울시정개발연구원, 2011.

보헤미안bohemian scene, 에스닉ethnic scene, 글로벌global scene로 명명했다. 전통주의 씬은 강북 지역에서 주로 나타났으며, 화려함, 보헤미안, 글로벌 씬은 강남 지역에 강세를 보이면서 분포하였다. 특히 화려함 씬과 보헤미안 씬, 글로벌 씬은 함께 나타나는 경향을 보였으며, 다른 한편으로는 서울의 핫 플레이스가 바로 이러한 씬들이 나타나는 지역이라고 볼 수 있다.

서울사람들,
타인의 눈으로 나를 소비하다

다양한 씬들의 집합체 서울, 문화예술 공간의 부상과 글로벌한 소비가 일상화된 핫 플레이스들. 사람들은 이제 이 도시에서 장소를 소비하기 시작한다. 장소의 소비는 트렌드가 되었다. 사람들은 핫 플레이스에서 소비하는 스스로를 트렌디하다고 생각한다. 이러한 주관적 인지를 객관적으로 확인받기 위해 끊임없이 핫 플레이스 소비의 발신자 역할을 자처한다. 다른 사람들의 소비를 곁눈질하면서.

서울은 한국사회 소비의 집적지이다. 서울에 사는 사람들은 자신들의 소비방식이 뉴욕, 빠리와 별반 다르지 않다고 느낀다. 서울에서의 소비방식은 글로벌 도시의 소비방식과 거의 유사하다. 어제 뉴욕에서 유행한 구두는 일주일여만 지나면 청담동 로데오거리의 편집매장에 전시된다. 시간과 공간의 차이가 사라진 도시 공간은 이미 하나로 작동된다. 이 공간에서 사람들은 끊임없이 소비를 창출하고 소비를 욕망하고 서로의 욕망을 다시 욕망한다. 더욱이 소셜 미디어 시대에 소비는 서로를 복제하면서 지속적으로 확산된다. 페이스북, 트위터, 블로그 등은 소비를 찾아 움직이는 사람들의 욕망으로 채워진다. 한사람의 발신은 기하급수적으로 늘어나면서 하나의 트렌드를 형성한다. 사실 핫 플레이스라고 사람들이 인지하고, 말하고, 따라 하고 소문내는 그 모든 행위는 실체라기보다 상호인지된 허상일 수 있다.

서울에 대한 서울사람들의 공간 인식과 외부에 비치는, 이른바 외국인들이 인지하는 장소성은 상이할 수 있다. 서울의 강남은 싸이의 「강남스타일」로 인해 장소성 그 자체로 인지된다. 노래를 통한 장소의 확장, 그런 과정을 거쳐 형성되는 장소성이 서울의 가치이다. 사람들은 그 가치를 공유하고 확산시킨다. 더욱이 오늘날 소비는 단순하게 기능적이거나 자본의 가치만을 반영하는 것은 아니다. 미디어 환경의 변화는 사람들의 인지체계에 영향을 미치고, 변화된 인지체계는 상호작용하면서 장소성을 확장시킨다. 소셜 미디어를 통해 사람들은 자신들이 무엇을 소비하는지를 드러내고 그 드러냄을 통해 소비의 집단성을 실현하고자 한다. 이 현상은 비단 한국사회에 국한된 것은 아니나 한국사회는 그 소비성이 과도하게 강조되는 경향이 있으며 쏠림현상 또한 크게 드러난다. 우리 사회의 동일주의와 평등주의가 가진 긍정성이 소셜 미디어 시대에는 때로 부정적 흐름을 형성하는 것 또한 부정할 수 없다.

장소성 진화,
그리고 같은 모양으로 동형화되다

서울은 최근 몇십년 동안 장소 가치가 빠르게 변화되면서 대중문화 현상의 변화 흐름을 드러낸다. 1990년대에는 오렌지족이 모여들던 압구정동이 신세대의 소비 가치를 대변하는 상징 공간이었다. 이 시기 오렌지족은 유행의 첨단에 선 트렌드 세터trend setter라기보다는 과시적이고 물질만능의 허위의식에 가득 찬 집단으로 인지되었다. 문화와는 거리가 먼 상업적이면서도 천박한 의미로서의 소비만을 일삼는 돈 많은 집단. 그당시 오렌지족에 대한 대중의 이미지였다. 이후 21세기 새로운 밀레니엄의 시작은 신세대를 넘어서는 엑스세대의 출현을 가능케 했으며, 이 세대의 성장은 서울의 상업 공간이 문화 공간으로 진화하는 계기를 가져오기도 했다. 이러한 공간 변환은 소비주체를 변화시키는 한편 상업 공간이 문화의 옷을 입을 수 있는 기회를 제공하기도 했다. 강남 중심의 신세대 활동 공간이 강북의 홍대로 확장되면서 강남과 강북이 나란히 각자 공간 정체성을 갖고 발전되는 시기이기도 하다.

강남의 문화는 좀더 분화되어 십대 중심의 강남 문화와 청담동·신사동 중심의 보보스족[3]을 출현시켰다. 갤러리와 복합문화 공간이 핫 플레이스로 이전하고, 강남의 상업적 소비 공간을 탈색脫色하여 뉴욕의 소호처럼 장소성을 확장하려는 다양한 시도들이 나타난다. 한편, 강북 문화는 신촌의 대학 문화가 확장되면서 홍대의 부상이라는 신문화의 도래를 야기하였다. 홍대 지역은 문화지구 지정을 통해 공공부문이 문화 공간 형성의 한 주체가 되는 계기가 되었다. 홍대 지역은 젊은 문화 추종자들에게는 일종의 해방구였다. 글로벌 문화가 경계 없이 혼재되었으며, 음악 문화와 춤 문화라는, 한국사회에서는 익숙하지 않았던 문화 흐름이 별다른 저항 없이 확산되고 서울의 시민들과 외국인들이 자연스럽게 어우러져 문화를 소비하는 동네의 상징이 되었다.

이 시기 이후 서울은 장소성이 다양화되고 분화된다. 홍대 지역에서 문화 활동을 하는 기획자들은 홍대 지역의 분화를 다음과 같이 말한다.

김남균_ 공공영역에서는 문화예술 융성, 진흥이라는 입장에서 여러 지원 사업을 벌이고 예술가들은 모여서 예술행위를 하는데요, (…) 홍대에 유입되는 많은 예술가는 이곳이 어느정도 예술이 고착된 곳이기 때문에 기대를 가지고 들어왔을 텐데, 머지않아 임차료 상승을 감당 못해 뿔뿔이 흩어지는 걸 보아온 것이죠.

김마스타_ 홍대앞 지역은 변화의 속도가 놀랍도록 빨라요. 예를 들어 식당 100개, 카페 50개, 프랜차이즈점 5개가 있었는데, (…) 3년 만에 식당 1개, 카페 500개, 프랜차이즈점 100개로 바뀌는 거죠.[4]

특정 공간이 핫 플레이스화될수록 그곳을 '뜨는 장소'로 만들었던 문화예술적 특성이 점차 희미해지는 역설이 나타난다. 이는 도심지 개발 과정에서 노후화된 지역이 문화예술적 요소에 의해 활성화된 후 그 지역에 원래 거주하던 저소득층이 높아진 지가를 감당하지 못해 비자발적으로 이주하고 중산층이나 자본을 가진 사람들이 저소득층의 자리를 대체하면서 그 지역으로 이동하는 현상을 일컫는 '젠트리피케이션'gentrification 과 유사하다. 홍대 지역을 장소성을 지닌 공간으로 만들었던 가난한 예술가들은 홍대가 핫 플레이스가 될수록, 높아진 임대료를 감당하지 못하고 떠나야만 한다. 사람들이 홍대앞이라는 핫 플레이스에 열광할수록 문화는 퇴색되고 상업성만 확장된다. 장소를 소비하는 사람들은 장소의 의

1996년의 홍대앞 풍경(위)과 현재의 모습(아래).
장소의 의미와 성격은 장소를 소비하는 사람들에 의해 만들어진다.

미와 성격을 만들어내고 확산시킨다. 그런데 공간과 사람들의 상호작용과 의미부여는 장소성 자체를 변질시키는 결과를 야기한다. 이 아이러니는 왜 발생하는가? 강북의 홍대앞과 강남의 가로수길은 동일한 성장 궤적을 보이고 있다. 이 공간을 담보했던 장소성이 사라졌다고 말하면 지나친 과장일까?

소셜 미디어 시대,
허세적 소비를 극대화하다

공간을 살아가는 사람들은 그 공간이 갖는 의미와 성격을 끊임없이 만들어내고 확산시킨다. 어느 순간 그 공간적 의미를 공유하지 못한 사람들은 자신들이 소비의 주류에서 떨어져 있음에 스트레스와 불안감을 감지할지도 모를 일이다.

2011년 하반기부터 2015년 상반기까지 최근 5년 동안 소셜 미디어상에 회자되는 문화·여가 관련 키워드를 살펴보자. 5년 동안 가장 많이 얘기된 키워드 1위는 '카페'이다. 사람들은 누군가를 만나기 위해, 음식과 음료를 소비하기 위해, 혹은 그 장소 자체를 소비하기 위해 카페를 말하고, 자기가 경험하고 소비했던 카페에 대해 끊임없이 얘기한다. 우리가 여기서 분석하고 있는 핫 플레이스와 관련한 변화 역시 흥미롭다. 소셜 미디어에 등장한 문화·여가 관련 키워드 중 '핫 플레이스'는 2011~12년 사이 104위에 불과했는데, 2013~14년 동안 64위로 순위가 급상승했으며, 2014~15년에는 마침내 51위를 차지하기에 이르렀다. '카페'가 조사 기간 내내 압도적 1위를 차지한 것은 물론이다.

한편, 서울의 '핫 플레이스'와 연관된 장소와 동네의 변화를 살펴보자. 2011년부터 홍대앞과 신사동은 부동의 서울 핫 플레이스다. 최근 3~4년 사이 이태원이 부상하고, 서촌, 세계적 건축가 자하 하디드Zaha Hadid가 설계한 건축물이 자리 잡은 동대문디자인플라자(DDP)가 뜨고 있다. 명동이나 남산 등 강북에서 사람들이 주요하게 모여들던 곳이 새로운 공간에 자리를 내어주고 있다.

예술 공간을 만들려는 서울의 욕망,
결과의 이중성에 휘청이다

핫 플레이스가 갖는 이중성이 여기 있다. 서울의 이태원 경리단길, 강남의 로데오거리, 신사동의 가로수길, 그리고 서촌까지, 이 모든 공간은 문화 공간이자 소비 공간이다. 전세계 사람들은 문화적이고 감각적인 장소, 역사적인 공간에 매혹된다. 빠리는 자신들의 공간을 드러내지 않아도 시시각각 전세계 수천만명의 사람들이 몰려든다. 런던은 대영제국의 역사를 드러내고 반복하지 않아도 도시가 가진 역사성과 그것을 근거로 만들어진 새로운 문화로 사람들의 발길을 붙잡을 수밖에 없다.

서울에서 사람들을 끌어들이는 공간의 특징은 무언가? 역사성과 문화성이 서울의 핫 플레이스를 지배하는가, 아니면 그 공간들은 상업 공간과 소비 공간의 특성만을 갖는 것일까? 공간이 갖는 특징적 요소는 공간의 지속성 여부를 판단하는 주요 요소이다. 공간 분석은 물리적 분석과 인지적 분석으로 나눌 수 있는데, 물리적 분석이란 그 공간에 집적되어 있는 사업체의 특성과 분포, 가로 특성, 가로 구조 등을 통해 공간의 특수

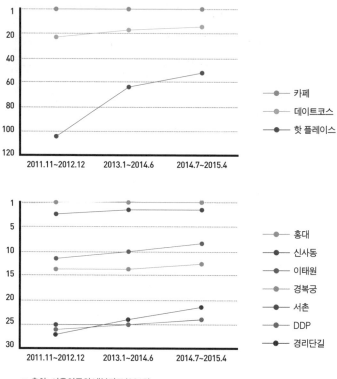

소셜 미디어에 나타난 문화 관련 키워드 순위

※ 출처: 서울연구원 내부자료(2015)

성을 드러낸다. 이 분석에 근거하면 서울의 핫 플레이스는 구조적 동질성이 있다. 상업 공간의 집적과 유사업종 분포, 좁은 골목과 거기 연해 있는 테라스들. 규모의 차이만 존재할 뿐 구조적 특성은 동일하다. 이 점에서 공간적 특성이 드러나지 않는다. 따라서 하나의 공간은 다른 공간으로 언제나 대체될 수 있다. 핫 플레이스들이 끊임없이 등장하고, 사람들의 시선을 끄는 공간은 이곳에서 다시 저곳으로 계속 이동한다. 서울의 공간이 개별 공간으로서의 특성을 담지하지 못할 때 차별 없는 공간들은 병렬적으로 배치될 뿐이고, 그 특성 없음으로 인해 짧은 생명성을 지닐 수밖에 없다. 사람들의 소비 욕망은 쉽게 싫증내고 '핫'하지 않은 공간에 더이상 눈길을 주지 않는다. 서울의 핫 플레이스가 지속성을 갖지 않는 이유가 여기에 있다. 개별 공간의 특성이 담보되지 않는다면 핫 플레이스로서 영속성을 갖기 어렵다.

공간이 사람들을 유인할 수 있는 이유는 '인지된' 물리적 특성 때문이다. 그런데 여기서 중요한 점은 각각의 개인이 인지하는 공간적 특성이라기보다는 상호모방과 집단인지의 공간으로 핫 플레이스가 자리매김된다는 것이다. 누군가가 소셜 미디어에 자기가 소비한 공간적 특성을 '자랑질'한다. '나 이런 데 좀 다니는 사람이야'라는 의도를 숨긴 채 그냥 '거기 갔다 왔는데 쿨하더라, 옆자리에 연예인 ○○○이 있더라, 그 식당 셰프도 요즘 뜨는 사람이더라' 등등의 내용으로. 애초 핫 플레이스가 되기 전 이런 공간들은 배고픈 예술가들이 한둘 모여들면서 창조적인 무엇인가를 만들어내는 공간이었고, 그 공간의 유니크함이 사람들의 눈길을 끌기 시작했는데, 이제는 오로지 소비만을 위한 공간으로 바뀌어가고 있다.

나의 소비는 타인의 시각을 의식한 과시적 소비의 지향이다. 내가 가는 가로수길의 프렌치스타일 카페의 디저트는 맛 자체로 가치를 갖는 것이 아니라 디저트를 소비하는 나를 타인이 인지할 때 가치를 갖는다. 나의 소비는 다른 사람들에게 소비의 욕망을 자극한다. 셀레브리티가 다녀간 경리단길의 레스토랑은 어느 순간 하나의 트렌드가 된다. 거기를 갔다 온 누군가는 소셜 미디어에 인증샷을 올리고 순식간에 추종자를 거느

린다.

이렇게 핫 플레이스가 확장되는 동안 누군가는 그곳에서 사라진다. 처음 그 공간을 '핫'하게 만들었던 창조적인 예술가들은 사람들이 몰려올수록 치솟는 임대료를 감당하지 못해, 그곳에서 오랫동안 소박하게 살던 주민들은 높아지는 월세를 내지 못해 점점 더 바깥으로 밀려나간다. 젠트리피케이션이란 말이 '핫 플레이스'와 쌍둥이 말이 되었다.

어떻게 해야 할까? 서울에서 하루하루를 살아가는 사람들에게 도시의 '뜨는 공간'은 어떻게 자리매김되어야 할까? 도시에서 그 공간의 매력을 높이는 일은 중요하다. 도시가 유기체처럼 생명주기를 갖고 있는 오늘날, 도시 공간의 가치와 매력을 확산시키려는 노력이 다양하게 나타나고 있다. 문제는 매력이 더해져 '핫 플레이스'화된 도시 공간의 변화가 그 공간과 연관된 사람들에게 차별적으로 영향을 미치는 데 있다. 누구는 핫 플레이스의 혜택을 온전히 받는 반면 또다른 누군가는 '힙'한 공간을 억지로 떠나야 하는 이중성이 존재한다. 아직은 모든 것이 진행 중이고, 그 진행은 시간 흐름에 따라 역동성을 갖고 있다. 지속적으로 관찰하면서 도시 공간이 보편성과 긍정성을 갖는 방향으로 변화할 수 있도록 '개입'해야 하는 이유이다.

7

청계천,
서울의 빛나는 신전

정수진

청계천,
서울의 꿈

검색엔진에서 청계천을 검색하면 청계광장과 화려한 야경으로 가득한 사진들이 쏟아진다. 청계천은 서울의 상징적인 장소 가운데 하나가 되었으며, 휴일이면 수많은 사람들이 산책을 하고 거니는 장소가 되었다. 청계광장은 그 가운데에서도 가장 상징적인 공간이다. 이 공간 주변에는 광화문우체국을 비롯하여 동아일보사, 서울파이낸스센터, 신한은행, 시티은행, 삼성화재와 같은 대기업의 사옥이 있다. 청계광장의 스카이라인은 대도시 서울을 대표하는 풍경이기도 하다. 동시에 청계천은 인간의 권력에의 의지가 공간을 어떻게 바꾸는가에 대한 아이콘이며, 그에 대한 도시적 반응이 어떤 공간적 변형을 보여주는지에 대한 표본 같은 지역이기도 하다.

청계천 주변에는 서울이라는 도시의 최고의 기술을 상징하는 구조물들이 항상 자리를 차지해왔다. 청계천 복개는 1958년부터 1977년까지 이어진 장기간의 공사였다. 청계천이 복개된 넓은 길 위로 1971년에 준공된 높이 101m, 31층의 삼일빌딩은 당대 최고의 건축가 김중업에 의해 설계되었으며 현재도 관철동 자리에 그대로 서 있다. 이와 비슷한 시기에 역시 뛰어난 건축가인 김수근을 주축으로 공습대비를 위한 소개공지 疏開空地였던 공간에 새로운 건물을 올렸다. 이곳을 당시 서울시장 김현옥은 '세계의 기운이 모이는 곳'이라며 '세운상가'로 명명한다.

이 두 건물은 1970년대 서울 모더니즘 건축의 상징이다. 모더니즘 건축을 상징하는 미스 반데어로에Mies Van Der Rohe의 '단순한 것이 아름답다'라는 구호처럼 단순한 형태로 마무리된 마천루와 '형태는 기능에 따른다'는 루이스 설리번Louis H. Sullivan의 명제에 따라 자동차와 보행자, 상업과 주거를 수직적으로 분리하는 복합건물은 그야말로 국제주의의 건축을 그대로 서울에 재현한 것이라고 할 수 있다.

세운상가는 건축가 김수근의 아이디어로 시작된 복합건물군으로 르꼬르뷔지에Le Corbusier의 『빛나는 도시』Ville Radieuse(1933)에 나타나는 '유토피아'를 체현하고자 했다. 당시의 건축가들은 가장 단순하고 기능적인 형태야말로 가장 훌륭한 미학을 이루는 것이라고 생각했다. 기능을 형태적으로 완벽하게 구현하여 전세계를 이러한 기능주의 미학으로 통합할 수 있으리라 꿈꾸었다. 이를 건축의 국제주의 양식이라고 한다. 이 형식은 전세계의 도시를 하나의 형태언어로 연결한다. 서울에 토오꾜오나 홍콩과 매우 흡사한 마천루들이 들어서게 된 것은 바로 이러한 건축사조의 영향이라고 할 수 있다. 대한민국을 대표하는 건축가 김수근과 김중업은 이렇게 각각 근대적 모더니즘의 형상을 청계천 앞에 세운다. 도시의 수

1970년대 서울 모더니즘 건축을
대표하는 청계천의 삼일빌딩**(위)**
과 세운상가**(아래)**.

많은 기능을 하나의 고층 빌딩으로 축약하고 그 나머지 공간은 녹지로 꾸미며, 도로는 사람과 물건을 운송하는 기능을 가진 구역으로 정리하여 그야말로 기능적인 도시를 꿈꾸는 모더니티를 발현했다. 그때 건설된 것이 청계고가도로(1971)다. 도시의 모든 공간을 기능에 따라 구획하고 정리한다는 생각은 근대 도시계획에 엄청난 영향을 미쳤다. 오늘의 청계천은 바로 그러한 모더니티의 마지막 그림자 위에 서 있는 공간이다.

청계천이 없어진 자리에
청계천이 남다

근대화 과정에서 청계천은 모든 더러운 것을 덮었다. 오염된 하수가 흐르는 도시하천을 덮고 자동차가 더욱 빨리 다닐 수 있는 고가를 건설했다. 청계천 뚝방촌에는 판잣집이 가득하고 그 옆에는 사창가가 존재했는데 이 지역을 종삼鐘三 또는 서西종삼이라 불렀다. 일제강점기부터 줄곧 서울의 슬럼이었던 이 지역을 재빠르게 정리하고 없애면서 그 위에 새로운 도시가 건설되었다. 세운상가는 선망받는 주거지였으며 서울을 대표하는 전자상가이자, 젊은이들이 모이는 유명 나이트가 있는 호텔(풍전나이트와 풍전호텔)까지 집약된 도심의 상징이었다. 도시를 새롭고 세련되게 만드는 이 건물은 콘크리트가 만들어내는 새로운 세계의 상징이었다.

아세아전자상가와 세운상가, 풍전호텔을 중심축으로 청계천 일대에 전자상가가 들어섰다. 더불어 일제강점기에 남겨진 공장들을 중심으로 거대한 공구상가가 자라나기 시작한다. 이 공구상가는 미군부대와 월남 파병 병사들이 가지고 오는 음성적인 군수물자들의 유통이 이뤄지고 소규모 공장에서 각종 시제품이나 견본제작 등 다양한 서비스를 제공하면서 점점 성장하기 시작했다. 눈부시게 빛나는 모더니즘의 상징, 세운상가를 받치는 뿌리는 스스로 생명을 가진 것같이 도시의 블록 틈바구니를 따라 번식하기 시작했다. 그것은 생각지도 못한 도시의 번식작용이었다.

점차 청계천3·4가 및 을지로3·4가가 공구상가 지역으로 발전하기 시작했는데, 이는 동대문 지역이 거대한 상권을 형성하는 것과 같은 공간적 대립 축을 구성한다. 공구나 자재를 구입하기 위해서는 반드시 청계천으로 가는 것이 일반적이었다. "건축공구를 구입하는 사람은 을지로4가에서 냉난방 공구와 자재를 보고, 을지로3가에서 가구 재료를 보고, 청계천3·4가에서는 공구를 구입한다. 자기 머릿속에 그리고 온 것들을 한 번에 다니면서 다 구입하는 것이다."[1] 이러한 동선은 상당히 체계적으로 구성되어 있어서 공구상가와 자재상, 각종 자재의 가공업이 서로 유기적으로 연결된 커뮤니티를 형성하며 좁은 골목으로 연결되어 있다. 동시에 각종 음식점, 목욕탕, 여관 등과 같은 배후 업종이 유기적으로 연결되면서 '청계천'이라는 지역의 이미지를 구축하게 된다. 흔히 오래된 도시들이 그러하듯 청계천은 작은 골목들로 연결되어 어지러운 미로를 구축하며, 이 공간을 이해하지 못하는 사람들의 접근을 방어하는 그들만의 공간으로 성장해왔다.

청계천 뒷골목에 입지한 공구상가는 오래된 도시의 형태가 남아 있는 상황에서 근대적 입김이 닿지 못한, 그야말로 도시의 그림자 같은 지역이다. 기능을 뒷받침하는 시스템이 접근하지 못했기 때문에 전기, 상수도, 하수도 등 기반시설의 접근이 어려웠다. 즉 자동차의 접근이 불가능한 지역으로 남은 것이다. 좁은 골목의 폭은 한 사람이 지나가기도 어려

청계천 뒷골목의 공구상가는 스스로 생명을 지닌 도시의 번식작용을 보여준다.

울 정도이며, 슬레이트 지붕과 함석으로 얼기설기 이어진 어두운 골목은 외부인이 섣불리 다가가기 힘들다. 소방도로마저 갖춰지지 않아서 내부의 물류는 지게꾼, 오토바이, 끌차 등 사람의 힘으로 움직여야 하고, 좁은 공간은 최고의 효율을 위해 쪼개지고 다시 나뉘었다. 마치 가느다란 실핏줄에 간신히 이어져 있는 작은 세포들같이 꿈틀거리는 곳이다. 공구를 판매하는 곳 옆에는 금속가공을 하는 각종 공업사가 있고, 건축자재를 판매하는 곳 옆에서는 벽지와 각종 도구를 파는 식이다. 아직도 세운상가 앞에 즐비하게 늘어선 오토바이들은 이러한 좁은 골목을 누비고 다니기에 최적화된 교통수단이다.

영화

「피에타」

김기덕의 영화 「피에타」(2012)는 크레인과 기계 틈바구니 속에서 누군가 자살하는 장면에서 시작한다. 주인공 '강도'는 기계공구들이 즐비한 청계천 공구상가의 거대한 성城인 세운상가에 살고 있다. 강도의 집 창밖으로는 '할렐루야' 구절이 인상적인 아세아전자상가 건물이 따라다닌다. 마치 어릴 때 버려진 그의 기억처럼. 강도가 일하는 지역은 경계가 없지만 있는 것 같은 지역이다. 좁은 골목길이 미로같이 얽혀 외부인의 접근을 막는 섬과 같다. 강도는 청계천 공구상가 지역을 다니면서 빚이 밀려 있는 사람들의 손가락과 손목을 자른다. 자신의 살을 돈과 바꾸는 사람들의 모습은 자신의 토지를 팔아서 거대한 빌딩을 세우는 서울 도심의 모습과 참 많이 닮아 있다. 자신의 신체를 잘라가면서 그들은 청계천 뒷

골목 좁은 공업사에서 스스로 박제된 모습으로 남는다. 멀리 커다란 빌딩들이 밤마다 형형색색의 불빛을 뿌린다.

영화는 서울의 현재가 아니라 과거 30년간 가려져 있던 이면의 비극을 다룬 다큐멘터리이다. 강도의 행위는 강제적이지 않으며 자신의 신체를 헌납하는 이들의 자발적 동의를 통해서 진행된다. 강도의 역할은 굳이 강도라는 인물 없이도 존재해온 것이다. 좀더 빠른, 좀더 많은 생산을 위한 압박 속에서 자신의 손가락과 손목을 잃은 사람들은 수없이 많았을 것이다.

「피에타」의 기계공들처럼 다른 곳 어디에도 가지 못하고 청계천 미로 안에서 감금당했던 그 삶들은 신체가 잘려나가야 비로소 그 공간에서 탈출할 수 있다. 이 미로 속에서 강도는 단지 차곡차곡 자신의 임무를 수행하는 도구로 존재한다. 이것은 지난 세기 산업화 과정에서 자동화 기계의 부속품으로 전락한 우리 자신의 모습을 그대로 투영한다. 잠시 일탈과 자유, 안도와 행복을 느끼는 것 같아도 그것은 기계적 동작에 의한 자위에 불과하며, 잠시 뒤에 석쇠 위에서 구워질 어항 속의 물고기와 같은 눈속임일 뿐이다. 그렇게 산업화에 의한 도시 확장의 시대가 지나고 점점 더 높은 빌딩이 세워지게 되었고, 점점 더 토지의 효율적 이용을 위한 기능 분화가 중요하게 되었다. 그렇게 청계천의 뒷길은 도시와 분리된 공간으로 이질화된다. 그들이 있는 청계천은 우리가 알고 있는 그 청계천이 아닌 '디스토피아'의 청계천이다.

"자네 청계천을 하늘에서 내려다본 적이 있나? 여기 청계천이 곧 없어져. 열여섯에 여기 와 벌써 오십년이 되네. 곧 여기도 저기처럼 빌딩이 들어서게 되겠지."

영화 「피에타」의 초반부에 건물 옥상 위에서 청계천 공구상가를 바라보던 기계공이 남긴 대사다. 그는 50년 동안 머물렀던 공간이 점차 해체되고 분화되는 모습을 바라보며 자신이 더이상 이용가치가 없으며, 자신이 속해 있던 청계천은 더이상 존재하지 않게 될 것을 깨닫고 죽음을 선택한다. 산업화 단계에서 다음 산업으로 나아가지 못한 청계천은 소멸만 남은 상태로 남겨진다.

청계천이 사라진 청계천 주변은 자본의 상징인 금융회사의 건물들로 차곡차곡 채워지기 시작했다. 오피스들은 청계천을 지우고 새로운 청계천을 그리기 시작한 것같이 보이지만 여전히 30년 전 세운상가가 이루지 못한 유토피아의 환상을 복제하는 공장제 생산품일 뿐이었다. 한때 빛나는 미래를 상징하던 세운상가는 바벨탑과 같이 쓰러지기 직전의 폐허가 되었다. 「피에타」의 강도가 사는 낡은 공간은 한때 모두가 부러워하던 공간이었다. 그러나 결국 2015년 현재 세운상가에 대한 철거계획은 철회되었고, 철거되었던 미완의 공중보행통로를 다시 만들어 서울의 새로운 장소로 탈바꿈하기 위한 성형을 준비하고 있다.

청계천이 복개된 지 30년의 시간이 지난 뒤, 청계고가도로는 낡아서 이용이 불가능해졌으며, 서울 도심의 핵심 공간인 이 지역을 '미로'로 남겨둘 수 없다는 정치적 판단 등에 의해 옛 청계천 물길을 찾는다는 계획이 발표되었다. 그 과정에서 2006년에 세운상가 역시 철거하기로 계획되었다. 새로운 유토피아를 꿈꾸는 사람들은 청계천을 통해 서울 도심을 청소하고 새로운 모습으로 단장하고자 했다. 그 결과 청계천 복원과 세운상가의 철거가 차례로 발표되고, 동대문운동장이 사라졌으며 그 자리에 동대문디자인플라자가 들어서게 된다.

새로운 청계천,
21세기의 난쟁이

새로운 청계천에 대한 계획이 발표된 것은 2002년 서울시장 선거공약의 일환이었다. 새로운 청계천은 서울을 세계적인 수준의 도시로 만들겠다는 이명박 시장의 야심이 형상화된 공간이다. 청계천을 복원해서 서울 도심의 기능을 정비하고, 금융을 중심으로 세계적인 기업을 유치해서 다른 도시 못지않은 서울을 만들겠다는 구상이 존재했다. 이러한 그림은 서울 도심부 재개발계획으로 이어졌다. 청계천을 중심으로 서울의 낡은 도시조직을 정리하고 새로운 기능을 부여하겠다는 아이디어는 상당히 매력적인 것이었다.

새로운 청계천은 과거 청계천의 복원에서 시작되었다. 청계천 복원 사업은 '거인 위에 올라탄 난쟁이'라는 오래된 비유를 떠올리게 한다. 아스팔트와 콘크리트로 덮인 조선시대의 한양이라는 거인을 일으켜 세운 뒤에 올라탄 난쟁이처럼, 과거로 돌아가되 과거를 그대로 재현하지는 않았다. 오히려 그 과거를 부정했다.[2]

청계광장의 공간은 한반도의 형상을 따라 만들어졌으며, 그 광장 중심에는 세계적인 조각가 클래스 올덴버그Claes T. Oldenburg의 「스프링」Spring이란 조각이 그 커다란 뿔을 하늘로 향하고 있다. 오세훈 전 시장이 청계광장에 세계적인 조형물을 설치하고 싶어 했기 때문에 KT가 34억을 들

2005년 복원된 청계천과 청계광장.

여 서울시에 기부채납한 조각이다.

청계천 주변으로는 이팝나무를 새롭게 심었고, 나무뿌리를 보호하기 위한 뚜껑인 수목보호대부터 난간과 계단, 안내판과 가로등까지 모든 시설이 하나의 디자인으로 통합되어 산뜻하고 깔끔하게 단장되었다. 세계조경가협회(IFLA)에서도 2006년 청계천의 디자인을 우수한 디자인으로 인정하고 디자이너에게 최고상을 수여했다. 한편, 청계천을 건너는 다리들도 모두 다른 디자인으로 설계되었는데 교량의 일부 과잉된 디자인은 공무원들이 흔히 보여주는 오버디자인이다. 그 과정에서 조선시대 옛 다리들의 흔적이 옮겨지고 버려졌다.

청계천 복원에 대한 고민은 상당히 오랜 기간 동안 연구되어온 주제였다. 고가를 철거하고 시민들에게 공원 같은 오픈스페이스로 만들어 돌려주겠다는 최초의 아이디어는 상당히 괜찮았다. 그러나 청계천 복원을 위해서 서울시는 주변 지역과 함께 진행하는 도시개발이 아니라 오히려 도시계획시설인 고가의 철거 및 하천의 복원이라는 간단한 선택을 했다. 즉 지역을 전체로 묶어서 한꺼번에 정리하고 개발하는 방식이 아니라 국가, 또는 시의 자산인 청계천과 주변도로에만 국한해서 시설개선 사업을 추진한 것이다. 이것은 상당히 영리한 도박이었다. 청계천 복원 사업 과정에서 주변 지역의 상인이나 거주자들이 개입할 여지를 최소한으로 제한할 수 있었기 때문이다.

도시는 여러가지 기능이나 관계가 서로 얽히고 뒤섞인 채 상호 지원하는 온갖 종류의 다양함이 필요하다. 그러나 청계천을 복원하는 과정에서는 오히려 이러한 다양한 관계를 모두 절단하고 잘라내었다. 초기에 주변 상인들은 주차나 교통불편 등을 가장 우려했지만 가장 큰 변화는 '젠트리피케이션'gentrification이었다.

청계천 복원 사업이 진행된 이후 청계천 주변의 지가는 점점 상승했다. 동아일보사와 광화문우체국 주변으로 서울파이낸스센터가 들어서고, 삼성화재, 신한은행 등의 주요 금융회사들이 입지하기 시작했다. 무교동 좁은 골목에서 낙지볶음과 감자탕을 팔던 수많은 가게들이 사라지고 그 자리에 SK의 사옥이 들어섰다. 그리고 빌딩 1층에는 프랜차이즈 커피숍들이 들어섰다. 이전에는 나름의 생태계를 유지하고 있던, '없는 물건이 없다'던 청계천 상권이 카페와 고급 음식점들에게 점점 잠식당하기 시작한 것이다. 결국 청계천 상가는 영화 「피에타」처럼 시대의 흐름을 타지 못한 채 가까스로 남아 있는 고립된 섬처럼 도시의 한구석에서 숨을 몰아쉬게 되었다.

송파구에 위치한 '가든파이브'는 청계천 지역의 상인들을 이주시키기 위해 복합쇼핑상가로 건립되었다. 이 계획에 기반을 둔 복합상가 건설계획이 발표되던 시기에는 서울시청사 건물에 대한 일괄계약 입찰, 이른바 턴키turnkey입찰, 중앙우체국과 농협 등 굵직한 서울 시내의 건축물에 대한 입찰공고가 잇따라 나왔다. 가든파이브는 3개의 복합건물로 이루어진 대단위 쇼핑단지로 계획되었다. 가든파이브가 어떤 기능을 가져야 하는가에 대한 사전 연구와 조사를 기반으로 한 기본계획이 사전에 상당기간 이루어졌어야 했다. 그러나 실제는 대부분의 공공 프로젝트들이 그렇듯이 청계천 상인들의 불만을 잠재우고 이들이 당장 이주할 만한 장소를 만드는 것에 급급했다. 그 결과 청계천 상인들을 서울 외곽으로 강제 이주시킨 꼴이 되어버렸다. 공구상가는 공구를 사용한 제품을 기획하거나 판매하는 상업 공간과 연계되어야 하는데 교통과 입지가 모두 불리한 지역으로 기능을 분리해버렸으니 성공할 리가 없었다. 결국 가든파이브는 입주단계부터 지금까지 논란을 양산하고 있다.

이러한 사업방식의 한계는 2000년대 초반 유행하던 '턴키' 때문에 발생한 측면이 있다. 턴키방식은 건설사가 계획·설계·시공과 시운전까지 모든 단계에 대한 서비스를 제공하는 방식으로, 발주처에 '열쇠'key를 '돌려준다'turn는 의미를 가진 용어이다. 당시 모든 사업에 최우선하는 가치는 좀더 빠른 시간 안에 사업을 추진해야 한다는 것이었다. 건설 사업에서 시간 단축은 좀더 많은 이익을 창출한다. 턴키방식은 결국 모든 가치에 돈이 우선하는 사회적 분위기를 반영하는 것이었다.

당시를 돌아보면 수없이 쏟아지던 물량을 건설사에서도 감당하는 것이 상당히 어려웠을 것 같다. 2006년 봄에는 서울시청사 턴키입찰을 추진한 뒤에 판교신도시 설계를 턴키입찰하고, 여름에는 가든파이브 턴키 전쟁이 지속되었다. 그야말로 기계적인 계획과 설계가 단시간에 이루어졌다. 결국 서울시청사는 표류를 거듭하다가 건축가 유걸의 설계로 마무리되었다. 이 과정은 시간 단축을 통한 비용절감이 환상에 불과하다는 사실을 단적으로 보여준다.

애초에 청계천 복원 사업은 서울 도심의 풍경을 고층 빌딩으로 가득한 공간으로 재정비하고자 하는 의도가 있었다. 청계천 복원 사업 계획과 맞물려 발표된 서울 도심 활성화를 위한 각종 계획들은 서울 도심의 기능을 국제업무 기능으로 진단했다. 광화문을 비롯한 서울 도심이 공동화되는 것을 우려하고 거주기능이 약화되었다는 진단하에 주상복합건물에 대한 용적률 완화 정책이 연달아 발표되었다. 이에 따라 서울 도심부에는 50층 규모의 거대한 빌딩들이 들어설 수 있게 되었다.

청계천 주변 블록으로는 도시환경 정비 사업이 실시되어 기존의 작은 땅덩어리를 모아서 거대한 빌딩을 지을 수 있는 땅으로 정비하고, 기반시설을 설치했다. 이러한 사업이 완료된 지역에는 거대한 빌딩들이 들어서고 있다. 청계천 광교 지역에서 풍경사진을 찍으면 신한은행 로고가 박혀 있는 건물이 3개 동이나 된다.

고층 건물들은 주로 '커튼월'이라는 공법의 가벼운 철골과 유리로 된 벽체를 건물 안의 기둥이 잡고 서 있는 것 같은 구조로 만든다. 건물 하중을 지지하는 구조물은 몇개의 주요한 기둥들로 정리되는 덕분에 넓은 내부 공간을 가질 수 있게 된다. 면적에 따라서 수입이 매겨지는 부동산 논

청계천 주변의 금융회사들. 투명함을 강조한 밝고 높은 빌딩들은 첨단 구조를 뽐내는 경연장이 되었다.

리에 따라 점점 이러한 유리벽 빌딩들이 서울 도심에 들어서게 되었다. 이 건물이 넓은 실내 공간을 확보한 대신 창문을 여닫을 수 없는 구조여서 냉방과 난방, 그리고 환기에 이르기까지 모든 공기순환 시스템을 기계설비에 의존해야 한다는 사실은 감춰진다. 만들기 쉽고, 그래서 여름에 덥고 겨울에 추운 차가운 유리건물들이 서울 도심에 가득해진다. 이러한 건물세를 감당할 수 있는 업체는 최고의 수익을 올리는 금융사이거나, 대기업 관련 지주회사여야 한다는 것이 필연적으로 정해져 있다. 업무용이라 일컬어지는 이러한 고층 건물들은 서로 색상만 다른 유리로 표면을 바른 채, 청계천 주변으로 가득하게 채워진다. 더 밝고 더 높아진 빌딩들은 그 형태를 뒤틀면서 현대 건축설계의 최고기술을 뽐내는 경연장으로 변모한다. 수하동에 위치한 미래에셋빌딩의 투명한 표면은 마치 그 길거리에서 벌어지는 모든 풍경을 반사하는 동시에 투과해버리는 투명함을 가진 것 같은 느낌을 전달한다. 이 고급스러운 건물의 색상은 하늘과 건물이 흡사 하나의 구조로 녹아내리는 것 같은 착시현상을 제공한다. 그럼에도 불구하고 존재하지 않는 것 같은 이러한 투명함은 내부에서 쉴 사이 없이 근무하는 사람들과 밖에서 바라보는 사람들을 차갑고 날카롭게 가른다.

세운상가,
청계천의 바벨탑

새로운 건물군은 세운상가가 있는 청계천3가에 이르러 멈춘다. 청계천은 세운상가를 중심으로 분리된다.

필명 '오기사'로 널리 알려진 건축가 오영욱은 세운상가를 '좋은 것'을 찾는 중학생 1학년 남자아이들이 노란봉투에 싸인 테이프를 구할 수 있었던 곳으로 묘사하고 있다.[3] 세운상가는 한때 서울시의 모든 공대생들의 졸업 프로젝트가 이루어진 곳이라고도 하고, 우주선을 만들 수도 있을 것이란 말이 무색하지 않던 곳이기도 하다.

작고한 건축평론가 구본준은 자신의 블로그에 연재한 「세운상가 트릴로지」에서 세운상가가 쇠락하게 된 이유를 상가가 위치한 주변 풍경에서부터 찾고 있다. 앞으로 100년은 끄떡없을 거대한 콘크리트벽이 서울 도심의 종묘와 남산을 잇는 중심축을 연결하면서 주변을 가르는 방벽의 역할을 한 것이다. 일제강점기 폭격에 대비하기 위한 소개공지로 만들어진 땅에, 서울의 중심 공간을 가르듯 세워진 이 공간이 실제로는 청계천을 지배하는 중심 질서에 도전하고 있는 것이다.

> 안타깝게도 잘못 태어난 거대한 상가는 돌연변이 괴물처럼 서울 한
> 복판에서 죽어가고 있다. 서울이란 메트로폴리스 한가운데에서 세운
> 상가는 한시적이긴 하지만 네크로폴리스가 되어버린 것이다. 건축과
> 도시가 빚어낸 시대적 오류다. 세운상가가 일그러진 아이콘이 되어버
> 린 것은 그걸 처음 구상한 몇명의 실수 때문이었겠지만 그 폐해와 영
> 향은 서울시민 모두의 것이 됐다.[4]

구본준은 청계천 공구상가의 형태를 세운상가가 하늘에서 떨어져 꽂
힌 서울에서 발생한 비극으로 해석한다. 결국 도시의 기능은 주어진 환
경과 서로 대응하며 성장하는 유기체적 관계를 구축하는데, 지금 청계천
주변의 빌딩들이 서울이라는 공간에 생겨난 돌연변이 세포가 아니라고
과연 누가 장담할 수 있을 것인가. 21세기의 난쟁이는 과거 서울의 거대
한 도시계획의 흐름을 훼방하는 변형된 유전자일 뿐이다. 세운상가는 청
계천을 가르는 서울의 바벨탑이다.

영화
「카페 느와르」

영화평론가로도 유명한 감독 정성일이 만든 영화 「카페 느와르」(2010)
에서 청계천은 또다른 의미의 미로로 존재한다. 두개의 이야기로 구성된
이 영화는 서울의 모습을 여기저기 비춘다. 한강과 노원 열병합발전소,

남산과 덕수궁, 공사 중인 서울시청, 서울광장의 스케이트장, 그리고 남산한옥마을에서 전반부의 이야기가 시작된다면, 후반부는 남산과 청계천을 중심으로 공간이 좀더 한정된다. 「카페 느와르」에서의 청계천은 우리가 흔히 청계천이라고 부르며 경험하는 하천 주변과 주변 도로를 중심으로 이야기를 전개한다.

가장 인상적인 장면 가운데 하나는 오토바이를 타고 청계천 주변 도로를 계속해서 달리는 '선화'의 모습이다. 마치 이 공간은 일상의 서울이 아니라 영화 안에서만 존재하는 별개의 청계천처럼 낯설기도 하고, 또 친숙하기도 하다. 밤의 청계천은 어둡고 고독하다. 청계천 주변은 서울에서 드물게 밤이 어두운 지역이다. 밤을 밝히는 카페나 술집이 종로에 몰려 있기 때문이다. 골목 안, 어둑한 골목에 테이블을 내놓고 술을 마시는 사람들만 모여 있다. 골목 안은 지친 몸을 이끌고 소주 한잔을 기울이던 사람들이 찾던 음식점들이 조용히 자리하고 있는 곳이다. 청계천과 을지로 3·4가 지역에는 친절하지 않은 할머니들이 맛있는 음식을 내어놓는 허름하고 유명한 가게들이 모여 있어서 음식 맛을 좀 안다는 사람들이 즐겨 찾는다. 몇몇 방송에서는 이런 음식점들을 꼭 가봐야 하는 가게로 소개하기도 한다.

그러나 「카페 느와르」에서는 맛이 없어서 절망할 정도로 맛없는 커피를 팔고, 조심하지 않으면 옆 테이블에 앉은 사람과 팔꿈치가 닿을 만큼 좁은 공간을 가진 카페만 거기에 남아 있다. 청계천의 골목은 사라지고 공구상가들이 모여 있는 좁은 가로는 화려한 건물의 불빛을 뒤로하고 젊은 남녀가 오토바이를 타고 바람을 느끼는 풍경 뒤로 소실된다.

세운상가를 지나면 방산시장, 평화시장과 동대문시장이 그 모습을 드러낸다. 갖가지 언론매체에 소개되곤 하는 오래된 음식점들이 모여 있는 지역이기도 하다. 특히 이북 실향민들이 자주 가는 냉면집이나 설렁탕집이 이 근방에 많이 몰려 있어서, 백발이 성성한 할아버지나 할머니가 다른 이의 부축을 받아 음식점 안으로 들어가는 모습을 자주 볼 수 있다. 입구에는 평양이나 대동강의 사진들이 크게 걸려 있어 그만큼 그 지역에 대한 향수를 가진 이들이 자주 방문한다는 것을 짐작하게 한다. 이러한 뒷골목의 음식점들을 지나면 방산시장에 도착한다. 시장 사거리에 일명 마약김밥과 빈대떡을 사기 위해 기다란 줄을 서는 사람들과 포장마차에 가득한 사람들의 모습은 이곳이 살아 움직이는 시장이라는 사실을 일깨운다. 커다란 순대와 떡볶이, 어묵을 먹는 사람들부터 곱창볶음을 안주로 소주를 마시는 사람들이 가득하다. 방산시장을 지나 두사람이 나란히 지나가기 어려운 골목길을 따라가면 한국사람보다 중국사람이나 일본사람이 더 많이 찾는다는 '닭 한마리' 가게들이 몰려 있는 동대문시장에 이른다. 골목길에 펄떡거리는 생선이 담긴 '다라이'를 내놓고, 골목길인지 주방인지 알 수 없는 혼란스러운 공간 속에 다양한 냄새들이 섞인 풍경들. 「카페 느와르」에서 명시적으로 읽을 수는 없지만, 영화가 여전히 선회하는 공간들이다.

청계천의
복제

'청계천'은 단순히 서울의 지명이 아니라 시장 이명박을 대통령 이명박으로 바꾸어놓은 마법의 주문이었다. 이후 청계천의 불행은 서울의 문제만이 아닌 것이 된다. 대한민국 각 지역마다 청계천의 복제품이 생겨나기 시작한 것이다. 지역의 하천 주변에 산책로가 놓이고, 운동기구와 쉼터가 조성되었다. 조명기구와 수영장, 그리고 다리 밑에는 조각들이 놓였다. 하천변 부지는 강우량의 편차가 큰 경우에는 관리하기가 쉽지 않다. 서울에서 친환경적으로 관리되고 있는 것으로 유명한 양재천도 태풍이나 폭우로 인해 범람 직전까지 가는 경우가 많다. 특히 이런 때는 나무와 숲, 벤치와 운동기구 등이 휩쓸려가는 일이 많아 유지관리에 애를 먹게 된다.

단순히 하천 복원 사업만이 청계천의 복제품이 아니다. 지방자치단체장이 자신의 치적을 위해서 과시적으로 벌이는 모든 사업에는 청계천이라는 이미지에 대한 강박관념이 존재하고 있다. 청계천과 같이 시민들이 좋아하는 사업을 한다면 비용이 아무리 많이 들어도 상관없다는 생각으로 만들어지는 시설들이 우후죽순같이 쏟아지고 있다. 레이저가 번쩍이는 음악분수나 폭포, 생태적이지 않은 생태하천, 그리고 고급스러운 외장재로 치장된 체육시설이나 도서관에도 청계천은 숨겨져 있다.

청계천의 가장 슬픈 변주곡은 바로 동대문디자인플라자(DDP)일 것이다. 그 탄생 배경에는 청계천 복원 사업보다 한단계 더 서울을 업그레이드하겠다는 생각이 존재한다. 즉 청계천에서 사용된 각종 시설물의 디자인은 그 디테일에 있어서는 '디자인서울'의 배아단계 모습이라고 할 수 있다. '디자인서울'은 공무원의 오버디자인을 절제시킬 수 있는 계기를 마련했으며, 서울의 버려진 공간을 재생할 수 있도록 유도했다는 측면에서 성과를 거둔 것은 분명하다. 그러나 '디자인서울'은 어떻게 서울을 '단장해서' 보여줄 것인가에 집중한 고민의 결과물이다. 그 고민은

'세빛섬'과 'DDP'로 집약된다.

랜드마크landmark는 멀리서도 보이는 이정표를 의미한다. 인간은 이정 표를 세우기 위해서 하늘에 도전해왔다. 높이가 주는 위압감은 마치 하 늘과도 같은 권력을 인간에게 담보하는 것 같은 착각을 제공하기 때문이 다. 뉴욕의 마천루를 비롯해 세계의 대도시들에는 이러한 마천루로 이루 어진 빌딩숲이 존재한다. 청계천 주변 역시 1970년대의 삼일빌딩에서부 터 세운상가나 서울파이낸스센터, 미래에셋빌딩 같은 마천루들이 있다. 그러나 DDP는 청계천 이후 등장할 수 있었던, 형태적으로는 새로운 랜 드마크이다. 이 랜드마크는 여백의 공간인 길과 땅 위에 경험적으로 존 재하는 평면적 랜드마크이다.

DDP는 설계공사비 4,840억원이 소요되고 규모 8만 6,574m²(지하 3 층, 지상 4층, 최고 높이 29m)에 저마다 모양이 다른 4만 5,133장의 알루 미늄 외장패널이 설치된 구조물이다. 정형의 건축물이 아니라 유선형과 나선형이 교차하는 건축의 형태 때문에 불시착한 우주선 같다는 평에서 부터 세계를 대표하는 유려한 건축이라는 말까지 DDP를 둘러싼 이야기 가 쏟아지고 있다. 설계자 자하 하디드Zaha Hadid는 방한 인터뷰에서 애초 에 계획한 디자인이 성공적으로 잘 반영되었으며 정해진 요건과 기능에 맞게 설계했다고 설명했다. 그 정해진 요건이란 결국 "컬처노믹스로 서 울의 도시 경쟁력을 획기적으로 끌어올리겠다"는 의지를 표명한 오세훈 시장의 의지를 의미한다. 오세훈 시장은 여러차례 공개된 자리에서 "빠 리 에펠탑처럼 사람들을 불러 모으는 스페이스 마케팅으로 서울의 경쟁 력을 높일 것"이며 "최첨단 트렌드를 보려면 서울로 가라는 말이 나오게 하도록 동대문디자인플라자를 랜드마크로 만들겠다"고 공언했다.

동대문디자인플라자 입구. 마치 공간이 지하로 빨려 들어가는 것 같은 느낌을 준다.

서울을 대표할 수 있는 어떤 것, 그리고 그것이 디자인적으로 훌륭한 것이기를 바라는 것은 시장의 권한을 가진 사람에게는 뿌리칠 수 없는 유혹이다. 무엇인가 남들 눈에 띄기를 바라는 욕망을 물리적으로 표현하고 그것을 아름답게 치장하고자 하는 것. 오세훈 시장이 이끌었던 '디자인서울'에는 그런 권력에의 의지가 담겨 있다. 비록 '디자인서울'을 통한 모든 사업에는 나름대로 좀더 아름다워진 사회로 나아가겠다는 의미가 담겨 있지만 결국 사업의 궁극적인 취지는 기본의지에 따라 해석되어야 한다. 그 결과 서울의 공공디자인은 권력의지를 가리기 위한 포장지로 전락하고 말았다.

DDP에는 옛 동대문운동장의 흔적을 담은 조명탑과 조선시대의 유구를 그대로 담은 화단이 남아 있다. 한국판 SPA(기획·생산자가 유통·판매까지 하는 브랜드)패션의 중심지라는 동대문시장은 청계천 공구상가의 의류시장 버전이다. 봉제공장이 위치한 창신동, 숭의동은 한양성벽을 끼고 골목길로 뻗어나간다. 동대문시장에 오토바이로 물건을 전달하며 오고 가는 동네를 뉴타운이라는 이름으로 바꾸고자 했으나 부동산 직격탄을 맞고 무너져 내린 곳이기도 하다. 과거 서울의 모습인 동대문운동장은 없애고 새롭게 DDP라는 랜드마크를 조성하고자 하는 것에 이르기까지 청계천과 놀랍도록 유사하다. 동대문운동장 역시 서울시 소유의 체육시설이기 때문에 지역 전체를 개발한다기보다는 시설개선을 통해서 주변 지역에만 영향을 미치고자 하는 사업 형태로 개발되었다.

DDP에는 아름다운 형태를 가진 벤치와 조형물이 흩어져 있고, 각각의 패널이 틀어진 이음매 하나 없이 연결되어 뒤틀리고 꼬인 공간 속으로 흡수된다. 주변의 펼쳐진 정경을 가득 담은 건물의 형태는 흡사 주변의 풍경 속으로 녹아드는 것 같다. 지하와 지상이 유기적으로 연결된 통로들 사이를 걷다보면 건물 안으로 빨려 들어가는 것과 같은 시각적 경험을 할 수 있다. 비정형 건축의 낯선 공간 배열은 찾아오는 사람들을 은연중에 소외시키며 배제해서 도무지 그 안에 도달할 수 없을 것만 같은 거리감을 만든다. 그런 면에서 DDP는 오로지 공간의 형태를 숭상하고, 그 비례를 찬양하는 이들을 위한 현대적 신전임에 분명하다. 즉 DDP는 청계천의 21세기적 변주곡인 동시에 미완성으로 남겨진 실패작이기도 하다.

그 시대가 가지고 있는 어떤 가치관에 의해서 도시를 아름답게 만드는 일이 기획되고 추진되기는 쉽지 않은 일이다. 서울에는 수많은 유사

청계천이 만들어질 것이다. 그러나 또한 청계천만큼 누적된 역사적 흔적과 층위를 드러내기는 쉽지 않을 것이다. 청계천은 그 안에서 역사와 사람들의 피땀이 엉킨 흔적이 스스로 싹트며 증식하는 장소이기 때문이다. 본질적으로 도시는 그러한 삶의 투쟁을 통해서 만들어지는 곳이며, 누군가의 고급스러운 취향에 의해 개조할 수 있는 장난감이 아님을 청계천은 체현한다.

8

땅과 용적률의
인문학

김성홍

* 이 글은 필자의 기고문 「용적률 게임」(『중앙일보』 2012.8.7)의 주제를 뼈대로 삼되, 서울을
인문학적으로 조명하는 단행본의 취지에 맞게 확대하여 다시 쓴 글이다. 서울의 밀도 및 횡
장형과 종심형 평면에 관한 내용은 필자의 『도시건축의 새로운 상상력』(현암사 2009)과
『길모퉁이 건축』(현암사 2011)에서 간접인용하였음을 밝힌다.

건축에
인문학이 붙는 이유

인문학의 위기를 말하는 시대에 '건축인문학'이라는 조어_{造語}가 자리 잡기 시작했다. 사람 살 공간을 만든다는 점에서 건축을 인문학^{humanities}으로 분류할 수 있지만, 건축은 인간을 탐구하는 학문이나 직업은 아니다. 건축은 좋게 보면 다학제적이지만, 날선 눈으로 보면 이중적이거나 양면적이다. 법적 자격을 가진 건축사_{建築士}를 기술자라고 부르면 쉽게 수긍하지 않고, 독자적 작품 세계를 추구하는 건축가_{建築家}에게 예술가냐고 물으면 그것도 아니라고 피해간다. 건축이 기술과 결별하는 순간 실내 장식술과의 차별성이 없어지고, 예술과 멀어지면 공학과 겨룰 무기를 잃는다. 이렇게 건축은 기술과 예술 사이에서 설 자리를 잃지 않으려고 줄타기를 해왔다. 기술과 예술의 공생 구도에서 탄생한 서양의 모더니즘이 범지구적 고전으로 등극한 후 이 현상은 반복되었다. 건축사와 건축가란 명칭을 두고 오랫동안 대립해온 한국 건축계의 바탕에도 기술과 예술의 딜레마가 깔려 있다. 그런 건축에 '인문학'이라는 딱지가 하나 더 붙었다.

건축은 콘크리트, 철, 돌, 벽돌, 나무, 유리로 만든 물질 덩어리지만 만들어진 공간은 사회를 투영한다. 건축 디자이너와 엔지니어의 머리와 손을 거치지만, 건축의 최종 결과물은 특정 개인의 뜻과 의지로 결정되지 않는다. 아파트 평면을 건축사 뜻대로 바꿀 수 없다. 부동산시장의 외면을 받고 분양이 되질 않는다. 기발한 생각이 있다고 초등학교 평면을 바꿀 수도 없다. 교실 배치를 바꾸려면 먼저 교실에서 벌어지는 교육 체제와 방법을 바꾸어야 한다. 아파트와 학교의 평면이 사회적으로 수용되고 오랜 시간에 걸쳐 굳어지면 하나의 유형이 된다. 유형은 어떤 사회의 집합적 사고, 법과 제도, 관습과 체제를 농축한다. 건축에 인문학이 붙는 이유다.

서울의 공간을 바라보고, 서울시민의 내면을 읽고자 기획한 이 책에서 건축이 한 꼭지를 차지하게 된 것도 그런 취지의 영향이다. 처음 내게 주어진 숙제는 타임스퀘어와 제2롯데월드와 같은 대형 고층 건물에 담긴 소비문화와 집단적 욕망을 인문학적 시선으로 읽는 것이었다. 랜드마크와 주목받는 건축물을 해석하고 비평하는 것은 건축학의 일이다. 하지만 1% 명품 건축을 이해하기 위해서는 주변에서 흔히 볼 수 있는 저변의 건축을 먼저 이해해야 한다. 저변 건축이 토대가 되어 명품 건축이 만들어진다.

건축은 특별 주문 생산품이다. 독자 없는 소설이나 화상 없는 그림은 이론적으로 존재할 수 있지만, 건축주 없는 건축은 존재하지 않는다. 건축주의 요구와 대지의 조건이 없으면 건축은 시작조차 되지 않는다. 그림으로만 남는 종이건축paper architecture을 표방하기도 하지만 이 역시 조건에서 시작된다. 도시의 외적 조건과 건축가의 직관과 경험에서 나오는 내적 원리가 충돌해 건축이 구현된다. 대한민국의 수도 서울의 외적 조건은 용적률로 압축된다.

용적률은 건축법에서 정한 법적 용어로 대지면적에 대한 연면적(건물 바닥면적의 합)의 비율을 말한다. 예컨대, 어떤 집의 연면적이 대지면적과 같으면 용적률은 100%, 연면적이 대지면적의 2배이면 용적률은 200%가 된다. 용적률과 짝을 이루는 것이 건폐율이다. 건폐율은 대지면적에 대한 건축면적(1층 바닥면적)의 비율이다. 집이 대지의 20%를 차지하면 건폐율은 20%, 50%를 차지하면 건폐율은 50%가 된다. 건폐율이 50%인 집을 4층으로 지으면 용적률은 건폐율의 4배인 200%, 10층으로 지으면 500%, 20층으로 지으면 1,000%가 되는 것이다. 얼핏 보면 어렵지만 한번만 자세히 들여다보면 이해할 수 있는 산식이다. 실상 전문용어이면서도 대한민국 국민 모두에게 익숙한 말이 용적률이다.

용적률이 서울사람의 내면세계를 드러내는 지수指數라는 전제는 선뜻 납득이 되지 않을 것이다. 하지만 지난 100년 동안 서울의 변화를 가장 압축적으로 설명하는 키워드로 용적률보다 더 적합한 말은 없다. 이 책의 시간적 범위인 2011년부터 2015년까지 서울에서 나타난 현상도 마찬가지다. 건축과 인문학을 잇는 고리를 용적률 게임에서 찾는 것이 내가 자임한 숙제다.

250%를 향한
서울의 질주

2011년은 서울의 도시 건축사에서도 상징적인 해다. 한반도에서 법적

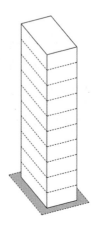

건폐율 50% 집을 1층으로 지으면 용적률 50%,
4층으로 지으면 용적률은 건폐율의 4배인 200%,
10층으로 지으면 500%가 된다.

으로 개인이 땅을 소유할 수 있게 된 지 정확히 100년째가 되는 해다. 계급에 따라 땅을 나누어주고 조공을 받는 봉건제도가 통일신라시대에 정착된 후 천년 이상 유지되어왔다. 조선초기에는 지금의 서울시에 해당하는 한성부가 품계에 따라 지배층에 땅을 분양·대여했다. 조선후기로 가면서 세습을 통해 토지가 사유화되었지만 공식적으로 모든 땅은 정부의 것이었다. 집의 규모도 정부가 만든 기준을 넘길 수 없었다.

계급과 토지소유의 결합은 1912년 조선총독부가 토지등기제도를 실시함으로써 막을 내렸다. 하지만 봉건지배층이 땅의 소유권을 잃은 것은 결코 아니었다. 오히려 일제와 야합했던 구한말의 관료와 토호들은 주권을 넘겨주는 댓가로 지주의 지위와 권리를 인정받았다. 등기제도의 목적은 토지의 수탈에 있었다. 조선을 강점한 지 10여년 후 서울의 땅은 실질적으로 일본인의 손안에 들어갔다. 일본이 패망한 후 미군정은 그들이 남긴 토지와 가옥, 이른바 적산敵産을 민간에게 불하했다. 토지소유가 시작된 후 전반기 50년(1912~61) 동안 서울의 땅은 이렇게 왕실과 지배계층에서 친일파와 새로운 권력층의 손으로 넘어갔다. 주권국가에 걸맞은 새로운 도시계획을 제대로 만들기 전에 땅이 공公에서 사私로 넘어간 것이다.

토지소유화 후반기 50년(1962~2011)의 첫해인 1962년을 나는 '한국 현대건축 50년'의 원년이라고 부른다. 우리나라 최초의 건축법이 실시된 해다. 일제가 만든 조선시가지계획령의 근간을 이어받은 것이기는 하지만 이 법에 따라 한국의 현대건축이 만들어지기 시작한 것이다. 1962년은 산업화의 페달이었던 제1차 경제개발 5개년계획(1962~66)의 원년이기도 하다. 도시화와 산업화의 핵이었던 서울은 이때부터 질주하기 시작했다. 땅 위의 건물은 빠른 속도로 지어지고 부수어지고 다시 지어졌다. 한양에서 경성으로, 경성에서 서울로의 변천은 용적률의 역사이다.

토지소유화 전반기 50년이 시작되기 전 한양의 모습을 복원하기란 쉽지 않다. 정확한 도면이 없기 때문이다. 전해오는 조선의 지도는 현대적 의미의 실측 지도라기보다는 당시 지배층의 도시에 대한 인식을 2차원의 면에 옮겨놓은 표상에 가깝다. 그럼에도 불구하고 구한말의 사진, 일제강점기의 지도, 조선시대의 문헌을 종합하여 한양은 수평 도시였다는 사실을 어렵지 않게 유추할 수 있다. 사대부집은 물론 궁궐과 관아도 모두 단층이었던 도시가 한양이었다. 용적률이란 개념이 존재하지 않았지만 한양의 용적률을 환산해보면 어느 정도였을까?

일제강점기 최초 신시가지로 개발된 혜화문 밖의 돈암동을 보자. 일제는 1930년대 후반 독일에서 배운 도시계획 수법을 사용하여 조선시대 한

양과는 다른 격자형 구조로 돈암동을 개발했다. 박완서의 『그 남자네 집』 (현대문학 2004)에 등장하는 "시대의 도도한 흐름에서 홀로 초연히" 남아 있던 조선 기와집도 이렇게 개발한 땅 위에 지었다. 돈암동을 비롯하여 도심에 남아 있는 ㄱ자, ㅁ자 한옥은 전통주택의 안채를 도시에 맞게 변용한 유형이다. 현재 남아 있는 돈암동 한옥 밀집지의 대지 면적은 10평 남짓의 크기다. 작은 마당을 둔 단층집들의 건폐율과 용적률은 70% 내외다. 건폐율이 이보다 높으면 처마가 옆집과 바짝 붙어서 햇빛이 들어오지 않는 집이 된다. 이런 사실을 토대로 조선후기 한양의 용적률은 신시가지 돈암동보다 낮은 70% 미만이었을 것이라는 추론이 가능해진다.

그렇나면 현재 서울의 평균 용적률과 층수는 어느 정도일까? 서울 전체에 대한 공식적 통계자료는 없다. 그러나 여러 자료를 모아서 근사치를 추론할 수는 있다. 나는 2000년 기준으로 서울의 전체 용적률이 약 150%이며, 서울의 가장 넓은 면적을 차지하는 일반주거지역(2종)의 법정 건폐율 60%를 대입하여, 서울의 평균 층수가 2.5층이라고 추산한 바 있다. 123층 높이의 제2롯데월드를 비롯해 15층 이상의 고층 아파트와 오피스가 넘치는 서울의 평균 층수가 이것밖에 되지 않는다는 사실이 의아할 것이다. 하지만 도심 한복판에는 두 사람이 지나가기가 버거운 좁은 골목길 옆으로 개발 호기를 기다리는 단층 밥집이나 술집이 남아 있다.

지역별 실제 용적률은 서울시정개발연구원이 수행한 연구에서 일부 확인할 수 있다. 2003년 기준 고층 오피스가 밀집한 무교동은 529%, 여의도는 484%인 반면, 다가구·다세대 주택이 밀집한 금호동과 면목동은 각각 142%와 141%, 아파트가 몰려 있는 상계동은 241%였다.[1] 그로부터 12년이 지난 지금 각 지역의 용적률은 이보다 높아졌을 것이다. 현재 녹지 지역을 제외한 서울 전체 면적의 80% 이상을 차지하는 일반주거지역의 용적률은 법정 150~250% 범위에 있다. 그중의 절반에 가까운 지역이 2종 일반주거지역으로 서울에서 용도상으로 가장 보편적인 땅이라고 할 수 있다. 이 지역의 법정 용적률이 200%이다. 통계와 연구를 종합해보면 서울은 지난 100년 동안 용적률 70% 미만에서 출발하여 250%를 향해 달려온 것이다.

토지소유화가 합법화되었던 1912년 서울의 인구는 약 30만명이었다. 그로부터 100년이 지난 지금 서울의 인구는 무려 37배로 늘어났다. 해마다 순위가 바뀌지만 2006년 기준 서울 인구는 상파울루와 뭄바이를 제치고 전세계 1위였다. 토오꾜오, 상하이, 베이징, 런던의 순위는 한참 아래다. 서울의 인구밀도도 아시아의 과밀도시 토오꾜오, 홍콩, 싱가포르보다 높다. 게다가 남한 국민 5명 중 2명이 수도권, 5명 중 1명은 서울에 살고 있다. 최다 인구수, 최고 인구밀도, 최고 도시집중도의 교집합 서울은 '밀도의 3관왕'이다.

밀도와 함께 서울의 땅값도 폭발적으로 상승했다. 강남구의 노른자 땅은 지난 50년 동안 30만배 이상 오른 곳도 있다. 이런 땅의 건축은 황금알을 낳는 거위다. 공간은 임대, 임대는 돈이다. 부동산 개발자가 아니더라도 용적률이 돈과 등식이라는 사실을 동물적 감각으로 알 수 있다. 건축주의 입장이 되면 누구나 최대 용적률을 원한다. 벌금 내는 것을 두려워하지 않고 불법 증축을 하고, 법정 용적률을 높이려고 집단행동을 하는 판에 법정 용적률보다 낮은 집을 짓는 바보는 없다. 기대와 현실의 괴리, 도시밀도와 용적률의 괴리는 피할 수 없는 개발 압력을 발생시킨다.

용적률의
종속변수들

서울과 세계 대도시 뉴욕과 빠리를 비교해보자. 뉴욕 맨해튼의 다운타운과 미드타운의 용적률은 각각 1,850%와 1,755%다. 어퍼이스트사이드역시 751%에 이른다. 빠리 도심의 업무 지역은 525%, 도심 재개발 지역은 288%, 외곽 재개발 지역은 314%이다. 업무 지역, 주거 지역 가릴 것없이 모두 250%가 넘는다. 흥미로운 것은 재개발을 하지 않은 빠리 도심지역의 용적률이 277%에 육박한다는 사실이다. 마천루가 빽빽한 맨해튼은 금방 이해가 가지만, 고층 건물이 거의 보이지 않는 빠리의 용적률이어떻게 이처럼 높은 것일까? 그리고 이 용적률의 차이는 건축 유형과 어떤 상관이 있을까?

다시 따분한 건폐율과 용적률의 산식으로 돌아가보자. 앞서 건폐율을상수로 용적률을 변수로 가정하고, 건폐율이 50%인 집이 4층이면 용적률은 200%, 10층이면 500%, 20층이면 1,000%라고 설명했다. 건폐율과용적률의 차이는 층수에 비례하여 벌어진다. 건폐율-용적률-층수가 연동되는 구조다. 이번에는 반대로 용적률 250%를 상수로 가정하자. 건폐율 50%로 5층 집을 지을 수 있지만 건폐율을 10%로 줄이면 25층 집을 지을 수 있다. 5층 다세대주택이나 25층 아파트나 용적률은 같다. 부피는 같되 가늘고 긴 상자를, 혹은 두툼하고 짧은 상자를 만들 수 있는 원리다. 대한민국은 지난 50년 동안 전자를 이상적 모델로 여기고 집을 지어왔다.

반면 유럽의 역사도시는 후자를 보편적 유형으로 택했다. 빠리는 중세 이후 지은 6~7층 건축물이 도시 전역에 골고루 퍼져 있다. 유럽인들

서울은 지난 100년 동안 용적률 70% 미만에서 출발하여 250%를 향해 달려왔다.

은 한국인과 차원이 다른 역사와 문화 인식을 갖고 있어서 이처럼 근사한 도시 스카이라인을 유지하고 있는 것일까? 내 대답은 반반이다. 빠리는 현재의 도시 밀도에 적절히 대응하는 규모의 견고한 건축물을 점진적으로 지어왔다. 그 결과 막대한 비용이 들어가는 전면 재개발과 재건축을 할 이유가 없었던 것이다. 더 크고 높게 지을 필요도 없었고 설사 그렇게 했다고 하더라도 역사적 건축물의 경제적 가치를 넘어설 수 없었을 것이다. 근대건축의 최고 거장 르꼬르뷔지에는 역사도시 빠리를 허물고 그 위에 초고층 아파트를 구상했지만 하나도 현실화되지 않았다. 오히려 그의 구상은 자신의 고향이 아닌 제3세계에서 실현되었다.

서울은 250% 용적률을 향해 달려오면서 뉴욕도 빠리도 아닌 제3의 모델을 택했다. 널찍한 아파트 지구와 상업 지역에는 고층 건물을 짓되, 뉴욕과 달리 건물을 듬성듬성 지었다. 반면 좁은 주거 지역에는 단독주택을 지었다가 법의 추이를 봐가며 다가구·다세대 주택을 빼곡히 지었다. 극명하게 대조적인 두 유형이 맞대고 있는 도시를 만든 것이다. 중산층의 최종 목표는 후자에서 시작해서 전자로 옮겨가는 것이었다. 특히 강남의 아파트에 입성하는 것이 최종 목표였다.

아파트는 조망, 향向, 프라이버시의 복잡한 산식에 의해 자리 잡는다. 먼저 앞, 옆, 뒤에 있는 다른 동棟으로부터 이격해야 하는 법정 거리를 지켜야 한다. 게다가 부동산시장이 가장 선호하는 남향에 최대한 면하도록 해야 한다. 토지주택공사(LH)와 에스에이치공사(SH)가 공모한 아파트 현상 설계에서는 인동 거리, 채광방향 거리, 정북방향 거리, 도로사선 거리, 인접대지 경계선 거리를 선과 숫자로 표기한 독특한 도면을 제출해야 한다. 대한민국이 발명한, 대한민국에서만 통용되는 도면이다. 이 치밀한 배치 공학의 궁극적 목적은 필요조건인 편리함과 충분조건인 조망, 향, 프라이버시를 만족하는 동시에 용적률을 극대화하는 것이다. 199.9%, 249.9%, 299.9%처럼 반올림하면 법정 용적률이 되는 수치에 접근하는 것이다. 용적률은 '지켜야 하는 기준'이 아니라 '찾아 먹는 임계점'이다.

이렇게 만든 고층 건물에서의 조망은 돈이자 권력이다. 좋은 조망이 남향이면 가치는 배가 된다. 거기에 프라이버시가 붙어 삼위일체가 된다. 나는 볼 수 있되 나는 보이지 않아야 한다. 거리를 내다볼 수 있기에, 옆 건물에서 저만큼 떨어져 있기에, 높은 방은 얼마든지 투명해질 수 있다.

바닥에서 천장까지 유리로 마감한 방 한가운데 놓인 테이블, 낮에는 도시의 파란 하늘을, 밤에는 빛나는 야경을 등지고 앉아 있는 주인공의 실루엣은 영화의 코드가 되었다. 이는 아파트를 통해 중산층의 삶 속에 깊숙이 들어와 있다.

도시 공간의
사유화

바벨탑을 신에 대한 불경으로 단죄한 후 하늘을 향해 치솟고자 하는 인간의 열망은 헛된 욕망으로 폄훼되곤 했다. 이런 눈으로 보면 19세기 말에서부터 20세기 초까지 짧은 기간 동안 마천루를 경쟁적으로 건설한 맨해튼, 온갖 포스트모던 잡동사니 마천루를 종합세트처럼 모아놓은 변종 사회주의 도시 상하이의 푸동, 사막 위에 신기루 같은 마천루를 건설한 두바이는 욕망 발현의 정수라고 할 만하다. 건축의 고층화·대형화·복합화를 크기 경쟁과 집단 욕망으로 매도하는 것은 쉽다. 그러나 여기로부터 더이상 앞으로 나아가지 못한다.

땅과 자본의 역학관계에서 벗어날 수 없는 것이 건축이다. 더 크고 더 높으면서도 더 밝은 실내 공간을 만드는 것은 건축사의 도전이자 혁신의 본질이며, 자본주의 건축의 요체이다. 하물며 밀도의 3관왕인 서울에서 대형 고층 건물을 지으려는 욕망은 지극히 자연스러운 것이다. '크기'에 대한 욕망을 총론적으로 비평하기보단 각론이 따라와야 한다. '크기'에 대한 사회적 합의와 구체적인 조절 장치에 대한 진단이 그것이다.

고층 건물이 빽빽이 들어서 있는 맨해튼에서 전망, 향, 프라이버시를 갖춘 집을 기대하진 않는다. 격자형 블록에 세워진 건물은 전망이 좋으면 향이 좋지 않고, 향이 좋으면 옆집과의 프라이버시를 담보할 수 없다. 삼위일체를 원하는 사람은 근교의 널찍한 단독주택으로 나가야 한다. 돈이 아무리 많더라도 한가지는 포기해야 하는 것이 고밀 도시의 삶이다. 나만의 사적 영역을 조금씩 양보하는 댓가로 맨해튼과 유럽의 역사도시는 매력적인 공적 공간을 만들어냈다. 풍부한 거리의 삶은 내 집의 부족함을 상쇄한다.

　반면 서울에서는 배치 공학을 통해 이 세가지를 충족하는 사적 공간을 만들어냈다. 막대기를 누인 판상형, 막대기를 세운 탑상형, 막대기를 구부린 갈매기형이 모여서 거대한 아파트 단지를 형성한다. 동과 동 사이는 공적 공간을 위한 원리와 질서보다 사적 공간의 논리가 우선한다. 최근 지상 주차장을 대신해 근사한 이름을 붙인 각종 테마 정원과 커뮤니티 소광장이 등장했지만 본질적으로 사적 공간의 잉여 공간이다. 아파트 단지의 등장은 공적인 길의 쇠퇴를 뜻한다. 재개발 아파트 단지를 에워싸는 도로는 이전보다 넓어졌지만 수많은 공로公路는 막히고, 단지 내의 사로私路로 대체되었다.

　사적 공간의 확장은 단위 평면에서도 아주 섬세하게 그러나 지속적으로 진행되었다. 아파트 평면에는 일종의 공식이 있다. 10평대는 1베이bay(햇빛이 전면으로 들어오는 방과 거실의 갯수), 20평대는 2베이, 30평대는 3베이, 이런 방법으로 옆으로 확장된다. 방의 갯수를 늘리면서도 모든 방을 최대한 남향으로 배치하려면 전면 폭이 깊이보다 긴 횡장형橫長形 평면이 된다. 전면 폭이 좁고 방이 깊은 종심형縱深形 평면은 대한민국 부동산 시장에서 냉대를 받는다. 두 평면의 차이가 언뜻 이해가 가지 않으면, 내부 전체가 바깥으로 훤히 보이는 서울의 넓은 식당과, 계산대를 지나 깊숙한 곳까지 테이블이 좁게 놓여 있는 맨해튼의 식당을 비교해보자. 그리고 이런 가게가 모여서 도시의 블록을 이룬다고 생각해보자. 종심형은 하나의 블록 안에 길을 따라 균질하게 배열할 수 있지만, 횡장형은 대로에 면한 곳에만 배치할 수 있을 뿐, 이면도로의 집은 그렇게 할 수 없다. '나는 전신이 나오지만 내 뒤에 있는 사람은 얼굴이 잘 보이지 않는 사진'에 비유할 수 있다. 서울의 아파트는 이를 피하기 위해 공적 길보다 사적 단지를 택한 것이다. 횡장형 평면과 이를 조합한 아파트 동 배치는 우리 사회 깊숙이 내재된 공적 공간을 향한 사적 공간의 태도를 반영한다.

사적 영역 확장은 아파트 앞뒤 방향으로도 진행되었다. 너도나도 발코니를 떼어 거실과 방으로 쓰기 시작했다. 법적으로 폭이 1.5m가 넘지 않는 개방형 발코니는 바닥면적에 포함되지 않는 외부 공간이다. 준공 후 불법으로 확장한 발코니는 용적률 산정에서 빠진 전용면적이 된다. 불법 발코니 확장이 용인되자 건설사는 분양할 때부터 확장을 가정하고 시공을 했다. 입주자는 으레 이사하기 전 불법 확장공사를 한다. 건설사는 수익을 더 내고, 소유자는 더 큰 집을 가지면서도 세금을 덜 내고, 정부는 이를 눈감아주는 삼각 묵인 체제가 작동했다.

2005년 12월, 정부는 마침내 발코니 확장을 합법화하기에 이른다. 그로부터 10년이 지난 지금 이 제도는 전용 공간을 확대하는 수단으로 변질되었다. 이를 원점으로 돌려놓기는 불가능해 보인다. 아파트뿐만 아니라 다가구, 다세대 등 주택시장은 합법화를 기정사실로 건설되고 거래되고 있다. 건설사도, 정부도, 소비자 누구도 주택시장의 대세를 거스르기 어렵다. 발코니 확장으로 숨어 있는 용적률은 20%를 상회한다. 용적률

250%의 아파트 단지는 실제로는 270%를 넘는다는 이야기다. 용적률 이 중장부를 갖고 있는 셈이다.

아파트의 단지화와 발코니 확장과 같은 문제는 박인석의 『아파트 한국사회』(현암사 2013), 박철수의 『아파트』(마티 2013) 등의 공동주택 연구에서 심층적으로 다루어진 바 있다. 하지만 주택 유형의 영역을 넘어 범凡 건축 이론으로 다루어진 바가 없다. 특히 용적률의 게임과 같은 '크기'의 문제는 핵심 주제가 되지 못했다. 기술과 예술의 공생 구도에서 한편으로는 지엽적 공학의 문제였고, 다른 한편으로는 건축의 바깥에 있는 도시계획법과 부동산학의 제도 문제였기 때문이다. 한국 건축계에 깊이 뿌리내리고 있었던 가부장적·계몽적 모더니즘의 관점에서 용적률은 건축 질質과는 별개인 양量의 문제일 뿐이었다.

디자인의
전략과 전술

1997년 외환위기를 거치면서 건설 산업은 신자유주의 체제로 개편되어 다시금 건설 활황의 시대를 맞았다. 국가는 시장개방, 공정거래, 효율성을 내세우면서 일괄계약방식(턴키방식)과 건설관리(CM)와 같은 제도를 도입하여 국책 사업의 덩치를 키웠다. 민간에서는 프로젝트파이낸싱(PF) 사업과 민간투자유치(BTL) 사업과 같은, 거대 금융자본이 뒷돈을 대는 사업이 봇물처럼 터져 나왔다. 그러다가 국가와 민간이 끄는 대형화의 쌍두마차는 2008년 금융위기의 직격탄을 맞았다. 이 시기를 전후하여 건축계에는 변화의 징후가 나타났다. 땅과 용적률의 역학관계를 바라보는 건축가들의 관점과 태도다.

강남역 사거리 근방 고층 건물 중에 눈길을 끄는 두 건물이 있다. 하나는 삼성그룹 사옥을 대각선으로 마주하는 27층 높이의 부띠끄모나코(매스스터디스 조민석 설계)이다. 중간중간에 구멍이 난 거대한 상부를 비스듬한 기둥이 아래에서 떠받치고 있는 이 건물은 문화, 상업, 운동시설, 오피스텔의 복합체. 고층 건물의 흔한 외관에서 벗어난 과감한 디자인의 뒤에는 치밀하고 영민한 논리와 전략이 숨어 있다. 건축가 조민석은 건축법의 허용 한도인 건폐율 40%에 근접하면서 채광에 유리한 ㄷ자형 평면을 적층하여 법정 최고 높이인 100m까지 높였으나 용적률이 법정 한도인 970%를 초과하게 되었다. 전체 매스에서 초과된 용적률 10%만큼의 작은 매스를 도려내는 방법으로 이 문제를 풀었다. 그 결과 허공에 떠 있는 다리가 침실과 거실을 잇는 등 기존 주택시장의 관행을 깨는 다양한 유형의 공간이 생겨났다. 조민석은 이 용적률의 게임을 '매트릭스 게임'에 비유했다.

다른 건물은 교보문고 대각선에 있는 어반하이브(아르키움 김인철 설계)이다. 콘크리트 외벽에 원형의 구멍이 나 있는 모양이 벌집처럼 생겨서 붙인 별칭이다. 앞서 말한 대로 폭 1.5m 이내의 개방된 발코니는 건폐율에는 포함되나 용적률에는 포함되지 않는다. 건축가는 이 법의 틈새를 살려 벽면의 50% 이상에 원형 개구부를 내고 이를 건물을 지탱하는 구조체로 설계했다. 그 결과 콘크리트와 유리로 된 두겹의 옷을 입은 것처럼 독특한 외피가 되었다. 건물과 외피 사이의 공간은 전통건축의 마루와 처마 밑과 같은 전이적 공간을 현대건축으로 재해석했다고 할 수 있다. 원형 창을 통해 바라다보는 도시의 풍경은 이색적이다.

부띠끄모나코(왼쪽)와 어반하이브(오른쪽)는 용적률 게임을 바라보는 독특한 전략과 전술을 보여준다.

도시와 건축법의 제한을 건물에 직설적으로 풀어냈던 사례는 이전에
도 많이 있었다. 용적률을 유지하면서 층수를 높이고자 건물 중앙에 거
대한 구멍을 내거나, 도로 사선 제한에 맞춘 계단형 지붕이나 칼로 내려
친 것 같은 비스듬한 벽면을 만든 사례는 서울에서 흔하다. 부띠끄모나
코와 어반하이브가 이들과 다른 점은 시장의 요구와 법의 한계를 수동적
으로 풀어야 할 문제로 보지 않고 적극적 실험의 동인動因으로 삼았다는
점이다. 다만 이것이 처음부터의 실마리였는지 과정 중에 등장한 사후적
방법론이었는지를 규명하기는 어렵다. 그 차이가 그리 중요하지도 않다.
분명한 것은 용적률 게임이 경제 논리에서 디자인의 전략으로 들어왔다
는 점이다.

　윤리성, 사회적 책무성과 같은 거대담론을 유보하고, 땅과 법의 역학

관계에 대응하는 태도는 젊은 건축가 그룹에서 더욱 뚜렷이 나타나고 있다. 최근 젊은 건축가들은 상징적·미학적 가치보다 경제 논리, 그리고 타협과 절충에 따라 만들어지는 중소규모 건축시장에 뛰어들고 있다. 이들이 만들어내는 건축물은 동네 부동산중개소의 거래 대상이 되어 두터운 시장을 형성한다. 젊은 건축가들의 산발적 노력이 일련의 흐름을 만들어낼지는 판단하기 아직 이르다. 그러나 건축 미학의 눈으로 보면 시시하고 진부한 우리 도시의 현실과 정면승부 하기 시작한 것은 분명한 변화다.

진화하는
변종 게임

2011년 서울에서는 용적률 게임의 균열을 보여주는 사건이 일어났다. 10월 27일 취임한 박원순 서울시장이 시작한 일 중에서 전임 시장들과 달랐던 것은 서울시 전역의 정비 사업 실태조사를 하고 주민의 의견을 수렴한 일이다. '정비 사업'은 기반시설과 건축물을 고치거나 짓는 각종 도시 사업으로 주택재개발과 주택재건축 사업을 포함한다. 이명박 시장이 만든 뉴타운은 재개발·재건축 사업을 단위로 하는 덩치가 큰 광역 정비 사업이었다. 2011년 11월 기준 서울시 전체 뉴타운·재개발·재건축 구역은 1,300개였다. 서울시 행정구역의 10.2%, 시가화 지역의 17%에 해당하는 엄청난 면적(61.6km²)이었다. 이중 434개 구역은 완료되었고, 나머지 866개는 갈등조정 대상, 그중 610개는 실태조사 대상으로 분류되었다.[2] 2012년 7월부터 2014년 1월까지 159개 구역의 실태조사를 한 결과, 144개 구역 소유자의 30% 이상이 정비 구역 해제를 요청했다.

서울시는 이를 받아들여 사업을 중단키로 했다. 이는 조사 대상 구역의 63%에 해당하는 수치였다.[3]

개발 사업 구역을 해제한 것은 서울의 현대건축 50년사에 없었던 일대 사건이다. 개발시대에는 상상도 할 수 없는 일이었다. 그것도 주민의 요구에 의한 것이었다. 철거반이 저항하는 거주자를 강제로 몰아내고 집을 허물던 것은 지난 50년 동안의 익숙한 풍경이었다. 불과 몇년 전만 하더라도 뉴타운 사업은 가장 확실한 선거공약이었다. 주민들이 정치인을 압박하고, 정치인은 이를 발판으로 당선되었다. 그렇게 만든 정비 구역을 주민 스스로가 포기하기에 이른 것이다.

지난 50년간 땅을 갖고 있는 서울사람들은 내 돈을 거의 들이지 않고 낡은 단독주택에서 새로운 아파트로 갈아탈 수 있었다. 조합원 입장에서는 개발 전 땅의 가치와 개발 후 집의 가치의 차이가 작을수록 유리하다. 반대로 사업을 끌고 가는 건설사의 입장에서는 개발 전 땅의 가치는 낮고, 개발 후 공간 총량의 가치는 높아야 한다. 양쪽의 입장 차이는 용적률이 상쇄한다. 예컨대 용적률 100%로 지으면 집 한평($3.3m^2$)에 땅 한평의 가치가 포함되지만 200%로 지으면 집 한평에 땅 절반의 가치만 포함된다. 집의 가치는 낮지만 내가 내야 하는 분담금도 줄어든다. 이론상으로 용적률을 100%에서 200%로 높이면 입주자가 2배로 늘어난다. 늘어난 용적률만큼의 세대를 일반에 높은 가격으로 분양할 수 있다. 특별분양으로 새집을 얻은 조합원의 비용을 일반분양으로 집을 산 사람들이 부담하는 구조다. 용적률을 높이면 그만큼 조합원의 분담금은 줄고 건설사의 이익은 커진다. 일반 분양자도 손해 보는 것이 결코 아니다. 분양 즉시 집 값이 오르기 때문이다. 조합원도, 일반분양자도, 건설사도 모두가 이익이 되는 구조다. 게다가 정부와 지방자치단체는 공적 예산을 투입하지 않고 길을 넓히고 기반시설을 구축할 수 있다. 그야말로 손해 보는 주체가 없는 윈윈게임이다. 이 게임은 땅값이 지속적으로 오른다는 전제에서 작동된다.

용적률 게임의 균열은 분양의 불확실성에서 기인한다. 이 불확실성이 수요와 공급의 불균형과 같은 복잡한 경제적 요인과 맞물려 있겠지만 핵심은 '크기'가 이익을 보장해주지 않을 것이라는 의심에서 싹튼다. 그런 의심이 만든 미분양 아파트를 해소하기 위해서 정부는 저금리와 같은 강력한 수단을 빼어 들었다. 하지만 용적률 게임은 이미 금이 가기 시작했다.

용적률 게임의 균열과 함께 더욱 뚜렷하게 나타난 현상은 '거리의 부활'이다. 로데오거리가 지고 가로수길, 서래마을길, 홍대앞이 뜨더니, 이태원 경리단길로 열풍이 옮겨가고 있다. 공업 지역이었던 성수동마저 들썩거리고 있다. 부족한 공공 공간과 열악한 보행 공간, 젊은 세대의 도시 문화에 대한 갈증 등이 바탕에 깔려 있다. 하지만 불을 지핀 것은 부동산의 큰손과 작전 세력들이다. 이들의 보이지 않는 기획에 의해 임대료가 오르고, 업종이 바뀌고, 공간은 재서열화된다. 살아남지 못한 업종은 배후지로 밀려난다. 큰손과 작전 세력은 새로운 곳을 발굴하고 작전을 편다. 같은 패턴으로 공간의 재배치와 장소의 이동이 반복된다. 북촌의 한옥은 강남 사람들의 별채가 되거나 찻집과 와인바가 되고, 가로수길과 서래마을길은 프랜차이즈가 장악한다. 물론 고급화 현상, 이른바 젠트리피케이션gentrification은 전세계 자본주의 도시에서 벌어지는 공통 현상이다. 서울의 문제는 새로운 도시재생 사업이 의도와는 달리 이를 부추길 수 있다는 점이다.

지난 50년간 도시를 개조해온 '개발'은 '재생'으로 전환되고 있다. 2013년 제정된 특별법 '도시재생법(약칭)'이 시행됨에 따라 '서울형 도시재생 선도지역'이 선정되고 시범 사업이 여기저기서 진행되고 있다. 이 법의 골자는 쇠퇴하는 도시를 경제적·사회적·물리적·환경적으로 활성화하기 위해 공공의 역할과 지원을 강화하는 것이다. 뉴타운 해제 지역을 비롯한 기존 정비 구역을 안고 가는 도시재생 사업은 뉴타운의 출구전략이기도 하다.

도시재생 사업에서 공공이 직접 할 수 있는 일은 도로를 개선하고, 감시카메라를 달고, 쓰레기를 재활용하고, 공공 건축물을 짓거나 고치는 일이다. 공공 영역에만 돈을 쓸 뿐 민간 영역은 건드릴 수 없다. 민간을 위해 할 수 있는 일은 소규모 민간개발 사업을 간접 지원하거나 주민 협의체나 공동체를 만드는 것을 도와주는 일이다. 그런데 이런 일은 대한민국 도시계획 역사상 해본 적이 없다. 공공이 많은 돈을 들여서 도시 인프라를 구축한 적도 없고, 커뮤니티에 대해 진지한 고민을 해볼 기회나 필요도 없었다.

그동안 정부와 지방자치단체는 각종 도시 사업을 통해 길과 공원을 만들고 도로를 펴고 넓혔으나, 그 비용은 민간 사업에서 나오는 개발이익으로 충당했다. 공공의 돈을 쓰지 않을뿐더러 오히려 땅 장사로 돈을 벌었다. LH와 SH는 지금은 부채에 허덕이지만 한때는 막대한 돈을 벌었다. 그 과정에서 땅과 집을 가진 소유자와 조합원은 경제적 이익을 위해 강력한 연대를 형성했다. 원주민이 정착하지 못하고 떠나는 매커니즘에서 '커뮤니티'란 매우 모호한 개념일 수밖에 없었다. 개발시대의 체질에서 벗어나지 못한 공공이 생경한 커뮤니티와 재생이라는 어려운 숙제를 받은 것이다.

도시재생은 도시재생법에서 정의한 것처럼 도시의 '쇠퇴'가 전제되어야 한다. 땅과 집값이 내려가고, 인구가 줄어들고, 동네가 슬럼화되는 곳이 서울에 있을까? 서울의 땅값은 금융위기 직후인 2009년 소폭(-2.14%) 하락했을 뿐 그후 완만한 상승세를 그리고 있다. 2015년 공시지가는 전년 대비 평균 4.47% 상승했다. 결정·공시 대상 토지의 95.3% 필지가 상승했으니 서울의 땅 전체가 올랐다고 할 수 있다.[4] 그중에서도 뜨는 거리의 지가는 가파르게 상승하고 있다.

도시재생 사업은 취지와는 달리 지가 상승의 불을 얼마든지 지필 수 있다. 용적률 게임이 주춤하는 동안 '문화'라는 근사한 옷을 입은 변종의 게임이 상업 가로街路에 파고들고 있다. 서울은 결코 쇠퇴하고 있지 않다.

용적률 게임의 문제는 욕망 자체가 아니라, 그 욕망의 열매를 누가 어떤 방법으로 따 먹었는가에 있다. 뉴타운, 재개발, 재건축의 큰 열매는 분양 당첨자와 분양 후 손을 털고 나간 개발자에게 돌아갔다. 분양의 리그에 올라가지 못한 원주민은 그곳을 떠나야 했다. 반면 '문화 거리'의 열매는 철저하게 건물의 임대인에게 돌아가고 있다. 임대료의 상승폭이 장사를 해서 버는 이익을 능가하기에 가로수길에서 세로수길로, 홍대앞에서 상수동과 합정동으로 상업 공간의 이동이 계속된다. 생산의 3요소인 토지, 노동, 자본 가운데 서울에서는 토지와 자본이 노동을 압도한다. 적어도 재개발과 재건축은 중산층에게 잭팟의 꿈을 꾸게 해주었고, 운 좋은 사람들은 베팅에 성공하면 평생 모아야 할 돈을 거머쥘 수 있었다. 양의 게임이 파열음을 내기 시작한 이제 땅과 자본을 가진 임대인만 살아남는 판도로 바뀌고 있다.

건폐율, 용적률, 층수가 같더라도 대지 크기에 따라 건물은 전혀 달라질 수 있다.
서울을 위한 정교한 양의 이론이 필요하다.

양의 게임에 금이 가고 질의 게임이 뜨는 시대에 '서울의 건축인문학'은 어떤 것이 되어야 하는가? 집합적 사고, 법과 제도, 관습과 체제를 담은 것이 건축이라면 예술과 문화로 건축을 모호하게 포장하는 것이 건축인문학은 아닐 것이다. 600년 이상의 역사를 가진 수도이면서, 밀도 3관왕의 자리에 있는 서울을 위한 정교한 양의 이론이 필요하다. 서울은 비로소 '크기'에 대한 사회적 합의와 조절 장치를 모색할 수 있는 절호의 기회를 만났다.

9

보행 공간의 확장과
자발성의 공간 실천

– 서울성곽길, 북한산둘레길, 한강길, 골목길

정홍수

소진되는 삶과
걷기 문화의 부상

　사무실이 한강변에서 가깝다. 별일 없으면 점심을 먹고 한시간 남짓 강변을 걷다 온다. 한동안 다니다보니 자주 가는 길이 생겨났다. 망원시장을 지나 성산나들목 쪽에서 한강변으로 들어가 절두산성당이나 상수나들목 쪽으로 나오는 길. 이 코스를 반대 방향으로 걷기도 한다. 한때는 상수나들목 쪽으로 들어가 마포대교나 원효대교까지 걷다 오기도 했다. 성산나들목 쪽에서 난지캠핑장 방향으로 걷는 길도 좋다. 돌아올 때는 월드컵경기장 앞 평화공원을 지나거나 홍제천변을 거슬러 오르기도 한다. 어느 길을 잡든 탁 트인 한강과 함께 걷는 길은 언제든 상쾌한 기운을 몸과 마음에 불어넣는다. 잠시나마 서울이라는 도시가 살 만한 곳이라는 생각이 들기도 한다. 간혹 자전거 길과 보행자 길이 좁게 엉키거나 이런저런 공사 탓에 불편을 겪는 경우가 있기도 했지만 이제는 웬만큼 정비

되어 걷기의 즐거움을 방해받는 일이란 거의 없다. 기실 가끔 마주치는 공사는 자칫 지루해질 수 있는 산책길의 좋은 구경거리가 되기도 한다. 상수나들목에서 서강대교 방향 초입에 홍제천에서 내려오는 큰 하수관구가 있고 그 사이를 건너는 낡은 다리가 있었다. 아주 예전에 만들어진 터라 폭이 좁아 자전거를 타는 사람들과 도보 산책자들이 서로를 피하느라 꽤 신경을 써야 했고, 폭우라도 쏟아지면 잠기기 일쑤였다. 다리가 잠긴다는 것은 거기서 한강길이 끊어진다는 걸 뜻한다. 4~5년 걸렸으려나. 지금은 아주 근사한 다리로 바뀌었는데, 공사에 따른 약간의 불편만 감수한다면 아주 더디게 조금씩 진척되는 공사 과정을 지켜보는 것도 한강 산책의 숨은 재미였다. 어떤 때는 포클레인의 능란한 기예를 한참 넋을 잃고 구경하기도 했거니와, 이 역시 한강 산책이 주는 선물의 일부였다. 강변의 풍경을 더하고 산책자들을 위로하는 한강길의 각종 꽃과 수목이 하나하나 사람의 손길로 심어지고 관리된다는 사실을 알게 된 것도 그런 시간을 통해서였다.

훼방꾼조차 선물이라면, 준비된 선물은 훨씬 많다. 가는 길의 망원시장은 어릴 적 어머니를 따라갔던 시장의 기억만으로도 마음의 풍경을 바꾼다. 무 한단, 고등어 한마리, 어묵 한덩이, 내복 한벌이 살아가는 것이다. 사람들은 제각기 바쁘거나 느긋하고 시장길은 언제든 환하다. 오가는 길에 책방을 들르기도 한다. 동네 서점들이 하나둘 사라지고 있는 것은 오래된 이야기지만, 그런 흐름을 거슬러 일종의 작은 문화 공간으로 특색 있는 '동네 책방'이 하나둘씩 새로 출현하고 있기도 하다. 망원시장 근처의 '동네 책방 만일'이 그런 곳이다. 자그마한 공간이지만 책방지기가 밝은 눈으로 골라놓은 책들을 구경하는 즐거움이 크다. 차도 한잔 얻어 마

한강 산책길에 마주치는 풍경들. 산책은 우리에게 많은 선물을 가져다주는 특별한 경험이다.

실 수 있다. 절두산 성지는 봄가을 꽃과 단풍이 이루는 풍경이 근사하다. 순교의 시간을 떠올리다보면 잠시나마 경건해진다. 절두산성지 옆 외국인선교사묘원의 묘비들은 이름과 생몰연대만으로도 많은 이야기를 전해준다. 당인리발전소 근처의 미로 같은 골목길과 오래된 집들은 시간 여행을 떠나온 느낌마저 준다.

그러나 무엇보다 최고의 선물은 한강변을 따라 걷는 시간 그 자체다. 봄가을이 가장 좋지만, 여름과 겨울의 한강변 풍광은 또 그것대로 각별한 운치가 있다. 흐르는 강물은 언제든 세상의 잡답을 씻어내준다. 서울의 찌든 공기로부터 완전히 면제된 공간이야 없겠지만, 탁 트인 너른 강물과 푸르른 강변의 수목들은 확실히 공기와 바람의 맛을 달리 전해준다. 멀리 보이는 선유도와 밤섬, 여의도의 빌딩들도 한강의 풍광에 합류하며 걷기의 지루함을 달랜다. 양복 상의를 손에 든 정장 차림의 직장인들은 점심 자투리 시간을 내어 잠시 한강을 걷는다. 나처럼 어정쩡한 산보객들도 있고, 원색 아웃도어 의상에 운동화를 신고 좀더 본격적으로 운동 삼아 걷는 이들도 있다. 그 옆으로는 헬멧에 딱 붙는 사이클링복을 입고 자전거 라이더들이 쌩쌩 달려간다.

그런데 언제부터 걷는다는 일이 별도로 시간을 내어 특정한 장소를 찾아가서 이루어지는 일상의 특별한 행사가 된 것일까. 걷기의 역사야 인류의 직립까지 거슬러 오르겠지만, 최근 일고 있는 '걷기 열풍'을 이해하자면 압축적 근대화의 시간을 살아야 했던 우리네 지난 삶을 돌아보지 않을 수 없겠다. 압축 근대는 앞으로 앞으로 질주하는 시간이었다. 지난 세기 1970년대의 고속도로, 지금의 고속철은 그 압축 근대의 상징이겠다. 그것은 일면 시간과 공간을 엄청나게 늘이고 확장했지만, 다르게는 우리가 겪는 시공간을 균질화하고 납작하게 만들었다. 우리는 그 확장되고 균질화된 공간을 빠른 속도로 오갈 수 있게 되었지만, 그 댓가로 천천히 걷거나 멈추어 생각하는 자리를 잃었다. 도시의 건물과 도로는 생산성, 경제성, 효율성 중심으로 구축되고, 주거 지역은 잠시 잠을 자고 쫓기듯 다시 도시의 일터로 나가는 베드타운이 되었다. 무언가를 타지 않고는 그 쳇바퀴처럼 질주하는 시간을 감당할 수 없게 되었다. 우리는 자동차를, 전철을, 버스를 타기 위해서 걷는다. 우리는 이동하기 위해 이동한다. 도시의 도로는 자동차와 대중교통의 효율적 흐름을 위해 존재하고, 걷는 길은 교차로와 건널목으로 계속 끊어진다. 걷는 일은 시간의 비용만으로도 감당하기 힘든 일이 되었지만, 그 자체로도 불편하고 소모적인 노동처럼 되어버렸다.

이처럼 소진되는 삶에 대한 반성이 한국사회 전반에서 제기되었음은 두루 아는 대로다. 그것은 이른바 '웰빙'이라는 형태로 부상된 '삶의 질'에 대한 관심과 함께 다가왔다. 표면적·물질적 풍요의 이면에서 경쟁과 양극화의 심화가 사회적으로 구조화되는 가운데 나타난 '웰빙'이라는 화두는 그 본질적 한계에도 불구하고 어쨌든 사회와 개인 양편 모두에서 변화를 이끌어냈다. 건강 혹은 몸에 대한 관심과 여가 시간의 확보는 절실한 가치가 되었다. 먹고사는 일은 여전히 만만찮고 어느 면 더 힘들어졌지만, 역설적으로는 바로 그 때문에라도 '자기배려'와 '자기관리'의 삶이 개인적 추구의 우선순위에 올라갔다. 1990년대 중반부터 불기 시작한 등산 열풍은 그 단적인 예다. 사람들은 산을 오르고 공원을 걷기 시작했다. 전문산악인들이나 가던 히말라야가 '트레킹 코스'로 각광받기 시작했다. 싼띠아고 순례길을 한달씩 걷는 사람들도 생겨났다. 제주에 올레길이 만들어지고, 올레길 열풍은 지리산둘레길, 북한산둘레길 등등 전국 각지의 '걷는 길 열풍'으로 이어졌다.

보행 공간의 확장은 이제 모든 지방자치단체가 우선적으로 챙기는 사업이 되었다. 서울의 경우, 북한산둘레길, 서울성곽길이 새로이 단장하여 조성되고, 한강변을 따라 걷고 달리는 41.5km의 길도 아름답게 정비되었다. 불광천, 홍제천, 탄천, 중랑천 등 곳곳의 걷기 좋은 천변길도 빼놓을 수 없겠다. 수색에서 공덕까지 경의선 구간이 지하로 들어가면서 지상은 근사한 공원길로 바뀌고 이어졌다. 북촌, 서촌 일대의 골목길은 문화적 기억을 업고 재발견되었다. 2015년 현재 서울은 조금씩 걷기 좋은 도시를 향해 움직이고 있다. 보행 공간의 확장은 이제 거스를 수 없는 흐름이 되고 있다. 그렇다면 사람들은 그 확장된 보행 공간에서 무엇을 하고 있을까. 혹은 무엇을 해야 할까. 결국은 웰빙이고 건강이고, 여유의 전시일까. 이제 좀더 본질적으로 걷는다는 것의 의미를 생각해볼 때가 된 것 같다.

걷는다는 것

여성주의 인권운동가이자 다양한 방면의 글쓰기로 유명한 리베카 솔닛Rebecca Solnit은 '철학과 예술과 축제, 혁명과 순례와 방랑, 자연과 도시 속으로의 산책'이라는 부제가 붙은 『걷기의 역사』(민음사 2003)에서 걷기에 담긴 문화적·역사적 의미를 다음과 같이 말한다.

> 먹기와 숨쉬기처럼, 걷기에도 다양한 문화적 의미를 부여할 수 있다. 성애와도 관련될 수 있고 지성과도 관련될 수 있으며 혁명과도 관련될 수 있고 예술과도 관련될 수 있다. 그럴 때 걷기의 역사는 상상력의 역사와 문화의 역사에 포함되기 시작한다. 걷기를 통해서 찾고자 하는 기쁨과 자유의 의미는 시대마다 다르고 사람마다 다르고 경우마다 달랐을 테니까. 상상이 공간을 만들어왔으며, 상상이 두 발로 걸으며 만들어낸 공간이 다시 상상을 만들었다. 걷기는 골목, 도로, 무역로를 만들었고, 국지적 의미의 장소와 지구적 의미의 장소를 만들었고, 도시와 공간을 만들었고, 지도, 여행안내서, 자동차 기어를 만들었다. 걷기가 만들어낸 이야기, 순례와 등산과 피서의 이야기는 도서관을 가득 채우고도 남는다. 풍경은 이야기를 잉태한다. 시골 풍경뿐 아니라 도시 풍

경도 그렇다. 그리고 이야기는 다시 우리를 걷기의 역사와 현장으로 인도한다.[1]

걷기의 의미는 시대와 사람마다 달랐으되, 걷기의 역사가 인류 문명에 길을 열어온 상상력의 역사에 포함된다면 우리는 지금 바로 그 인류의 역사에 참여하고 있는 셈이다. 그런데 이건 그리 거창한 이야기가 아니다. 걸을 때 우리와 함께하는 풍경―그것이 시골의 풍경이든 도시의 풍경이든―이 바로 그 역사의 시간으로 말을 걸어온다는 것은 누구나 느껴본 일이지 않은가. 가령 한강변을 걸을 때 흐르는 강물과 거기 놓인 다리는 장구한 자연의 시간과 노동의 시간을 함께 품고 우리에게 다가온다. 우리의 상상은 그 지나온 시간으로 향하고 다시 우리를 지나갈 미래의 먼 시간으로 향하기도 한다. 걷기는 고독한 행위지만 걸을 때 우리는 혼자가 아니다. 우리 앞에 걸어간 사람들, 우리 뒤에 걸어갈 사람들이 그 길에는 함께 있다. 우리가 걷는 길이 전에는 없던 곳에서 새로 만들어진 것처럼, 어느날 그 길은 없어질 수도 있다. 그리고 길은 다른 곳에서 또 생겨날 것이다. 걷기는 이런 느낌과 상상을 자연스럽게 불러일으키며 우리의 실존적 지평을 넓히고 들어 올린다. 과장 없이 말할 수 있다. 우리는 걷기를 통해 시간의 풍경과 대화하며 역사에 참여한다.

걷기가 이처럼 우리 존재의 확장으로 이어질 수 있는 것은 그 행위가 우리의 몸과 정신에 가져오는 특별한 경험과도 관계가 있다. 리베카 솔닛의 통찰에 조금 더 귀를 기울여보자.

걷기는 육체의 무의지적 리듬, 즉 호흡이나 심장박동에 가장 가까운 의도적 행위이다. 걷기는 노동과 무위 사이, 존재와 행위 사이의 미묘한 균형이다. 걷기는 사유와 경험과 도착만을 생산하는 노동이다. (…) 이상적인 걷기란 몸과 마음과 세상이 조화를 이룬 상태이다. 애써서 대화에 성공한 세 사람처럼, 불현듯 화음을 이루는 세 음표처럼 삼위일체가 구현된 상태. 걷기를 통해서 우리는 육체와 세상에 시달리지 않으면서 육체와 세상 속에 머물 수 있다. 걷기를 통해서 우리는 생각에 완전히 빠지지 않으면서 생각할 수 있다.[2]

물론 몸과 마음과 세상이 조화를 이룬 삼위일체의 경지를 매번의 걷기에서 경험하기는 쉽지 않다. 그것은 말 그대로 걷기가 도달할 수 있는 이상적인 상태일 수 있다. 그러나 걷다보면, 아주 가끔이긴 해도 땀이 조금 맺힐 듯 달아오른 가벼운 몸을 싱그러운 바람에 맡기고 마음이 텅 빈 듯 자유롭게 세상의 풍경을 받아들이는 순간이 찾아오기도 한다. 더 중요한 것은 우리는 걷고 있을 때 "육체와 세상에 시달리지 않으면서 육체와 세상 속에 머물"고 "생각에 완전히 빠지지 않으면서 생각할 수 있다"는 사실이다. 양손에 아령을 들고 힘차게 팔을 내저으며 속보로 강도 높은 걷기 운동을 하는 이들이 없는 것은 아니지만, 아주 장시간의 걷기가 아니라면 보통의 걷기가 주는 육체적 부담은 그리 크지 않다. 그리고 몸이 힘들면 언제든 강변의 벤치나 둘레길 한쪽에서 쉬면 된다. 건강을 위해 걷기를 '걷기 운동'으로 삼는 이들이 많은 게 사실이지만, 운동에 따르기 마련인 자기강제와 규율은 뜻하지 않은 강박과 억압이 될 수도 있다. 그럴 때 우리는 걷기가 주는 즐거움을 온전히 누리지 못한다. 만일 우리가 건강이나 그밖의 다른 목표를 덜어내고 그냥 걷기로 한다면, 걷기의 '이상적인 상태'는 그리 먼 이야기가 아닐지도 모른다. '육체와 세상에 시달리지 않으면서 육체와 세상 속에 머문다'는 말의 정확한 의미는 바로 그것일 테다. 걷기는 '단순한 자유'의 시간으로 우리에게 주어질 필요가 있다. 세상에서 버티고 살아가는 일의 고단함으로부터 조금이라도 빠져나오는 시간, 그 정신적·육체적 고단함으로부터 덜 시달리는 시간이 거기 있다. 그것은 동시에 그 약간의 거리감 속에서 다시 세상과 자신의 육체를 느끼고 확인하는 시간이기도 하다. 걷기가 세상의 시스템을 바꿀 수는 없다. 그러나 적어도 세상의 시스템과 우리 자신에 대한 성찰과 사유의 길을 일부 열어줄 수는 있다. 걷기는 이 거리감, 세상과 우리 자신에 대한 단속斷續의 거리감을 만들어내는 행위이다.

방금 성찰과 사유라는 말을 썼지만, 걷기는 사유하는 시간이기도 하다. 그러나 걷기의 과정에서 일어나는 사유는 일관되고 지속적인 생각의 덩어리와는 그다지 관계가 없다. 걷다보면 그냥 이런저런 생각이 들어오고 나간다. 풍경이 촉발한 생각으로 나아갔다가 문득 잊고 있던 일상의 밀린 숙제가 떠오르기도 한다. 갑자기 마음은 무거워지고 풍경은 잘 보이지 않는다. 그러다 강변의 꽃 한송이가 마음을 바꾸고 생각을 다른 곳으로 데려간다. 리베카 솔닛은 이를 두고 '걷기의 리듬'이 '사유의 리듬'을 낳는다고 정리한다.

걷기의 리듬은 사유의 리듬을 낳는다. 풍경 속을 지나는 움직임은 사유 속을 지나는 움직임을 반향하거나 자극한다. 내적 이동과 외적 이동이 기묘한 조화를 이룬다. 마음은 일종의 풍경이며 실제로 걷는 것은 마음속을 거니는 한가지 방법이다. 새롭게 떠오르는 생각이란 원래부터 거기 있던 풍경에서 나오는 것인지도 모르겠다. 사유란 창조하는 것이 아니라 여행하는 것인지도 모르니까. 그렇게 보자면 걷기의 역사는 사유의 역사가 구체화된 것이다. 마음의 움직임은 자취를 따를 수 없지만, 두 발의 움직임은 쫓아갈 수 있으니 말이다. 한편 걷는 것은 생각하는 것인 동시에 바라보는 것이다. 모든 산책은 한가로운 관광이다. 경치를 구경하며 생각할 수 있고, 미지의 것을 기지旣知의 것으로 소화할 수 있다. (…) 사람은 순환로를 걸을 수도 있고, 좌석에 묶인 채로 전세계를 돌아다닐 수도 있다. 그러나 방랑벽은 자동차나 보트나 비행기 타는 것으로는 달래지지 않는다. 몸을 직접 움직여야 효과가 있다는 것이다. 사유를 가능케 하려면 육체의 움직임과 눈앞의 볼거리가 필요하다. 이것이 바로 걷기를 모호한 동시에 끝없이 풍부한 것으로 만든다. 걷는 것은 수단인 동시에 목적이며, 여행인 동시에 목적지인 것이다.[3]

그러니까 걷는 것은 우리의 마음속을 걷는 것이다. 몸과 마음이 함께 걸으며 사유를 낳는다. 그 사유는 대단하고 진지한 것이 아닐 수도 있다. 그러나 우리의 눈과 풍경이 만나는 순간은 끊어지고 이어지면서 사유의 리듬을 만들고 또다시 걷기의 리듬에 합류한다. 그 떠돌며 드나드는 자유로운 사유의 순간은 기실 창조의 순간일 수도 있다. 글쓰기에 쫓기고 글은 더 나아가지 않을 때 나는 한강변이나 서교동 사무실 근처의 골목길을 무작정 걷는다. 잡다한 생각들이 머릿속을 들락날락한다. 당장의 숙제 말고도 밀린 일들, 이런저런 걱정거리가 마음을 무겁게 짓누른다. 그러다 문득 강바람 사이로, 혹은 예쁜 카페의 창 위로 어떤 생각이 떠오를 때가 있다. 그것은 단어 하나일 수도 있고, 두어줄의 문장일 수도 있다. 쓰고 있는 글이나 만들고 있는 책의 제목일 수도 있다. 그러나 다시 한번 말하거니와, 우리는 생각하기 위해 걷지 않는다. 걷기가, 풍경이 생각을 줄 뿐이다. 걷기는 언제나 걷기 그 자체로 자족적인 것이다. 그것이 수단인 동시에 목적인 것은 그 때문이다. 여행인 동시에 목적지인 것도 그 때문이다.

걷기만이 주는 공간감각과 시간감각에 대해서도 이야기해볼 수 있다. 우리는 아침에 집을 나서서 승용차나 전철, 버스를 타고 일터에 도착한다. 그리고 식당이나 상점, 술집에 간다. 하루의 동선을 이으면 실내에 머무는 시간이 대부분이고 잠시 그 실내로부터 다른 실내로 이동하는 형국이다. 집이 작업 공간인 경우나 전업주부, 여타의 사정으로 출퇴근을 하지 않는다면 실내에 머무는 시간은 더 늘어난다. 실내와 실내, 건물과 건물은 단절되어 있다. 그러나 걸을 때 도시의 공간은 하나로 연결된다. 우리는 우리의 발과 몸으로 그 이어짐을 확인한다. 그런데 이것은 우리를 사적 공간 사이의 단절로부터 공적 공간으로 이어주는 것이기도 하다. 도시를 걸으며 우리는 오가는 사람들을 그저 바라만 보는 것은 아니다. 그 순간 우리는 서로를 공동체의 일원으로 확인한다. 걸으면서 스쳐 지나갈 뿐이지만 우리는 그들이 우리와 함께 이 도시에서 살아간다는 느낌을 가진다. 모종의 위안과 희미한 연대감, 알 수 없는 안타까움 등을 동반하는 그 직접적인 느낌은 인터넷이나 텔레비전을 통한 세상과의 접속에서는 생겨나기 힘든 것이다. 길에서 사람을 거의 볼 수 없는 도시는 죽어가는 도시다. 최근 '여성안심귀가길'이 서울 곳곳에 만들어지고 있다. 가로등 불빛을 받으며 걸어가는 밤의 골목길은 지켜져야 한다. 어떤 이유

한강변의 산책로. 걷기는 우리를 속도의 강박으로부터 풀어놓는다.

에서든 사람들이 걸을 수 없는 도시, 걷지 않는 도시는 죽은 도시다. 도시의 길은 사적 공간과 공적 공간을 이어주며 우리는 그 길 위에서 공동체에 참여한다. 그런 의미에서 보행 공간의 확장은 공적 공간의 확장이기도 하다. 디지털 기술이 더 많이 더 깊이 우리의 일상을 지배하게 될수록 규모와 형식을 달리하는 다양한 공적 공간의 요구는 역으로 증대할 것이다. 사려 깊게 설계된 보행 공간의 다양한 확장은 그런 요구에 가장 믿을 만한 응답이 될 수 있다.

걷기는 앞서도 이야기한 것처럼 속도의 강박에서 우리를 풀어놓는다. 우리는 지금 세상이 요구하는 시간과 다른 시간의 감각 속으로 들어간다. 그것은 느리게 해찰하는 시간이다. 그것은 몽상하고 배회하는 시간이다. 그것은 생각과 함께 머무는 시간이다. 기실 우리가 지금 세상에 적응해 살아가려면 빠른 속도에 적응하는 것은 필수적이다. 그러나 바로 그렇기 때문에라도 우리는 느리게 흘러가는 시간을 필요로 한다. 우리가 지금 걷고 있고, 또 걸어야 한다면 그건 걷기가 바로 그 느림의 시간을 우리에게 돌려주기 때문이다.

걸을 때 서울은 추상적인 도시 공간에서 우리 개인의 실존과 교섭하고 개개인의 기억이 뿌리내리는 구체적인 '장소'가 된다. 우리가 걷는 순간, 서울은 깨어난다. 그것은 사실 우리가 깨어나는 시간이기도 하다. 『걷기의 역사』 서장은 이렇게 끝난다.

> 자기를 어딘가에 바치면 그곳은 그만큼을 돌려준다. 당신이 어떤 장소를 많이 알면 알수록 그곳에서는 더 많은 기억과 연상이 자라나며, 그러한 눈에 보이지 않는 기억과 연상은 당신이 그곳으로 돌아올 때 당신을 기다린다. 또한 새로운 장소는 새로운 사유, 새로운 가능성을 가져다준다. 세상을 탐험하는 것은 마음을 탐험하는 가장 좋은 방법이다. 그리고 걷기는 세상을 여행하는 방법이자 마음을 여행하는 방법이다.[4]

서울의 재발견:
서울성곽길에서

조선왕조 도읍지인 한성부의 경계를 표시하는 서울 한양도성은 태조 5년(1396) 한강 이북의 내사산內四山, 즉 북쪽의 백악산(북악산), 동쪽의 타락산(낙산), 남쪽의 목멱산(남산), 서쪽의 인왕산 능선을 따라 축조된 이후 여러차례 개축되었고, 4대문과 4소문이 있다. 대부분 산지에 조성된 산성이며 평지의 성은 숭례문과 돈의문까지다. 평지 성은 일제강점기 때 파괴되었고, 산성도 부분적으로만 남아 있었다. 1974년부터 한양도성의 복원이 시작되어, 2014년 현재 전체 구간의 70%, 총 12.8km가 중건되었다. 이제 한양도성의 성곽을 따라 걷는 서울성곽길은 역사와 자연, 문화적 기억을 음미하는 가운데 서울 시내를 조망하며 걸을 수 있는 훌륭한 걷기 코스로 시민들의 사랑을 받고 있다. 서울성곽길은 백악 구간, 낙산-흥인지문 구간, 남산-숭례문 구간, 인왕산 구간 등 크게 네 구간으로 나뉜다. 긱 구간당 두세시간 안밖이 소요되어 부담 없이 걸을 수 있다. 형편에 따라 더 짧게 끊어서 걸어도 된다. 성곽길 코스에 얽매일 필요 없이 주변 동네로 이어지는 길을 걸어도 좋다. 가령 인왕산 구간은 나도 몇번 가본 곳이다. 경복궁역 1번 출구에서 조금 걸으면 사직단이 나온다. 큰 볼거리가 있는 것은 아니지만 잔디밭 가운데로 난 돌길과 제단은 그것만으로도 보는 이를 숙연하게 한다. 뒤로는 자그만 공원이 있는데 율곡 동상과 신사임당 동상이 양옆으로 서 있는 게 이채롭다. 홍상수 감독의 영화 「누구의 딸도 아닌 해원」(2012)의 무대이기도 하다. 여주인공 해원은 동상을 올려보며 여기 이런 게 있으니 이상하다고 말했던가. 사직공원 옆 배화여대 쪽으로 오르는 길도 영화의 기억을 떠올리게 한다. 길을 걷는다는 것은 그 길에 얹혀 있는 기억과 함께 걷는 일이다. 예쁜 배화여대 캠퍼스를 둘러보고 사직공원 뒤쪽으로 난 길을 따라 인왕산 성곽길을 오른다. 인왕산 정상 쪽까지는 꽤 가팔라서 잠시 본격적인 등산 기분도 난다. 인왕산은 해발 338m다. 정상에 오르면 경복궁에서 세종로로 이어지는 서울 시내 한복판과 저 멀리 한강까지 손에 잡힐 듯 눈 아래에 들어온다. 2013년 처음 이곳에 올라 서울 시내를 내려다보며 감탄에 감탄을 거듭했던 기억이 난다. 서울 역사 탐방 전문가 홍기원은 좀더 구체적으로 인왕산 동남봉 정상의 전망을 추천한다.

> 인왕산 정상은 한양도성을 둘러싸고 있는 내사산 중 서울 장안을 가장 호쾌하게 바라볼 수 있는 전망대이다. 언제 어느 때 가더라도 서울 시내가 시원하게 들어와 가슴이 한껏 열리는 곳이다. 인왕산 정상 전망 중 인왕산 동남봉 정상에서 바라보는 장안 풍경의 호쾌함 정도가 오히려 인왕산 최정상에서 바라보는 장안 풍경보다 맛이 더 있는 것 같다. 서울을 찾은 외국인이 필자에게 "대한민국 서울을 가장 서울답게 볼 수 있는 곳을 한곳 선택해달라" 하고 요청해온다면 주저 없이 권할 수 있는 서울 제1경이 인왕산 동남봉 전망이다.[5]

전망이 주는 느낌은 가히 서울의 재발견이라 할 만하다. 북악산을 기점으로 청와대, 경복궁을 거쳐 세종로로 이어지는 선이 반듯하게 눈에 들어온다. 그 선을 더 이으면 한강이다. 북적이는 도심을 차나 전철로 오갈 때는 보이지 않던 선이고 길이다. 문득 저 길을 걸어보고 싶다는 생각이 든다. 경복궁, 창덕궁, 덕수궁, 북촌 한옥이 이루는 차분하고 정갈한 스카이라인 덕분인지 남산을 등에 진 고층 빌딩들도 나름의 조화 안에 들어와 있다. 억압적인 느낌이 없다. 조망의 높이도 적당해서 너무 멀지도 너무 가깝지도 않게 서울이 한눈에 감싸인다. 메트로폴리탄이 아니라 그냥 마실을 다닐 수 있는 동네 같다. 친밀성의 자장이 생겨난다고 해야 할까.

인왕산 서울성곽길에서 바라본 서울의 전경. 보행공간의 확장은 서울이라는 장소를 재발견하게 해준다.

근대가 고향 상실의 시대라는 것은 누구나 아는 이야기지만, 파행적이고 압축적인 근대의 시간을 살아야 했던 한국인에게 뿌리 뽑힘의 체험은 좀더 가혹하고 강렬한 것이었을 테다. 생각해보면 서울은 하나의 도시 이전에 한국 근대의 명암을 집약적으로 품고 있는 뜨거운 상징이기도 하다. 고층 건물의 상승, 지하철의 하강이 동시에 진행되는 가운데, 쉼없는 질주와 확장 속에 건설된 도시 서울은 어떤 의미에서 '살아가는 곳'이 아니라 '살아남아야 하는 곳'이 되었다. 그러나 인왕산에서 내려다본 서울의 전경은 이곳이 우리가 살아왔고 살아갈 곳이라는 느낌을 얼마간 준다. 그것은 어떤 느꺼움을 동반한 실존의 감흥이어서 순간적일지언정 우리의 몸에 각인된다. 인왕산 길이나 북악산을 지나는 성곽길이 오랫동안 통제되었다는 사실을 생각해보면 이 느낌은 좀더 값지다. 이는 보행 공간의 확장이 서울이라는 장소를 우리의 실존에 개방하고 이어주는 계기가 될 수 있다는 중요한 증례다. 아마도 대부분의 사람들은 지친 심신을 달래거나 건강을 챙기려고 성곽길을 걷고 인왕산을 오를 것이다. 그러나 그 길에서 우리가 얻는 것은 전혀 다른 실존의 경험이 될 수도 있다. 우리는 길 위에서 낯선 사람들과 이어지고 도시의 역사, 도시의 현재와 이어진다. 그리고 여기에는 더 많은 의미있는 경험들이 추가된다.

가령 인왕산을 내려온 뒤 창의문에서 시작되는 북악 구간을 계속 걸어도 되지만, 겸재 정선의 그림에 나오는 수성동 계곡의 물소리를 듣고 박노수미술관을 구경해도 좋다. 윤동주문학관 쪽으로 걸어갈 수도 있다. 근처 부암동은 산책하기 좋은 동네다. 오랫동안 개발제한구역으로 묶여 있었던 곳이라 서울의 과거 속으로 들어간 느낌도 주지만, 환기미술관과 서울미술관 등 구경할 곳도 많다. 오래된 방앗간이나 작은 카페들은 그 자체로 볼거리다. 이어지는 백사실계곡은 서울 한가운데 이런 곳이 숨어 있었나 싶게 작은 비경을 이룬다. 이럴 때 걷기는 문화적 행위로서의 걷기이며 그저 즐거운 걷기가 된다. 동시에 우리는 걸으며 서울의 지나간 시간, 역사에 참여한다.

자발성의
공간 실천

사실 우리는 늘 걷는다. 그러나 도시인들의 평균적인 걷기 동선은 지극히 제한적이다. 차를 가지고 있는 사람은 더 제한적일 테지만, 그렇지 않은 경우도 동선은 집과 지하철역, 지하철역과 사무실 등으로 좁게 한 정된다. 극단적으로 말해 우리는 건물 안에서 걷는다. 문제는 짧은 동선 만이 아니다. 대개 우리는 마지못해서 걷는다. 일하러 가기 위해 걷고, 누 군가를 만나기 위해 걷는다. 거기에는 어떤 목적이 있고, 많은 경우 그 목 적은 우리의 바깥에서 주어진 것이기 쉽다. 자발성은 있더라도, 제한적이 다. 자유로운 걷기는 이제 특별한 활동이 되었다. 건강에 대한 관심, 보여 주는 몸에 대한 관심이 증대하면서 사람들은 시간을 쪼개 헬스클럽에 간 다. 물론 비용도 든다. 그렇게 해서 사람들은 헬스클럽의 러닝머신 위에 서 걷는다. 보행의 시간과 공간이 줄어드는 세상에서 러닝머신은 걷기를 벌충한다. 그러나 이때 우리는 걷는 것이 아니라 걷기를 흉내 내고 있을 뿐이다. 그것도 열량의 소모라는 단 한가지 목적에 맞추어서 말이다. 러 닝머신 위의 걷기는 갑작스러운 비나 추위로부터 우리를 보호할 수 있지 만, 그 대신 우리는 풍경을 잃고, 그 풍경과 교섭하는 마음을 잃는다. 그때 우리는 얼마간 세상으로부터 물러나 있는지도 모른다. 그 퇴각의 마음이 우리의 이기주의, 정치적 냉소, 공동체에 대한 불신 등과 희미하게나마 연결되어 있을 것 같다는 우려는 해볼 만한 것이다. 자유로운 걷기는 세 상 속에서 이루어지며, 그때 우리는 어떻게든 세상에 참여하고 살아 있 는 이웃과 연결되기 때문이다. 문제는 또 있다. 적지 않은 비용을 내어 몇 달 치 회원권을 끊고 나면, 걷기와 운동은 의무가 되고 강박이 된다. 간 혹은 죄의식마저 불러일으킨다. 이것은 무언가 본말이 전도된 일이 아닌 가. 물론 걷기 힘든 도시는 걷기 힘든 세상의 반영일 테다. 헬스클럽의 러 닝머신과 각종 운동기구가 만들어주는 우리의 몸은 경쟁사회에서 살아 남기 위한 방편이 되어버렸다. 우리는 그 경쟁에서 뒤지지 않기 위해 러

닝머신 위에서 걷고 뛴다. 이는 지금 우리가 살고 있는 세상의 시스템 전반에 연결되어 있는 문제여서 쉽게 말하기 어려운 지점들을 포함하고 있다. 다만 우리는 좀더 걷기 좋은 도시를 요구할 수는 있다. 보행 공간의 확장을 요청할 수는 있다. 그리고 그곳에서 우리의 자유, 자발성에 기초한 걷기가 이루어지기를 기대해볼 수는 있다.

다시 말해 걷기 좋은 길이 늘어나고, 그렇게 해서 그 걷기가 자유롭고 즐거운 걷기가 될 때 우리의 걷기는 자발성의 영역 안으로 들어오게 된다. 그 길, 그 공간은 우리의 자발성이 실천되는 장소가 된다. 서울성곽길, 북한산둘레길, 한강길이 보행 공간의 확장이라는 측면에서 갖는 의미가 적지 않은 것은 이 때문이다. 이동을 위한 걷기가 아니라, 걷기가 그 자체로 목적이 되는 걷기는 그럴 만한 공간이 있을 때 가능하다. 언젠가부터 서울은 보행 도시가 아닌 자동차 도시가 되었다. 웬만한 골목길에도 차가 다니지 않는 곳은 없다. 골목은 주차장이기도 하다. 지금의 도시 구조가 단기간에 바뀌기를 기대하기는 어렵다. 구(區) 단위의 지자체에서 천변을 정비하고, 천변길을 산책과 운동에 적합한 공간으로 바꾸어나가고 있는 것은 고무적이다. 도시 공간에서 공원이 차지하는 비중이 절대적으로 낮은 서울의 경우, 천변은 그 공원의 역할을 대신하며 훌륭한 보행 공간이 될 수 있다. 그런 점에서 도심을 가르며 흐르는 41.5km의 푸른 물길, 한강은 천혜의 자원이기도 하다. 누구나 아는 이야기지만 도심에서 가까운 곳에 북악산, 인왕산, 그리고 북한산 같은 명산을 두고 있는 도시는 흔치 않다. 인왕산에서 내려다보면 저만치 한강까지 아울러 서울이 지리적으로 축복받은 도시라는 생각이 든다. 북한산, 도봉산, 수락산, 사패산, 불암산으로 이어지는 종주 산행 코스는 등산 애호가들 사이에서 유명하다.

생각해보면 한강 남쪽의 관악산까지 언제든 오를 수 있는 산이 있다. 그게 서울이다. 2010년 1차로 45.7km의 길을 열고, 2011년 나머지 26.1km 구간을 개통하여 완성된 북한산둘레길은 북한산 자락을 완만하게 걸으며 풍경과 자연을 즐길 수 있게 함으로써 서울의 보행 공간 확장에 크게 기여했다. 모두 21개 코스로 되어 있는 북한산둘레길은 각 코스마다 소나무숲길, 순례길, 흰구름길, 솔샘길, 명상길 등의 이름이 붙어 있는데, 길의 특색을 음미하면서 걸을 수 있도록 조성되어 있다.

성곽길, 북한산둘레길, 한강길, 천변길 등 드러나 있는 지점들 말고도 세심하게 살핀다면 걷기 좋은 길로 바뀔 수 있는 공간들은 많이 있을 것이다. 교통공학적 도시 설계나 효율성과 경제적 가치 중심의 일방통행적 제반 시스템을 부분적으로나마 재고하고 성찰할 수 있어도, 그 여지는 늘어날 것이다. 한강길이나 서울성곽길, 북한산둘레길을 걷는 사람들은 하나같이 가벼운 차림이다. 물이나 과일 정도가 든 가벼운 백팩이면 족하고, 빈손이어도 된다. 본격적인 등산처럼 시간을 많이 낼 필요도 없다. 한두시간이면 되고, 더 짧아도 된다. 속박되는 게 적을수록 걷기는 즐겁다. 실제 사람들의 표정들도 밝다. 그러지 않을 이유가 있을까.

'일요일의 철학'을
위하여

조경란의 단편소설 「일요일의 철학」(『일요일의 철학』, 창비 2013)은 미국 캘리포니아주 쌘프란시스코 만에 있는 작은 도시 버클리가 무대다. 방문학자 자격으로 버클리의 한 대학에 6개월간 머물게 된 여성 소설가 '나'

는 이국의 낯선 도시를 걷고 또 걷는다.

　　도시는 대학을 중심으로 왼쪽이 레이스 자락처럼 구불구불하게 생긴 U자 모양을 하고 있었다. 크고 작은 일곱개의 거리와 골목과 언덕들, 그리고 삼나무숲과 각국에서 몰려든 학생들로 이루어진 도시였다. 중세인의 눈으로 본다면 장식적이기보다는 실용적이고 기능적인 건축물들이 많았고 이 도시에서 유일하게 높은 첨탑 모양의 시계탑 하나가 이정표처럼 멀리서도 한눈에 보였다. 일곱개의 거리 중에서 내가 가장 자주 가는 곳은 학교나 숙소에서부터 걸어서 오갈 수 있는 쏠라노Solano였다. 스페인의 지배를 받은 적이 있어서 그런지 거리들 이름에 그 흔적이 남아 있었다. 태양이라는 뜻의 쏠라노 거리는 1.25마일쯤 곧게 뻗어 있고 완만한 능선처럼 경사져 보였다. 프랑스식 빵집과 식당, 오래된 극장과 책방이며 간단한 음식과 포도주를 싸게 살 수 있는 슈퍼마켓과 술집이 많은 거리지만 인근에 초등학교들이 있어 영업시간은 대개 열시까지로 정해져 있었다. 그 시간 이후면 사람들은 모두 집으로 돌아가고 밤이 무르익기도 전에 거리는 아연 풀이 죽고 활기를 잃은 느낌이 들기도 했다. 내 눈으로 보기에는 낡고 수수한 것들로 이루어진 거리였다. (⋯) 낯선 도시에 체류할 때마다 내가 하는 일은 매번 비슷하다. 맥주를 마시거나 자정이 넘도록 거리를 쏘다닌다.[6]

　지금 소설의 화자는 낯설고 새로운 곳, 가능한 한 집에서 멀리 떨어진 곳을 찾아 여기로 왔다. 그녀는 혼자다. 낯선 도시를 걷고 또 걸을 때 길과 풍경, 사람들은 계속 그녀의 내면으로 흘러들어온다. 그녀의 존재는 낯선 길과 풍경, 사람들이 이루는 타자他者의 세상에 둘러싸여 있다. 걷기는 타자의 세상과 만나는 가장 깊은 시간의 체험이다. 첨탑 모양의 시계탑, 프랑스식 빵집과 식당, 오래된 극장과 책방은 그 시간의 체험 안에서 그녀 존재 깊숙이 기입될 것이다. 이국의 장소는 이 순간 그녀의 내면을 개방한다. 이렇게 해서 그녀는 타자성을 계기로 자기 자신과의 대화를 시작한다. 대화의 내용은 중요하지 않다. 걷고 또 걷는 형식 안에서 생각은 자유롭게 흘러들고 흘러나간다. 그녀는 여전히 혼자이지만 조금 더 충만해지고 견고해진 혼자다. 비유컨대 서울을 떠나 이국의 낯선 도시에서 보내는 시간은 그녀의 삶에서 '일요일'의 시간일 수도 있다. 이국의 도시를 걷는 것은 그러므로 '일요일의 철학'이 된다.

2015년 현재 서울에서의 일상은 일요일의 휴식과도, 철학과도 너무 멀다. 걷는다는 것은 길과 풍경, 세상 속에서 자기 자신과의 대화를 시작하는 일이다. 장소와 공간을 처음으로 낯설게 발견하는 행위다. 서울은 우리 자신과의 대화 속에서 낯설게 재발견될 필요가 있다. 걷기는 우리에게 '일요일의 철학', 바로 그 시간을 제공해줄 수 있다. 보행 공간의 확장은 서울이라는 도시를 우리에게 돌려주는 작은 출발이며, 그때 우리는 우리 자신에게로 돌아가는 귀향의 걷기를 개시한다.

10

「강남스타일」이 노래한 강남

강남

서우석

「강남스타일」

신드롬

2013년 2월 25일 여의도 국회의사당 앞 광장에서 열린 박근혜 대통령 취임식의 축하공연에서 싸이가 「강남스타일」을 불렀다. 대통령 당선자가 국립현충원을 나와 취임식장에 들어서기 직전의 하이라이트 공연이었다. "Eh - Sexy Lady/오오오오 오빤 강남스타일/Eh - Sexy Lady/오오오오." 「강남스타일」의 흥겨운 템포에 모두가 신난 것은 아니었다. 박빙의 승부 끝에 결정난 선거 결과에 대한 입장에 따라 싸이의 축하공연을 보는 마음도 갈린 듯했다. 대선 결과가 못마땅한 사람들에게는 '월드 스타' 싸이가 대통령 취임을 축하한다는 사실이 불쾌했다. 배신감을 느낀다는 사람들도 있었다. 하지만 「강남스타일」이 대통령 취임식이라는 의례에 적합한 곡인지에 대해 관심을 두는 사람은 찾기 어려웠다. 엔터테인먼트 산업의 본고장 미국에서도 비욘세 같은 대중가수가 대통령 취임식에서 노래를 부르는 경우가 있었으나 국가나 애국적 노래들에 한정되었다. 대통령 취임식이 상징하는 무게가 적지 않기 때문이다.

「강남스타일」은 키치문화의 성격이 강하고 가사와 안무가 다분히 선정적이었지만, 많은 외교사절단이 참석한 국가 행사에 적합한 곡인지에 대한 의문은 제기되지 않았다. '국격國格'을 높여야 한다고 강조했던 보수층으로부터도 곡 선정에 대한 문제제기를 찾아볼 수 없었다. 사실 TV에 비친 대통령 취임식의 「강남스타일」 공연은 매우 썰렁한 느낌을 주었다. 아직 겨울의 추위가 가시지 않은 광장에 두꺼운 옷을 입고 자리한 국내외 인사들의 표정은 대부분 굳어 있었다. 어느 '종편'의 앵커는 자리에서 일어나 말춤을 추지 않는 하객들을 탓하기도 했다. 하지만 그날은 조명 하나 없이 관객들과 호흡 맞추기도 어려운 찬바람 부는 광장에서 「강남스타일」을 부르는 싸이조차 힘들어 보였다.

싸이가 그날 부른 또다른 곡 「챔피언」을 보자. "전경과 학생/서로 대립했었지만 나인 같아/고로 열광하고 싶은 마음 같아/오늘부로 힘을 모아 합세 하나로 합체/모두 힘을 길러 젊음을 질러"에 담긴 화합의 메시지는 대통령 취임식에 얼추 어울렸다. 하지만 "싸나이"와 "섹시레이디"가 "갈 데까지 가볼까"라는 「강남스타일」의 가사는 어느 한구석에도 대통령 중심제 국가의 새로운 5년을 기원할 만한 내용을 담고 있지 않았다.

여기서 고급문화와 대중문화의 위계를 말하는 것이 아니다. 과연 한류의 상징이라는 가치는 대통령 취임식 공연으로서의 적합성을 압도하고도 남는 것일까? 「강남스타일」의 후속곡인 「젠틀맨」이 발표된 이후 논란을 일으켰던 정희준의 '포르노 한류'에 대한 일갈은 취임식 사례에도 적용된다. "평소 같으면 분명 저급하다, 쓰레기 같다, 사회적 해악이다, 청소년들이 뭘 배우겠냐며 비난을 퍼부을 사람이 나올 만도 한데 그런 사람이 하나도 없는 게 특히 재미있다. 해외 진출, 국위 선양이면 뭐든 용서가 된다."[1]

그렇다. '해외 진출' '국위 선양', 이 단어들이 핵심이었다. 물론 국가의 위신을 높이는 것은 국가가 문화를 지원하고 후원하는 가장 오래된 이유이며, 이 논리는 과거나 지금이나, 서양에서나 동양에서나 적용되는 것을 찾아볼 수 있다. 그것이 군주의 위상이든 민족의 우수성이든, 집단의 위신을 향상시켜주는 기능을 갖기 때문에 문화는 시장의 지배를 벗어나 국가와 사회로부터 지원을 받을 수 있는 근거로 주장되어왔다. 어쩌면 정도의 차이라는 주장이 가능하다. 그런데 그 정도의 차이가 상당한 것이다.

이런 '비정상'은 어떻게 나타난 것인가. 그것은 민족주의적 열광이 아니고서는 설명할 길이 없다. 싸이의 「강남스타일」이 한국사회에서 신드롬이 된 것은 세계의 인정을 향한 민족주의 열망을 제대로 건드렸기 때문이다. 「강남스타일」이 세계의 관심을 끌게 된 것은 유튜브를 통해서였다. 「강남스타일」이 담긴 6집 앨범 『싸이6甲』(2012)의 발매 초기에는 싸이의 새로운 소속사인 YG엔터테인먼트의 해외 팬덤이 중요한 역할을 했고, 유명 뮤지션들이 SNS를 통해 팔로워들에게 소개하면서 세계적으로 인지도가 확산되었다. 그 결과 발매된 지 52일 만인 2012년 9월 4일에 유튜브 사상 최단기간 1억뷰 돌파의 기록을 갖게 되었다.

여기에 더하여 싸이가 세계적인 팝스타 저스틴 비버의 매니저인 스쿠터 브라운과 손을 잡으면서 본격적인 글로벌 진출의 장이 열렸다. 2012년 9월 12일에 미국 NBC의 「엘런쇼」The Ellen De Generes Show에 출연해서

「강남스타일」이 수록된 싸이 6집 『싸이6甲』.

브리트니 스피어스에게 「강남스타일」을 가르쳐주었고, 13일에는 ABC의 「굿모닝 아메리카」Good Morning America에 특집으로 소개되었으며, 14일에는 NBC의 「투데이쇼」Today show에 출연하여 뉴욕 맨해튼에서 공연을 하였다. 세계적으로 유명한 가수들과 한자리에서 섰다는 것도 국내를 흥분시킨 요인이었다. 같은해 마돈나의 뉴욕 메디슨스퀘어 공연에서는 마돈나와 합동공연으로 「강남스타일」을 부르더니, 미국 음악계의 한해를 정리하는 2012 아메리칸 뮤직 어워드에서 뉴미디어상을 받고 엠씨 해머와 「강남스타일」을 불러서 피날레를 장식했는데 이 자리에 모인 유명 뮤지션들이 말춤을 따라 하며 열렬히 환호하는 모습이 중계되었다. 그간 세계적 뮤지션들이 단독 내한공연은 둘째치고, 일본에 공연 오는 김에 행여 한국에도 와줄까 기대해온 상황을 생각해보면, 싸이가 현지에서 이런 뮤지션들을 열광시키며 공연하는 모습이 너무 비현실적이어서 영상을 합성한 것이 아닐까 하는 생각이 들 정도였다.

유튜브와 SNS가 결합한 패러디물이 양산되면서, 「강남스타일」의 영향을 증폭시키는 데 큰 역할을 하였다. 노암 촘스키와 같은 유명 학자가 패러디 영상에 등장하기도 하고, 미국 대선 후보가 상대 후보를 비방하기 위해 「강남스타일」을 패러디한 선전물을 제작하기도 했다. 빠리 에펠탑 광장, 로마 뽀뽈로 광장, 세계 곳곳의 명문대 등지에서 무수히 제작된 「강남스타일」 플래시몹도 그 인기를 실감하게 만드는 데 중요한 역할을 했다.

하지만 역시 가장 핵심적인 역할을 한 것은 유튜브의 조회수와 가요 차트 순위였다. 발매 4개월이 지난 11월 24일 저스틴 비버의 「Baby」를 제치고 유튜브 정상에 오른 것이 「강남스타일」이 가시적으로 거둔 최고의 성과였다. 하지만 이러한 기록이 한번의 이벤트로 국내에 보도된 것이 아니라는 점이 사회적으로는 중요하다. 유튜브 조회수 1위를 달성하기 이전에도 국내 언론에서는 연일 「강남스타일」의 유튜브 조회수에 대한 보도를 멈추지 않았다. 10월 20일에는 에미넴의 「Love the Way You Lie」(5억 1,147만건)를 제치고 3위로 올라섰고, 11월 2일에는 제니퍼 로페즈의 「On the Flower」(6억 1,558만건)를 제치고 2위로 올라섰는데 그 과정에서 엄청난 언론보도가 있었다. 특히 9월에 빌보드차트 2위에 오른 다음부터는 언제 1위로 올라설지에 대한 기사가 연일 작성되었고, 결국 1위가 좌절되자 그 이유에 대한 기사들이 쏟아졌다. 올림픽에 금은동 메달이 있듯이 싸이는 유튜브 조회에서는 금메달, 빌보드 차트에서는 은메달을 획득한 셈이었는데, 그 과정에서 쏟아진 언론보도가 전국민의 관심을 사로잡았다고 해도 과언이 아니다. 앨범 발매 이후 11월 9일까지 언론보도는 총 5만 1,300여건으로 당시 대선후보에 대한 보도에 필적할 만한 수준이었고, 특히 싸이의 서울광장 공연에서 최고조에 이르러 이틀 동안 총 3,800여건의 기사가 쏟아졌다. 이 과정에서 SNS와 매스미디어가 서로 상승효과를 일으키는 트랜스미디어 스토리텔링으로 「강남스타일」의 영향력을 국내외에서 증폭시켰다.

실제 싸이는 국가훈장을 받게 된다. 4등급 문화훈장인 옥관문화훈장이 수여되었다. 문화훈장에는 금관, 은관, 보관, 옥관, 화관의 다섯 등급이 있는데, 싸이가 옥관훈장을 받음으로써 대중가수로서는 은관문화훈장을 받은 이미자와 하춘화, 보관문화훈장을 받은 조용필 다음의 공훈을 인정받은 셈이다. 싸이의 공훈에 대해 정부 보도자료는 "유튜브 6억회 이상의 조회수"와 "미국 빌보드차트 2위"를 굵은 글씨로 강조하였다. 이를 통해 "전세계에 한국 대중음악을 알리고, 한국에 대한 관심을 높인 것에 대한 공로를 인정받아" 훈장을 수여한다는 것이었다. 발표된 시점은 11월 6일이었고, 시상식은 11월 19일에 개최되었다. 「강남스타일」 발표 넉달 만에 국가훈장이 주어진 것이었으니, 임기를 얼마 안 남긴 실용 정부다운 판단이었다. 평생의 공로로 상을 받은 선배 가수들보다 그래도 한 단계 아래의 상을 주었다는 점에서 일말의 양식을 볼 수 있었다.

홍수환이 권투로 챔피언이 되었을 때, 그리고 정명훈이 '차이꼽스끼 콩쿠르' 2위를 했을 때 카퍼레이드를 했던 것과 큰 차이라면 싸이의 정체성이 강남이라는 도시공간과 뿌리 깊게 연결되어 있다는 점이고, 이 때문에 우리는 이 글에서 싸이의 「강남스타일」에 주목한다. 「강남스타일」은 강남에서 초중고를 다니고 미국 유학을 다녀온 싸이가 작사·작곡까지 한 곡이며, 싸이의 성공은 1990년대 '압구정 오렌지족'의 소비문화가 2010년대 「강남스타일」 제작으로 진화했음을 보여주는 상징이다. 「강남스타일」의 성공은 강남이 낳은 문화의 결실이며, 그 영향은 강남이 어떠한 지역인지를 규정하는 핵심이 되고 있다.

"뭘 좀 아는 놈"

싸이가 다른 케이팝K-pop 스타와 구분되는 큰 차이는 직접 곡을 만든다는 점이다. 케이팝 스타 중에도 직접 작곡이나 작사에 참여하는 경우가 일부 있으나 대부분 만들어진 곡과 안무를 소화하는 역할에 충실한 퍼포머performer에 가깝다. 이에 비해 싸이의 음악적 재능은 다양하기 이를 데 없다. 작곡가로서 다른 가수들에게 곡을 만들어주기까지 하였고 그중에는 이승기의 데뷔곡 「내 여자라니까」와 같은 인기 발라드곡도 포함되어 있다. 버클리 음악학교에 적을 두기는 했어도 혼자 컴퓨터 프로그램과 씨름하며 작곡하는 능력을 익힌 것으로 알려졌으니 상당한 재능을 가진 것으로 보인다.

사회학적으로 특히 중요한 것은 싸이가 작사를 한다는 점이다. 마치 발터 벤야민이 만보객이었던 보들레르를 통해 19세기 빠리에 대한 사회학적 독해를 하였던 것처럼 강남에서 자란 싸이가 작사한 곡들을 통해 우리는 강남의 개발 이후 한 세대가 넘어가는 즈음에 이 공간에서 자라고 성장한 사람들의 생생한 체험을 들여다볼 수 있는 기회를 가진다.

이런 점에서 「강남스타일」은 이미 곡명에서 사회학자의 관심을 끌기에 충분하다. 바로 '스타일'에 관한 것이기 때문이다. 스타일이라는 것은 하나의 전형을 의미한다. 우연한 예외들이 아니라 많은 사람들이 반복해서 수행하는 공통적인 패턴이다. 하지만 「강남스타일」의 신드롬 속에서 말춤에 비하면 내용 자체는 큰 주목을 받지 못하였다. 「강남스타일」의 국제적 인기가 한국어로 된 가사에 있는 것이 아니었기 때문이다. 물론 그 내용은 강남에 대한 풍자와 비판이라는 해석도 제시되었다. 심지어 이 노래에 등장하는 촌스러운 모습들은 촌놈 스타일이지 강남 스타일은 아니며 강남 콤플렉스에 대한 야유라는 것이다. 「강남스타일」에 대해서 충분히 가능한 독해 방식이다.

하지만 싸이 본인은 이러한 해석을 달가워하지 않았다. 「강남스타일」

의 제작 의도는 힘든 생활을 하는 사람들에게 '재미'를 주기 위한 것이 전부였다는 것이다. 오직 재미만을 생각하여 곡을 만들고 나서 '강남스타일'이라는 제목을 붙였다고 한다.

그렇다고 해서 「강남스타일」의 내용이 가지는 의미가 줄어드는 것은 아니다. 오히려 별 생각 없이 '강남스타일'이라는 제목을 붙였다는 것은 다른 말로는 너무 자명하여 그런 제목을 붙이는 것에 별다른 설명이 필요 없다는 의미도 된다. 과연 강남에서 나고 자라 강남의 유흥과 소비문화에 해박한, 그래서 강남의 악동과 같은 이미지를 데뷔 초기부터 갖고 있던 그가 말하는 「강남스타일」의 내용은 무엇인가? 그리고 그 의미는 무엇이고 「강남스타일」의 흥행과는 어떤 연관이 있는가?

싸이는 2012년 9월 14일 NBC의 「투데이쇼」에 출연하여 「강남스타일」의 내용을 "낮에는 조신하게, 밤에는 화끈하게"라고 요약하였다. "가사는 '이런 여자에게 딱 맞는 남자는 바로 나다'라고 말하고 있다"고 부연하듯이 '강남스타일'의 여성에 어울리는 '강남스타일'의 남성에 대한 노래라는 것이다. 「강남스타일」은 문명의 점잖음과 밤 문화의 야성성을 겸비한 이중적 인격이다.

강남에 대한 담론에서 주목할 점은 「강남스타일」이 외모에 초점을 맞추지 않는다는 것이다. 패션에 있는 것도 아니고 명품 소비에 있는 것도 아니다. 「강남스타일」에서 이중성을 찾은 것은 사실 이전에 논의되어왔던 강남의 문화, 강남의 스타일에 대한 담론과는 상당한 차이를 보인다.

강남스타일이 본격적으로 부각된 것은 '압구정'이라는 키워드가 부상한 1990년대 초반이었다. 「강남스타일」의 원조라 할 만한 시집 『바람 부는 날이면 압구정동에 가야 한다』를 유하가 발표한 것이 1991년이다. 현

1995년의 압구정 갤러리아백화점. 강남은 1990년대 들어 새로운 소비문화의 상징으로 부각되었다.

실문화연구회가 『압구정동―유토피아 디스토피아』를 출간한 것은 1992년이다. 유하가 그린 압구정동의 모습은 욕망의 해방구로서 강남이었는데 여기에 출입하기 위해서는 외모로 입장권을 확보해야 한다. "당신의 와꾸를 디밀어보라 가령 나를 포함한 소설가 박상우나/시인 함민복 같은 와꾸로는 당장은 곤란하다. 넣자마자 띠― 소리와 함께/거부 반응을 일으킨다." 입장 자격을 받지 못한 자는 심지어 운동을 통해서 자격을 맞추어야 한다. "그 투입구에 와꾸를 맞추고 싶으면 우선 일년간 하루 십킬로의/로드웍과 섀도우 복싱 등의 피눈물 나는 하드 트레이닝으로 실버스타스텔론이나/리차드 기어 같은 샤프한 이미지를 만들 것"이 조건으로 제시된다. 1990년대는 백화점 건설의 제2전성기였고 이때 건설되는 백화점은 강남에 집중되었다. 소비문화가 강남을 중심으로 새롭게 열리던 시대에 스타일을 맞추기 위한 소비는 필수가 된다. "일단 기본자세가 갖추어지면/세겹 주름바지와, 니트, 주윤발 코트, 장군의 아들 중절모, 목걸이 등의 의류 액세서리 등을 구비할 것 그다음/미장원과 강력 무쓰를 이용한 소방차나 맥가이버 헤어스타일로 무장할 것/그걸로 끝나냐? 천만에, 스쿠프나 엑셀 GLSi의 핸들을 잡아야 그때 화룡점정이 이루어진다/그 국화빵 통과제의를 거쳐야만 비로소 압구정동 통조림통 속으로 풍덩 편입할 수 있게 되는 것이다."[2]

1990년대 압구정 담론 이래 강남스타일은 일정한 패션, 외모나 소비지출에서 나타나는 차이를 의미하였다. 교복을 입어도 강남과 강북에는 차이가 있다는 주장이 기사화되고, 헤어스타일, 의상, 문화소비, 음주문화 등 모든 점에서 강남은 강북과 다른 독특한 점을 갖고 있다는 해석이 범람하였다. 하지만 싸이의 「강남스타일」은 어떤 의상이나 소비의 패턴에 차이가 있음을 말하고 있지 않다. 그가 제시한 것은 「강남스타일」의 이중성이고, 그 이중성의 자연스러운 공존이다.

그렇다면 싸이는 왜 이중성에 초점을 맞추었을까? "정숙해 보이지만 놀 땐 노는" 사람이 강남에만 있는가? 「강남스타일」의 이중성이 가지는 의미를 알기 위해서는 싸이의 활동의 궤적을 이해하는 것이 필요하다. 물론 「강남스타일」의 성공 이후 강연이나 인터뷰를 통해 재포장된 점들이 없지 않지만 싸이가 걸어온 길이 역경을 딛고 성공에 도달한 한편의 드라마처럼 극적인 요소들을 많이 담고 있다는 점은 분명하다. 부유한 집안의 외아들로 태어나 풍족하게 성장하였으나 가수로서의 삶은 순탄치 않았다. 아버지의 반대를 딛고 가수가 되었고, 성공적인 데뷔를 한 후 대마초 흡연으로 활동이 중단되었으며, 다시 활동을 재개한 후에는 대체복무가 문제되어 재입대로 또 한번의 굴곡을 겪었다. 이런 일을 거치고 난 후 2010년 발표한 5집 『PSYFIVE』의 「싸군」에서는 "대마 1년 자숙 1년 대체복무 3년 재판 1년 현역 2년 합이 8년/데뷔 10년에 활동 2년"이라고 요약하였다. 「강남스타일」을 발표하기 직전의 5집 앨범에서 싸이는 "내 맛대로 멋대로 법대로 좆대로 나 간다 이 씹쉐리들아"(「싸군」)라고 호기 있게 외치기도 했으나 "내가 하는 모든 것은 뭔가 좀 어설프고/그렇다고 죽을 수도/계속 이대로 살 수도/사투리로 짜투리로 늘어놓을 뿐이고/외쳐 외쳐 목이 터져라 외쳐"(「Right Now」)라고 자신에 대한 회의, 스스로의 성취에 대한 불만을 노래로 해소하는 자신을 고백하기도 하였다.

　싸이의 작품세계를 이해하기 위해 필수적으로 알아야 할 사실이 있다. 그는 강남의 적자가 아닌 국외자의 성격이 강하다는 점이다. 계급재생산의 관점에서 볼 때 싸이는 강남이 낳은 지배계급의 전형에 속하지 않는다. "좋은 부모님 만나 돈 왕창 받아다가 무슨 벼슬이라도 한 듯 호의호식하며/좋은 독일차 사서 우주선 만들어 날라다녔어/그러나 세상이란 끝이 없더군 사람의 욕심이란 거도 끝이 없더군/이제 와 생각하니 참 불행했었군 가진 것의 소중함을 몰랐던 박군"(「성공의 어머니」)으로 물질적 풍요를 누리면서 살아온 싸이였으나, 그는 이른바 8학군의 성공작이 아니었기에, 강남의 서자 같은 적자였던 것이다. 필요하면 한달 만에 토플을 500점 이상까지 끌어올릴 수 있는 능력의 소유자였지만 학교에서는 내키는 대로 행동하고 교사의 속을 몹시 썩인 학생으로 스스로를 묘사하였다. 반도체 기업을 운영하던 아버지의 사업을 이어받아야 하는 외아들의 위치에 있었으나 그 기대에 부응하지 못했다. 국내 대학에 가지 않고 보스턴대학의 경영학 과정에 입학하였으나 부모를 속이고 자퇴하여 음악학교에 입학하였고 실제 클럽음악 CD를 불법 제작하여 생활해나갔다는 미국 유학의 과정은 제도화된 규범에 대한 그의 성향을 그대로 드러낸다.

바로 이런 점이 오렌지족 담론이 가지고 있던 한계였다. 유하는 시 「바람 부는 날이면 압구정동에 가야 한다」를 동명의 영화로 제작하였는데, 지배계급의 후계자로 나타나는 오렌지족은 카페를 소유하고 여자들을 섭렵하면서도 쿨한 모습으로 그려진다. 2003년에 출간한 김채원 소설 『가을의 환』은 작가와 교류하는 오렌지족을 그리는데 여기서 오렌지족 청년은 카페와 호텔, 클럽을 전전하며 술과 마약, 섹스에 탐닉하는 존재이다. 이러한 재현은 압구정 담론 속에서 인식하는 오렌지족이 무엇인지 보여준다. 하지만 20년이 지난 오늘의 기준으로 보면 강남의 적자는 그 시간 사법연수원에서 순위를 걱정하는 연수생이거나 혹은 대학병원 응급실에서 졸린 눈을 비비고 있는 인턴이다. 술을 벗 삼아 카페에서 자신의 젊음을 즐기는 인물은 남들이 못 누리는 것을 누리는 기쁨은 있을지언정, 자신의 부를 더 늘려봐야 점점 사다리의 정점에서 멀어질 가능성만 크기 때문이다. 오렌지족은 낯선 이가 강남의 유흥 공간에서 마주치는 선망의 대상일 뿐이며 강남의 내부에서 바라볼 때 부와 권력을 이어갈 적자의 모습과는 한참 떨어져 있는 것이다. 그리고 이러한 평가의 시선에 그들 역시 고통을 겪을 수밖에 없게 된다. 싸이가 그러했다.

싸이는 한 TV프로그램에 출연하여 아버지에 대한 그릇된 반항심이 자신의 어린 시절 삶을 지배했으며 아버지와 다른 삶을 살고 싶은 마음이 성취동기를 더 강하게 만들어준 요인이었음을 이야기하였다. 경기고와 연세대 상학과를 나와 기업을 운영하고 있으며 그와 가까운 선후배 사이의 인사로 전 총리가 거론되는 아버지의 삶에 저항하는 싸이의 모습은 엘리트 부모 세대에 대한 반항과 다른 삶의 모습에 대한 희구를 가지는 보보스의 궤적을 떠올리게 한다.

이런 점에서 싸이가 대중가수이지만 상업적 성공만을 목표로 삼는 가수가 아니었다는 점을 이해할 수 있다. 싸이의 초기작들은 방송 불가 판정을 받았는데, 이는 초기 싸이를 관통하는 가장 큰 주제였던 위선과 가식에 대한 비판의 거친 표현 때문이었다. 1집 『Psy from the Psycho World』(2001)의 첫곡 「Intro」를 보자. "I'am coming at ya 거짓과 가식의 우거진 숲을 헤쳐왔어. 내가 왔어. 드디어 싸이 feature/길들여진 원숭이가 아닌 P.S.Y. turn it out ya!/앞뒤 다른 항상 같은 입에 발린 말만 하는 가식적인 분들/냉큼 잽싸게 꺼져 얼른." 또 같은 앨범에 수록된 「No.1」은 어떤가. "위선과 가식으로 똘똘 뭉친 우리나라 좋은 나라 일류를 가장한 삼류투성이/나도 그중 하나 뭐 하나 진실된 것 없이 너 나 사람과 사람 사이마다." "양지에선 신사 음지에선 변태였던 니가/일등인 거야 전통의 그 일부는 폐단의 계승인 거야/멀쩡한 놈 미친놈 되는 세상인 거야." 이런 위선과 가식, 물질주의와 소비로 똘똘 뭉친 세상에서 살아가는 이들 중 특히 연예계에 있는 위선의 인물들을 '원숭이'로 풍자하였고 이와 대척점에 싸이가 있었다. 이런 세상에서 싸이도 다른 원숭이들처럼 미국인 이름을 가지는 원숭이지만 다른 원숭이들을 가증스러워한다. "그래 내 이름도 싸이/왜냐면 나는 싸이코니까."(「Intro」) 강남에 속하기를 거부하는 광인인 것이다.

그리고 이러한 위선과 가식에 대한 비판은 자연스럽게 그의 일생을 지배하는 관심이었던 여성에게 방향이 맞추어진다. "초등학교 때부터 이날까지 저는 불특정 다수의 여성이 (저에게) 막연한 호감을 가졌으면 좋겠어요"[3]라고 말하는 싸이의 초기 작품을 보면 이성에 의해 좌절하는 모습이 발견된다. 1집의 「새」에서는 "아름다운 비너스"에게 놀림감이 되어버린 모습을 고백한다. "니가 얼마나 멋진 남자 만나 어떻게 사나 평생 지켜본다." "바로잡아줄 거야 바로 혼내줄 거야." "나보다 좋은 사람 만날까 너무 두려워." 싸이의 여성에 대한 비판은 전형적이고 모범적인 외양을 가진 여성과 유흥업소에서 일하는 여성 모두를 향한다.

1집의 「쇼킹! 양가집 규수」에서 싸이가 바라본 '양갓집 규수'는 겉으로는 자신의 소비문화에 대한 열정을 감추는 위선자이다. "내숭으로 얼굴도 가리고 위선으로 온몸도 치장하고 그런 너의 텅 빈 머릿속엔/이태리제 일제가 좋네 그렇지 않으면 쩨쩨하네라고 생각하네/하지만 겉으로는 사람은 착하면은 되는 거야라고 말하는 니가 너무 무서워/그런 앞뒤 다른 너의 얼굴에는 청순함이 몸짓에는 순진함이 웃음에는 수줍음이." 또 이러한 위선자는 자신을 고쳐서 스스로 비싼 상품이 되기를 마다하지 않는다. 성형으로 경쟁력을 높여 진열대에 전시되는 상품과 다름없는 것이다. "왜 이쁜 얼굴도 여기 깎고 저긴 째고 거긴 높이고/니 얼굴에는 칼부림 넌 이뻐지려고 몸부림/완성된 로보트는 완구점 진열대에 나란히 서서/Why 이제나저제나 누가 나 사 가나 목 쭉 빼고 어딜 팔려 가길 기다리시나." 소비에 열광하는 존재가 되는 것은 당연한 귀결이다. "대낮부터 횡하고 쇼핑 가서 눈이 핑 돌더니 펑펑 다 사버려/밍크털 여우털 세일한대 있는 돈 털털 털어서 달려갔네/목숨 건 몸싸움 끝에 뻘뻘 땀 흘리며 털 두르며 너덜너덜 자랑하네."

1집의 「새」가 성공을 거둔 후에도 싸이는 위선에 대한 공격을 멈추지 않았다. 여성을 갈구하는 과정에서 강남의 유흥문화를 파헤치는 내용이 2집 『싸2』(2002)를 채운다. "병들어가는 영혼들이여/아쉬움 없는 젊음이 미워/매일 밤 만나는 쌍년놈들이여/쉽게 돈 벌려는 미친년들과/돈이 남아도는 미친놈들아/매일 밤 접하는 좆같은 세상아."(「해지면」) 강남의 유흥문화를 탐닉하면서도 그 문화를 거친 언어로 욕하는 것이 싸이의 모습이었다. 통렬함으로 보면 싸이는 '강남 밤 문화의 김지하'라 할 만하다. "멀쩡하게 생긴 년들이 사상이 드러워/돈 많은 새끼 몇몇 엮어 큰돈 한번 벌어보려/돈 몇푼에 온몸을 걸어/오빠오빠 꺅꺅거리며 다리 쫙쫙 벌려/하루종일 디비져 자다가/사우나 가서 숙취 풀고 온몸을 닦아/미장원 가서 머리하고 가게로 나가/술 먹고 노래하고 끼 부리다가/오 오늘 재수도 좋다/이 새끼 꼴 보니 돈 튀나보다/살살 꼬드겨서 돈 받아볼까/오늘 그냥 보내놓으면 담에 제대로 줄까/안되겠다 더 벌어야겠다 싶어 가불/받아서 뜯어 고치자마자 손님 많아져 따블/이놈 저놈 주무르며 좆나 혀 말았더니/손님들이 쏟아지네 얼씨구 돈더미."(「해지면」)

중요한 점은 「강남스타일」을 부른 싸이는 이십대 초반의 거친 싸이가 아니라는 사실이다. 2006년 결혼 이후 변화가 감지된다. 4집 『싸집』(2006)에 수록된 「연예인」에서는 "남자다운 남자는 낭자를 기쁘게 할 줄 알아야 해"라는 깨달음을 보여주고 "그대의 연예인이 되어 평생을 웃게 해줄게요/언제나 처음 같은 마음으로/난 그대의 연예인"을 다짐하였다. 떠난 여자를 저주하면서도 잘난 남자 만날까 걱정하던 모습과는 사뭇 다른 남자가 드러난다.

하지만 이러한 변화가 순탄하게만 진행된 것은 아니었다. 그가 과거에 비난하였던 모습을 자기 자신에게서도 발견하기 때문이다. 2010년 발표된 5집 『PSYFIVE』에서 싸이는 자신 안에 존재하는 이중성을 주제로 삼아 "세상 속의 내 자신과 내 속의 그 자식과/완전히 두 얼굴의 사나이/나를 덮은 포장지와 그 안의 와타시와/완전히 두 얼굴의 사나이"(「솔직히 까고 말해」)로서 양면성에 대한 번민을 노래한다.

「강남스타일」이 노래한 이중성은 이러한 양면성에 대해서 더이상 번민하지 않게 되었음을 드러낸다. 두 얼굴로 지내는 데 별 어려움을 느끼지 않는 상태가 되고 자신을 조롱하여 다른 사람을 즐겁게 만들 수 있는 상태가 되었다. "나는 사나이/점잖아 보이지만 놀 땐 노는 사나이/때가 되면 완전 미쳐버리는 사나이/근육보다 사상이 울퉁불퉁한 사나이/그런 사나이"인 것이다. 점잖은 외양에도 놀 줄 아는 남자이고, 미쳐버릴 정도로 잘 놀지만 의식을 갖춘 남자라는 의미이다.

여기서 '반전'이 강조되는데 이를 상징하는 소재로 커피를 사용하였다. 1990년대 압구정동 오렌지족의 생활에서도 커피는 중요한 역할을 했다. 안이 들여다보이는 카페에서 커피를 마시면서 유흥의 일과를 시작하는 것이었다. 침침한 다방과 구분되는 소비문화의 상징으로 통유리창이 있는 카페가 사용되었다. 이런 맥락과 달리 「강남스타일」에서의 커피는 이미 에스프레소 커피전문점이 확산된 시대의 이야기이다. 24시간 커피전문점이 생기는 각성의 사회를 상징한다. 이것은 비단 세련된 소비문화의 상징이 아니라 집중과 자기절제의 문화를 내면화한 모습이고 테이크아웃 커피컵을 들고 다니는 글로벌 트렌드의 수용을 상징한다. 각성과 합리성의 문화가 저녁에는 유흥의 문화로 넘어가는데 이러한 모드의 전환이 전혀 어색하지 않은 것이 「강남스타일」이다.

「강남스타일」에서는 "뛰는 놈 그 위에 나는 놈/baby baby 나는 뭘 좀 아는 놈"이 반복된다. 혼종성과 복합성, 양면성에 익숙해 있고, 그 이중성을 자신의 목적에 맞게 사용할 줄 아는 능력을 가진 남자가 된 것이다. 여성에게 잘해줬는데 배신당했다고 억울함을 토로하던 남자에서 이제 이중성의 마스터로서 "뭘 좀 아는 놈"이 된 것이다. 2010년에 싸이가 작사 작곡하여 DJ DOC가 발표한 「나 이런 사람이야」에서 이 시기 싸이의 내면 변화를 좀더 분명히 엿볼 수 있다. "괜찮아 나니까 하나를 배우면/열을 깨달아버리는 나니까/손발 다 써도 안 되면 깨물어버리는 나니까"라고 스스로에 대한 자신감과 도전정신에 충만한 결기를 보이면서 "나 이런 사람이야 알아서 기어/아니면 쉬어 알았으면 뛰어/그래 내가 원래 그래 그래서 뭐 어쩔래/나 이런 사람이야"라고 자신의 정체성에 대한 확신과 있는 그대로의 자신을 세상이 인정해주길 요구하고 있다. 「강남스타일」의 성공은 강남에서 노골화되고 극명화된 이중성 혹은 양면성을 하나의 스타일로 인정하고 수용하면서 자기조롱의 웃음으로 승화시킨 것에서 이루어진 것이었다.

강남의 서자 취급을 당했던 적자가 진정한 적자로 귀환한 이 사례는 개인의 성장기로 그치는 것이 아니라 강남의 계급재생산 구조에서 실패자로 전락할 위험에 있다가 다시 중심으로 진입한 사례를 보여준다. 단적으로 싸이가 활동을 재개할 때마다 그의 아버지가 경영하는 회사의 주가가 요동을 치는 모습은 매우 상징적이다. 그런데 이런 역전의 배경에는 대한민국을 지배하는 엘리트 중산층의 거주지이면서도 동시에 유흥가를 중심으로 개발된 지역이 갖고 있던 강남의 혼종성이 내면화되는 과정이 있었다. 「강남스타일」이 보여준 엽기적인 유머는 바로 젊은 시절에 좌절과 분노를 지나보내고 자신 안에 있는 이중성을 인정한 싸이이기에 가능한 것은 우연이 아닐 것이다. 자기조롱이 사용하는 풍자의 표현은 싸이가 1집부터 사용해왔던 방식이다. 「강남스타일」의 조롱과 풍자는 싸이의 초기 작품들에 드러나는 공격성에 비하면 "뭘 좀 아는 놈"의 여유있는 자기조롱과 유머에 가깝다.

노르베르트 엘리아스Norbert Elias가 모차르트를 분석하면서 이야기한 바와 같이 책상 한쪽 서랍에는 개인의 삶이, 다른 한쪽 서랍에는 작품의 예술성이 따로 존재하는 것이 아니다. 엘리아스는 천재적 음악성을 가진 예술가로서의 모차르트와 개인적으로 미성숙한 인격의 모차르트를 마치 별개의 인물처럼 분리해서 바라보는 시각을 비판하였다. 싸이의 「강남스타일」이 유쾌한 것은 강남스타일의 양면성을 체험하고 관조하는 시선에서 작품이 쓰였기 때문이다. 뮤직비디오에 나오는 우스꽝스러운 모습들도 현실 비판이라 하기에는 너무 우스운 것으로 묘사되어 양면의 어느 쪽에 속하는 사람도 불편함을 느끼지 않고 자신의 얘기가 아니라고 믿으며 즐길 수 있었던 것이다.

이와 같은 이중성은 단순히 도덕의 문제이거나 문화의 문제만이 아니다. 여기서 개인, 사회, 공간이 가지는 긴밀한 관계를 놓쳐서는 안 된다. 전형적인 모습은 강남의 테헤란로에서 찾을 수 있다. 비싼 임대료를 지불하는 인텔리전트 빌딩 뒷골목에는 온갖 유흥의 혁신이 자리 잡고 있다. 그 거리라는 것이 얼마나 짧은가? 「강남스타일」은 그러한 이질적 문화가 전혀 어색함 없이 말 그대로 공간적으로 나란히 공존하고, 각 개인의 삶에서도 나란히 공존하는 지역에 대한 풍자이자 찬가이다.

유흥에도 여러 종류가 있다. 그중에는 클럽도 있고 술집도 있을 것이다. 가장 극단적인 경우로 여성가족부가 서울대여성연구소에 의뢰하여

테헤란로에 늘어선 빌딩들(**왼쪽**)과 이면도로에 자리 잡은 유흥가(**오른쪽**)는 강남의 양면성을 드러낸다.

작성한 '2010년 성매매 실태보고서'를 바탕으로 『한겨레21』이 추가 파악한 기사에 따르면, 서울 강남의 역삼, 삼성, 논현, 대치 4개 지역에서 성매매가 가능할 것으로 추정된 업소는 1,445곳이었다. '경제 1번지'이자 '(사)교육 1번지'와 바로 인접한 곳에 이러한 유흥업소들이 집결되어 있다. 주거지나 교육시설과의 200m 거리제한도 지켜지지 않은 것이다. 강남 8학군 학교들 근처에서 성매매 관련 업소가 성업 중인 현상이 드물지 않다. 이것은 일부 업소들의 문제가 아니라, 강남의 경제권이 무엇인지를 보여준다. 유흥업소와 연관되어 있는 경제권이 광범위하다는 뜻이다. 강남은 개발 당시부터 아파트와 사무실의 건설과 동시에 향락이 함께 자리 잡아 왔다. 주현미가 부른 「비 내리는 영동교」(1985)가 재현하는 내용이 그것이다.

　여기서 우리는 강남 문화의 보편화를 생각해볼 수 있다. 하나는 남자와 여자의 관계에서 나타나는 확장을 볼 수 있다. 「비 내리는 영동교」와 달리 「강남스타일」은 이제 '강남스타일'이 '남근중심주의'의 표상이 아니라는 점을 보여준다. 사무실까지 스며든 성적 코드와 그것의 보편화를 어색하지 않게 받아들이도록 만드는 세련됨이 "반전 있는 남자"와 "반전 있는 여자"의 만남을 노래하고 있다. 현아가 부른 또다른 버전의 「강남스타일」은 이제 양방향의 접근이 일어나고 있음을 재확인해준다. 또한 세계적인 보편성을 생각해볼 수 있다. 비록 가사의 내용은 제대로 전달되지 않았지만 검은 양복과 노랑, 빨강 조명이 공존하는 뮤직비디오가 수용된 과정은 「강남스타일」이 노래한 이중성의 유머에 대한 범세계적인 공감대가 있다는 점을 보여준다.

게오르크 지멜Georg Simmel은 『돈의 철학』(1900)에서 계산적인 합리성이 지배하는 자본주의의 모습을 그렸고, 막스 베버Max Weber는 『프로테스탄트 윤리와 자본주의 정신』(1904)에서 구원에 대한 열망이 금욕주의적 생활양식에 일관되게 작동하며 노동윤리로서 기능하였다는 점을 보였다. 「강남스타일」이 그리는 인격은 정체성을 일관되게 고수하는 모습이 아니다. 시간적·공간적으로 분절하면서 필요에 따라 유연하게 적응할 수 있는 인격체를 보여준다. 이러한 모습에 대해서는 다양한 해석이 가능할 것이다. 하나의 독해 방법으로 다양한 능력을 갖춘 옴니보어omnivore, 즉 잡식성의 인간을 요구하는 한국사회의 모습을 지적할 수 있다. 옴니보어는 본래 문화적 취향의 잡식적 수용의 경우를 의미했으나 여기서는 합리적 노동윤리의 가치지향과 쾌락주의의 가치지향을 소화하는 것이 통합된 것이다. 또다른 독해 방법은 뿌리 깊은 타자지향성이다. 데이비드 리스먼David Riesman이 말한 바와 같이 자신의 고유한 내재적 논리로서 사고하고 행동하는 것이 아니라 다른 사람의 반응에 맞추고 그들의 기분을 좋게 해주기 위해 행동하는 것이다.

클러스터의
에토스

싸이가 유학을 갔다 돌아와서 「강남스타일」을 발표하기까지의 기간은 강남의 정체성이 변화되는 시기이기도 하다. 강남의 지역 정체성을 문화적인 차원에서 부각시킨 것은 의문의 여지 없이 1990년대에 제기된 '압구정 오렌지족'에 대한 담론이었다. '압구정 오렌지족'은 오랜 기간 견고하게 유지되어온 외제품 소비에 대한 금기를 깨고 미국식 스타일과 일본식 음식들을 과시적 소비의 대상으로 삼기 시작했다는 점에서 한 획을 그었다. 하지만 계급재생산의 공장, 즉 강남에서 로데오거리 중심의 서구 유흥문화와 왜색 음식문화의 등장은 기실 주변적인 것에 불과했다. 부동산을 통한 재산 증식과 교육을 통한 지위 세습, 배제적 교류의 네트워크가 공간적으로 치밀하게 배치되고 조정되며 구조화되는 가운데, 미국문화를 맛본 부유한 젊은이들의 유흥문화는 '사회적 위화감'이라는 차원이나 '도덕적 일탈'이라는 관점에서 문제가 되었을 뿐이었다.

1990년대 강남의 소비문화가 특히 문화적으로 두드러진 것은 1980년대의 민족민중문화와 극명하게 대비되는 것도 배경으로 작용하였다. 유하의 영화 「바람 부는 날이면 압구정동에 가야 한다」를 보면 오렌지족 앞에서 「진주난봉가」를 부르는 기자가 대비되고, 압구정의 여성들을 데리고 농촌에서 시를 쓰는 친지를 찾아가 논쟁을 벌이는 장면이 도식적으로 표현되었다. 하지만 지나고 보니 '압구정 오렌지족'은 한국사회가 금욕적 자본축적의 산업화사회를 지나 포스트모던하고 글로벌한 소비사회로 바뀔 수밖에 없음을 알리는 시대변화의 선도 부대였다. 박정희 정부에서 시작되어 88올림픽까지 지속되어온 금욕적 소비문화를 깬 것이다.

그런데 이들의 소비문화가 환상도시fantasy city의 소비 공간에 머물지 않고 생산과의 순환 관계를 맺을 수 있었던 것은 1990년대 강남에 영화와 음악 관련 엔터테인먼트 산업이 정착한 것에서 비롯되었다. 강남이 엔터테인먼트 산업의 중심지가 되는 과정에는 두가지 유형이 있다. 하나는 새로운 산업의 성장이다. 연예 매니지먼트와 같은 경우가 여기에 해당한다. 대중음악의 3대 기획사가 한때 모두 강남에 위치했다. FNC엔터테인먼트 같은 경우 후발 주자로서 급성장하여 현재 국내 4대 기획사라는 명칭까지 얻고 있는데, 2013년 1월 영등포구에서 강남구 청담동으로 이전하였을 때 단순히 공간의 변화가 아니라 메이저 기획사로 발돋움한 상징으로 받아들여졌다. 다른 하나는 기존에 강북에 자리 잡고 있던 산업이 강남으로 이전한 것이다. 구의동에 강변CGV가 개장하면서 충무로의 극장들이 가지고 있던 개봉관으로서의 중요성이 약화되었던 것도 하나의 계기가 되었다. 영화산업이 자본의 조달이 용이한 강남으로 이전하면서 강남에 주요한 영화사들이 자리를 잡게 되었다.

생산과 소비의 순환관계가 가속화되고 상호침투가 확장되는 포스트포디즘적 자본축적의 한복판에서 성장한 싸이가 그 핵심 공간인 '강남'의 '스타일'을 노래한 것은 우연이 아니다. 이미 1990년대 압구정에 대한 현실문화연구회의 담론에서 압구정 소비문화와 물질주의에 대한 비판 일색에 조혜정은 다른 가능성을 제시하였다. 조혜정은 압구정 소비문화에 대한 이념적 재단을 경계하면서 압구정이 새로운 문화의 발원지가 될 수 있다고 전망한 것이다.[4] 이는 당시 연세대생들의 목소리를 바탕으로 압구정 안에서 생활하는 사람들이 느끼는 소비문화는 밖으로 보이는 모습과 사뭇 다르다는 점을 드러냈다. 싸이가 드러낸 것은 엔터테인먼트 산업의 성장과 맞물려 강남 키드가 문화생산의 주인공으로 성장하는 드라마였다. 이들은 지배문화의 영향을 받아서 성장했다기보다 소비·대중문화의 한복판에서 성장하였다. 이들은 리버풀의 노동자계급의 자녀도 아니었고, 미국의 슬럼가에서 자라나는 흑인들도 아니었다.

이와 연관해서 잊지 말아야 할 「강남스타일」의 성과는 강남의 식민지성 논란에 일단 종지부를 찍었다는 것이다. 오렌지족의 압구정 문화에 대한 핵심적인 비판은 미국이나 일본 문화의 맹목적 추종이라는 데 있었다. 이국적인 소비경관의 조성으로 글로벌화된 시대에 부합하는 것 같지만 모방과 추종에 불과하다는 비판이었다. 압구정이 이와 같이 왜색과 미국 문화의 무분별한 수용이라는 점에서 비판을 받았다는 점을 볼 때 싸이가 미국의 인기프로에 출연하여 굳이 한국어로 "대한민국 만세"를 외친 점은 의미심장하다. 그들의 마음속에 빚이 있었는지는 알 수 없으나 겉으로 드러난 모습에서 미국과 일본의 문화를 수용할 때도 무비판적으로 흡수하고 모방하기만 한 것은 아니었으며, 문화의 종속에 그칠지 새로운 발원지가 될지에 대한 판단은 장기적인 관찰을 필요로 한다는 점을 보여준다.

'욕망에서 취향으로' 넘어갔던 소비경관의 변화는 '생산'의 근거지로 무게중심이 전이되었다.[5] 산업화는 늦었지만 정보화는 앞서보자는 제2의 건국 패러다임에서 엔터테인먼트 산업이 콘텐츠 산업으로 포장되기도 하였지만 이들의 정체성은 테헤란로의 IT기업보다는 청담동의 미용

강남에서 열린 한류 페스티벌의 모습. 강남은 이제 엔터테인먼트 산업 생산의 중심지이자 새로운 클러스터로 부상했다.

실과 부띠끄에 더 가까웠다. 태생적으로 테헤란로의 출신이 명문대 공대라면 엔터테인먼트 산업의 본류는 조선시대로 가면 광대였고 일제강점기로 가면 변화 적응에 성공한 기생 집단이었다. 이들이 강남의 한복판에 둥우리를 틀었어도 강남의 정체성을 대표하기에 부담스러운 이유였다. 그런데 강남이 엔터테인먼트 산업의 중심지이자 새로운 클러스터로 부상하면서 싸이의 「강남스타일」을 계기로 이들이 강남의 주류가 되었음이 선포되었다. 싸이의 「강남스타일」 이후 강남은 '한류'의 본고장이고 '케이팝'의 심장이라는 사실이 부각되고 선포되기에 이른다. 이러한 태도 변화는 「강남스타일」이 거둔 세계적인 성공에 크게 영향을 받은 것이었다.

이와 같이 싸이의 「강남스타일」은 엔터테인먼트 산업의 본고장으로서 강남이 갖고 있는 성격을 대외적으로 널리 알리는 계기를 제공하였다. 강남의 정체성에 긍정적인 성격을 부여한 것이 싸이의 공로이다. 「강남스타일」로 강남은 이제 세계 많은 나라 사람들에게 이름을 한번 들어본 적 있는 지역이 된 것이다. 사회학적으로 더 의미심장한 변화는 우리나라 대표적인 중산층 거주지를 규정하는 핵심적인 성격이 엔터테인먼트 산업이 되었다는 점이다. 강남구청장은 「강남스타일」로 강남이 유명해 졌음을 이야기하고 강남에서 한류페스티벌을 개최하여 더 많은 관광객을 유치하려는 계획을 발표한다. 부동산 증식을 통해 중산층의 꿈을 실현했던 지역, 고위 공무원들이 많이 살아 정부 정책이 유리하게 작용한다고 비판받는 동네, 입시를 위해 다른 지역에서 버젓이 잘살던 아파트를 세놓고 세입자가 되는 불편을 감수하면서도 들어와서 사는 지역 등에서 한류와 관광이 중요한 정체성으로 선포되었다.

이것이 순탄한 변화일까? 이러한 변화에 대해서 강남에 거주하는 주민들은 모두 동의하는가? 여기에 대해서는 알려진 바가 없다. 하지만 적어도 지금까지 분명한 것은 이러한 변화에 명시적으로 반대하고 나서는 강남 주민은 아직 사회적으로 가시화된 적이 없다는 것이다. 이러한 변화가 별 저항 없이 시도되고 받아들여지는 것, 여기에는 강남의 상권을 활성화하려는 이유도 있으나, 감히 싸이의 「강남스타일」이 이룬 글로벌한 업적에 반기를 들기 어려운 사회 분위기도 작용하였음이 분명하다.

한국을 대표하는 중산층 거주지 강남이 엔터테인먼트 산업을 그들의 정체성으로 표방하는 데 결정적인 역할을 한 것은 관광이었다. 관광에 대한 강조가 가지는 경제적 합리성을 부인할 수 없다. 이미 쇠락의 기운을 보이고 있는 강남의 곳곳을 살리기 위해서는 관광객의 경제활동이 절실하다. 하지만 관광은 나 자신의 삶을 찾기보다 남에게 팔고 싶은 경관을 형성하는 데 주력한다. 이는 보여주기의 에토스, 타자지향의 에토스를 강화해주는 또다른 장치이다. 부유층의 거주지였던 성북동, 동부이촌동, 혹은 방배동은 대중교통의 연결이 불편하고 외부로 쉽게 노출되지 않는 성격을 갖고 있었다. 보여주기의 에토스는 강남이 서울의 전통적인 고급 주택지가 갖고 있던 속성과는 다른 방식의 경계 짓기 전략을 명시적으로 취하기 시작했다는 점을 보여준다.

이러한 점에서 보면 성형외과가 강남에 번성한 흐름을 알 수 있다. 엔터테인먼트 산업은 강남의 구매력 높은 소비자와 함께 미용성형 산업이 강남에 자리 잡도록 만든 배경이 되었다. 끊임없이 유행을 선도하며 환상을 만들어야 하는 엔터테인먼트 산업은 미용성형 산업에 다양하게 의존할 수밖에 없고 미용성형 산업의 마케팅은 유명 연예인 활용에 의존하는 것이 효과적이다. 엔터테인먼트 산업과 미용성형 산업 사이에서 셀레브리티가 중요한 역할을 하는데, 성형외과와 유명 미용실을 찾게 되는 중요한 이유가 연예인과 유사해지고 싶은 열망이기 때문이다. 연예인들 대부분이 성형미인이라는 인식이 이미 1970년대에 확산된 상황에서, 유명 연예인을 시술한 경험이 환자를 유혹하는 미끼가 된다. 가장 크게 유인을 느끼는 이들은 연예인 지망생이지만, 예비 여대생들로 범위가 확대된 것이 이미 1990년대 상황이었다. 한국의 특수성은 이러한 미용성형 산업이 강남에 집중하였다는 점이다.

강남과 같이 특정한 지역에 특정한 진료과목의 병원이 밀집한 경우는 드문 일이다. 미국에서 교외화 현상의 영향으로 일부 교외 지역에 병원이 밀집한 경우는 있어도 대도시의 한복판, 그것도 가장 지가가 높은 지

엔터테인먼트 산업과 함께 미용성형 산업이 강남에 집중된 사실은 강남의 특수한 성격을 시사한다.

역에 특정 병원이 밀집한 경우는 찾아보기 어렵다. 집적의 이점을 살리기가 어렵기 때문이다. 여기에는 우리나라의 의료보험제도도 영향을 미친 것으로 보인다. 의료시장에 대한 국가의 강력한 통제와 전국민이 수혜를 받는 의료보험제도로 의료인의 실제 수입이 크게 떨어진 가운데 비보험 의료서비스 제공이 갖는 매력이 폭증한 것이다.

성형외과가 확산되는 과정 또한 독특하다. 공급 요인이 먼저인지, 수요 요인이 먼저인지 판단하기 어렵다. 압구정역과 신사역 주변을 시작으로 이미 1990년대부터 강남에 성형외과가 확산되어 오늘날 전국 성형외과의 43%가 강남에 집중하는 수준에 이르렀는데 이들은 억대 이상의 금융대출을 받아 개원하는 경우가 흔하다. 따라서 강남의 성형외과는 규모의 경제를 키우는 것에 사활적 이해관계를 갖게 된다. 성형 관광은 한국의 의료비가 상대적으로 저렴하였던 것을 기반으로 1980년대부터 나타나기 시작했다. 외국 환자가 다양하게 증가한다고 하나 그곳이 유지되고 심지어 확장할 수 있는 기반은 중국인 관광객들이 뿌리는 돈이다. 성형수술을 받은 중국 여성들이 얼굴에 붕대를 두른 채 거리를 다니는 모습이야말로 상징적이다. 노르베르트 엘리아스의 『문명화 과정』(1939)을 보면 중세에는 집에서 떨어진 목욕탕을 가기 위해 온 가족이 벌거벗은 채 시내를 가로지르는 것이 드물지 않았다. 수치심을 느끼는 행동의 기준이 지금보다 높았기에 오늘날에는 상상하기 힘든 행동을 하는 데도 거리낌이 없었다. 수치심과 혐오감을 느끼게 되는 행동의 기준이 점차 낮아지는 것을 엘리아스는 '문명화'라고 규정하였다. 기십억원이 넘는 주택가에서 얼굴에 붕대를 감은 여성들이 태연히 오가는 것을 보며 혐오감을 느끼는 사람은 없을까? 보통 사람은 왠지 들어가기에도 주눅이 들 것 같은 호화 부띠끄에 얼굴에 붕대를 두르고 당당히 들어서는 관광객을 공손히 접대하는 것은 환자의 인권을 존중해서인가? 아니면 자본의 논리 속에 탈문명회의 훈육이 이루어시는 것인가?

「강남스타일」을 계기로 다시 돌아본 강남의 지난 궤적에서 발견되는 공통점은 내재적 논리보다 외부의 시선과 평가가 더 중요하게 작용하는 문화이다. 데이비드 리스먼이 『고독한 군중』(1950)에서 제시한 개념을 빌리면 '타자지향성'이 만연해 있다. 미국의 19세기와 비교할 때 우리 문화에서 역사적으로 내부지향성 자체가 약했다고 할 수도 있지만 선비의 윤리, 전통규범 등의 전통지향성과 내부지향성이 혼재하며 영향을 미쳐왔음도 분명하다. 강남은 이러한 내부지향성이 거의 소멸된 지역이다. 욕망의 해방구라고 했지만 인간 본연이 분출하는 욕망을 규정하는 것이 외부의 논리라는 점에서 역설을 안고 있다.

다시 대통령 취임식의 싸이 공연으로 돌아가자. 남들이 우리를 어떻게 보고 있고 어떻게 인정해주는지, 그에 따라 얼마나 흥분하는지, 이러한 대한민국의 심리적 기제와 사회적 동인을 강남이 응축하여 외재화하고 있다. 성형외과는 이런 응축물의 정수이고 싸이는 그런 에토스를 평생 구현해온 화신이다. 싸이가 철저하게 타자지향적으로 살아온 것은 그의 꿈과 현실 사이의 괴리가 너무 컸기 때문이다. "욘사마처럼 환한 미소가 있나/비처럼 뻑 가는 몸과 춤이 있나"(「싸군」)라고 묘사할 만큼 타고난 매력은 없으나 다른 사람들의 마음을 끌고 싶기에 항상 다른 사람들의 반응을 유도하는 것에 초점을 맞추어 살아온 그이다. 「강남스타일」이 끌어낸 세계적인 성공에 모두가 함께 도취되는 것, 그 저변에는 뿌리 깊은 타자지향성이 자리 잡고 있고 그것은 비단 강남에서 거주하거나 활동하는 사람들에게만 적용되는 논리가 아닌 것이다. 이런 점에서 싸이의 「강남스타일」이 세상에 나오기 훨씬 전인 2006년에 강만준이 『강남, 낯선 대한민국의 자화상』(인물과사상사)에서 밝힌 내용이 여전히 유효하며 오히려 더욱더 생생해졌음을 알 수 있다. 한국의 압축성장을 드라마틱하게 웅변하는 지역으로서의 강남, 그래서 "강남이 한국이다!"

2012년 10월 4일, 8만 명이 모인 서울광장에서 싸이의 공연이 열렸다. 애초에 싸이의 빌보드차트 1위 등극을 기념하기 위해 계획되었는데, 비록 싸이가 1위에는 못 올랐어도 이날 원래 계획돼 있던 하이서울페스티벌의 일정을 변경해가면서까지 약속한 공연이 개최되었고 공연 실황이 유튜브로 중계되었다. 싸이로 보면 오랜 해외 활동의 성공을 국내 팬들과 자축하는 시간이었다. 싸이 스스로가 "한국인들이 얼마나 잘 노는지 보여주자"라고 외쳤고 이 행사가 "세계인들의 관심"을 받고 있음을 거듭 강조하면서 "질서정연한 한국인의 모습"을 보여줘야 할 이유를 "오늘의 우리가 여러 매체들을 통하여 전세계에 출연합니다"라고 설명하였다. 이는 단지 공연의 안전을 염려하는 마음만이 아니었다. "공연 중에 「강남스타일」을 만나면 국가대표의 마음으로 10만 한국인의 대동단결 합창과 말춤을 보여주십시오"라고 외치는 그를 '시선의 노예'라고 비난하는 것은 타당치 않다. 남이 바라봐주기 때문에 더 신나는 것을 어찌할 것인가?

11

'대치동', 승자독식과
각자도생의 소용돌이

김명환

대도시에
살기

　나는 대도시에 사는 일에 거부감이 별로 없다. 대도시가 그 자체로서 반인간적이라거나 반생태적이라는 시각에도 쉽게 동의하지 않는다. 오히려 인류의 생산력이 일정 수준을 넘어선 이후로 대도시의 존재는 필연적이고 인구가 1천만명이 넘는 거대도시metropolis나 그에 준하는 도시 클러스터도 자연스러운 현상이라고 생각하는 편이다. 어린 시절의 10여년을 지방 소도시에서 컸지만 출생지도 서울이요 가장 오래 산 곳도 서울이기 때문에 이런 생각을 하는지도 모른다.

　첫 외국생활로 인구가 5만이 겨우 넘는 작은 대학 도시에서 1년을 보낼 때는 별로 답답한 줄 몰랐는데, 그다음에 미국 제3의 도시인 시카고를 경험한 후에는 한국이든 외국이든 작은 도시에서 살기 어렵다는 감정을 강하게 느꼈고 그것은 지금도 변함이 없다. 대도시가 제공하는 혜택과 다채로운 경험을 누릴 여유가 없음에도 불구하고, 도시생활의 매력이 언제든지 손에 닿는 곳에 있는 생활과 그렇지 않은 생활은 천양지차인 것 같다. 그런 맥락에서 서구화의 물결이 밀려오기 전에도 높은 인구밀도에 상대적으로 고도화된 사회조직을 갖추고 있었으며 최근 수십년간 세계에서 가장 자본주의가 활발했던 동아시아 지역의 대도시 현상은 인구 10~20만의 중소도시가 대세를 이루는 서유럽 지역과의 단순비교를 통해 좋고 나쁨을 논하기 어렵다고 본다. 좀더 복합적이고 심도있는 인식이 필요한 것이다.

우리는 더 나은 한국의 미래를 설계하는 과정에서 서울과 수도권이라는 세계 최고 수준의 인구 밀집 지역을 필연적인 조건으로 받아들여야 한다고 믿는다. 그러나 오늘날 인류가 건설한 도시들이 보여주는 반생태적인 운영방식, 비인간적이고 삭막한 생활양식을 그저 외면할 길도 없다. 더구나 많은 이들이 현재의 서울이 다른 도시들이 보여주는 일반적인 문제에 덧붙여 사람다운 삶을 어렵게 만드는 특유의 비정상적인 모습을 지녔다는 평가를 내린다. 그렇다면 서울이라는 도시의 삶이 드러내는 파행성의 진상과 그 해결책은 무엇일까? 이 글은 2010년대 전반기라는 특정 시점의 '대치동'이라는 지역을 통해 서울의 일그러진 모습을 일각이나마 드러내면서 이 물음에 대한 해답의 실마리를 찾아보고 싶다. 여기서 따옴표를 쓴 '대치동'은 행정구역상의 대치동이 아닌 사회적·문화적 상징으로서의 대치동을 뜻함을 미리 일러둔다.

상전벽해

지난 20년여에 걸쳐 부동산 폭등이 일어날 때마다 거북한 일을 자주 겪었다. 누군가 사는 곳을 물어올 때 대치동이라고 답하면 "아이고, 좋은 동네 사네요"라거나 "부자시네요"라는 말이 예외 없이 돌아오곤 했다. 처음에는 기분이 상했다. 네 식구가 방 두개, 화장실 하나인 20평대 아파트에 살고 있는데, 아니 내가 전세살이를 하는지 제 집을 가진 사람인지도 모르는데, 어떻게 저런 표정으로 저렇게 교양 없는 말을 쉽게 하는 걸까 싶었다. 하지만 똑같은 경험이 반복되다보니 드디어 대치동에 사는 내가 잘못임을 깨닫게 되었다. 사는 곳을 말해야 할 때 궁여지책으로 "삼성역 근처입니다"라고 해보기도 했는데, 상대방이 "삼성역 근처에도 아파트가 있나요?"라고 재차 물어 난감했던 기억도 있다. 삼성역 인근은 코엑스 무역센터를 비롯하여 사무용 빌딩이 밀집한 테헤란로의 중심이니 그럴 만도 하다.

나는 석사학위를 마치고 군에 복무하던 1980년대 초 부모님이 대치동으로 이사하게 되어 강남 사람이 되었다. 도중에 송파구에 여러해 살기도 했지만, 대치동의 한 아파트에 18년째 살고 있으니 대치동 원주민이라고 해도 틀리지 않을 것이다. 내가 사는 고층 아파트는 처음 강남이 개발될 때 지어진 저층 아파트를 재건축한 단지인데, 내 외할머니께서 그 저층 아파트에서 몇년 사신 적이 있어 더욱 익숙하다.

강남 개발이 막 시작된 1970년대 초 외할머니는 외할아버지가 남긴 상당한 재산 덕분이었는지 처음에는 지금의 3호선 신사역 사거리에 여전히 남아 있는 주유소 바로 뒤편의 이층 단독주택에 사셨다. 현재 고층 건물과 호텔로 꽉 들어찬 그곳을 가끔 지나가다보면 이제는 흔적도 없는 외할머니댁 주변이 온통 공터였던 기억이 난다. 또 중학교 2학년 때 현재의 신사역에서 출발하는 걷기 대회에 우연히 참가하여 건설 중인 남부순환도로를 따라 걸었던 일도 생생하다. 불우이웃돕기를 위한 그 걷기 대회는 참가자가 스폰서를 구해 신청한 후 정해진 코스를 완주하고 확인 도장을 받으면 스폰서가 약속한 후원금을 지정된 은행에 입금하는 방식이었다. 당시로서는 무척 낯선 '미국식' 행사였는데, 나는 재미있을 것 같다는 이유 하나로 친구와 둘이서 스폰서도 미리 구하지 않은 채 그냥 참가자들을 따라 걸었다. 도로 양쪽으로 허허벌판을 지나면서 가끔 길가에 설치한 무대에서 공연을 펼치는 (아마도 주한미군 자녀들이었을) 백인 청소년들의 록 밴드를 신기해하며 구경하기도 했다. 당시의 남부순환도로는 구획정리를 위해 파헤쳐진 황토 벌판이 양편으로 여기저기 펼쳐져 있었고, 걷기 대회 참가자들은 아직 차량 통행이 허용되지 않은 미완성의 아스팔트길을 걸었다.

이십대 중반에 나는 정태수 회장의 한보건설이 뜨거운 분양 열기 속에 은마아파트 단지를 지어 떼돈을 번 후 그 건너편에 다시 미도아파트를 완성하는 과정을 직접 지켜보았다. 강남 이주 후 첫 주거지가 미도2차아파트 이전에 완공된 1차아파트였기 때문이다. 이 두 아파트 단지의 필지 규모는 강남 개발계획에서 1, 2위를 점했으니 강남 부동산 열풍에서 차지하는 상징성을 짐작할 만하다.[1] 군복무 중에 지하철 2호선이 개통되어 군에서 풀려나 대치동에서 학교를 다니게 되었을 때 교통이 훨씬 편리해진 덕을 보게 된 기억도 난다.

그전까지 주로 논밭과 임야였던 이 지역은 1980년대 초중반에 이미

지금과 별다를 바 없는 모습의 아파트 단지로 변모해 있었다. 그러나 1991년 노태우 정권 당시 정국을 크게 흔들었던 '수서 비리 사건'의 배경인 수서 개발이 시작되기 전까지도, 봄철에 개포동을 지나 대모산 중턱을 넘으면 지금은 온통 아파트로 덮인 일원동 산기슭에서 농부가 쟁기를 맨 소를 앞세워 좁은 논을 갈아엎는 모습을 볼 수 있었다. 지금은 상상하기 어려운 광경이며, 나도 내 기억이 정확한지 의심스러울 정도로 까마득하다.

　대치동에서 아이들을 기르면서 나는 이곳이 한국 사교육시장의 중심으로 변하는 과정을 가까이 경험했다. 그렇지만 우리 부부가 직접 체험한 사람의 입장에서 대치동의 속살을 제대로 보여줄 자격을 갖추지는 못했다. 우선 내가 사교육에 남보다 적극적으로 투자할 만한 소득과 재산 수준을 갖추지 못했고, 아이들이 대학에 들어가기까지 아내는 주로 집에서 살림을 했지만 이른바 대치동 엄마들의 네트워크에 끼어본 적이 없다. 물론 아이들이 혼자 학원에 걸어 다닐 수 있었던 것을 포함해서 대치동에서 누릴 수 있는 편리함은 대단했고, 우리 부부가 둘다 명문대를 나온 영문학 전공자로서 지닌 문화자본도 교육에 큰 도움이 된 것은 틀림없다. 그러나 우리 가족의 생활은 흔히 생각하는 대치동 중산층의 전형적 삶과는 거리가 멀었다. 따라서 이 글은 '체험기'라기보다는 '관찰기'에 가까운 한계를 지닌다. 물론 대치동 중산층의 '전형적 삶'이라는 것 자체가 손에 잡기 힘든 애매한 것이고 어느 면 허구적일 수밖에 없다.

대치동 학원가
2010년대의 풍경

따옴표로 묶은 '대치동'이 행정구역이 아닌 사회적 상징으로서의 지역을 뜻한다면, 인접한 도곡동, 역삼동, 삼성동, 그리고 남쪽으로 양재천 너머 개포동, 동쪽으로 탄천만 넘어가면 되는 송파구의 일부 지역도 포함할 것이다. 말을 바꾸자면, 학교를 마치고 학원에 가는 것은 자녀들이 알아서 하더라도 밤늦게 돌아올 때는 부모가 자가용으로 학원 앞에서 기다려주는 일상이 가능한 범위의 지역이 될 것이다. 물론 훨씬 먼 곳에 살면서도 이곳에서 자녀의 사교육을 해결하는 경우도 많다.

'대치동'은 한국사회 평균보다 훨씬 높은 소득과 구매력을 가진 강남의 아파트 주민이 다수를 차지한다. 이곳 주민의 일상생활의 특징을 어떻게 묘사해야 할까? 사실 서울은 어디를 가나 비슷비슷해서 뭐가 크게 다르냐고 말할 사람도 있다. 한국사회의 획일성으로 따지자면, 서울이나 부산이나 광주나 여유있는 중산층이 거주하는 대도시 아파트촌은 근본적으로 유사하다. 다만, '대치동'은 한국 최고의 사교육시장이 형성되어 있어 입시철이면 지방에서 수험생이 부모와 함께 올라와 오피스텔에 방을 구해놓고 학원을 다니는 희한한 장소인 것이다. 세인의 입에 자주 오르내리는 용어로 '승자독식'과 '각자도생'의 분위기가 가장 순수한 형태로 지배하는 곳이라고 해도 좋다.

학원이 밀집한 대치동 일상의 독특함, 2010년대에 들어와서 두드러지는 두가지 특이함은 수많은 커피점과 밤 10시의 난데없는 교통체증이다. 대치동에는 커피점이 정말 많고 아예 24시간 문을 여는 곳도 눈에 띈다.

다른 지역의 24시간 커피점이 유흥가의 수요에 맞춘 것이라면, 대치동은 밤늦게 혹은 이른 아침에 학원에 다니는 학생과 그 보호자의 수요에 맞춘 것이다. 또 밤 10시 전후에 30분 정도 벌어지는 교통체증은 학원이 파하는 시간에 자녀를 마중 나온 차들이 대치동의 대로변과 골목길을 온통 점령하는 바람에 벌어진다. 몇년 전 많은 대학들이 논술시험을 치르던 시절에는 수능이 끝난 후에도 밤늦게까지 논술면접 대비 과외를 받는 수험생들 때문에 자정을 전후하여 다시 한번 상당한 교통체증이 빚어지곤 했다. 또 퇴근길 정체가 시작되기 전인 5~6시에는 주로 '○○에듀' '○○유학원' 등의 알쏭달쏭한 이름을 내건 학원 앞 대로변이나 이면도로에 초등학생 자녀를 기다리는 차들이 줄지어 주차함으로써 교통흐름을 방해하기도 한다. 이 차들은 거의 젊은 엄마가 운전하는 고급 승용차이다. 자녀들이 어린 탓에 차에서 기다리지 않고 아이들을 데리러 학원으로 올라가며 서로 활발한 대화를 나누는 엄마들은 서로 잘 아는 사이이며, 남의 집 아이 두셋을 한 사람이 픽업하는 경우도 볼 수 있다. 이것이 바로 이름난 '대치동 맘'의 네트워크가 아닌가 싶다.

출퇴근길 정체를 능가하는 밤 10시 전후의 교통체증은 2010년대에 들어와서 나날이 심해지고 있다. 수백대의 학부모 차량이 일제히 저지르는 불법 주정차는 장관이다. 운전이 서투르지도 않으면서 다른 차가 지나가기 힘들게 골목을 막고 아랑곳하지 않는 학부모 운전자도 많다. 겨우 차를 빼서 빠져나가다가 불법 정차한 차 운전석에 대고 "차 좀 빼세요!"라고 화를 내면 스마트폰을 들여다보며 고개도 들지 않는다. 괜히 볼썽사나운 꼴이 벌어질까봐 한번 노려보고 그냥 가지만 정말 속이 터진다. 엄마든 아빠든 이 운전자들의 태도에는 미안한 기색이 없다. 자기 자식이 좋은 성적을 거둬 승자독식의 한국사회에서 살아남을 수 있도록 온몸을 던지겠다는 결의에 차 있다. 청소년들의 유행어로 '포스 작렬'이며 괜히 건드렸다가는 망신하기 십상이다. 이것이 각자도생의 대치동 절정판인 것이다. 밤 10시의 불법 주정차는 방치되다가 결국 한두해 전부터는 십수명의 경찰이 시간에 맞춰 학원가의 주요 길목에 출동하기 시작했다. 그러나 딱지를 떼는 단속은 불가능하고 교통흐름을 막는 차량을 강제로 이동시키며 교통정리를 하는 수준이다. 공권력을 이런 일에 동원하는 데 따르는 비용은 이 지역 학원연합회가 지불해야 한다고 생각하지만 내가 발 벗고 나설 일은 못된다.

잘 알려져 있듯이 군사정권의 상압적인 과외금지 조처는 1989년 "대학생의 비영리적 과외 교습" 허용으로 사실상 무력화되었다. 이후 방학 중 학원수강 허용 등으로 사교육시장은 야금야금 확대되었고, 2000년 4월 헌법재판소의 과외교습 단속행위에 대한 위헌 결정이 대치동 학원가의 번영에 결정적인 물꼬를 텄다. 이후 지금까지 15년 동안 대치동 학원가는 사회적 변화와 정부의 교육·입시정책에 민첩하게 적응하면서 고속 성장했다. 물론 이것이 언제까지나 지속될 수는 없다. 당장 학령인구가 현저하게 감소하는 것도 일정하게 변화를 예고하고 있다. 그러나 근본적인 변화가 없는 한 대치동 학원가에서는 승자독식과 각자도생이라는 악마의 주문을 머릿속에 외고 있는 학부모와 그 자녀를 거듭거듭 마주칠 수밖에 없다.

어찌 되었든 정부와 교육당국이 교육문제에 대해 근본적인 처방을 내놓지 못한 탓에 대치동의 아파트 단지 사이사이에 존재하던 사무용·상업용 건물들은 점차 학원으로 넘쳐나기 시작했다. 그런데 강남 지역에서 유독 대치동이 학원가로 특화된 이유는 무엇일까? 신사동이나 논현동은 상업지구나 유흥가로 자리를 잡고 압구정동이나 청담동은 고급 쇼핑가나 성형외과 거리로 특화되는 과정에서 자연스럽게 대치동이 학원가로 성장하게 되었을 것이다. 그러나 이보다 더 중요한 조건은 가까이에 큰 아파트 단지들이 밀집해 있어 상대적으로 사교육 수요가 많았다는 점이다. 건축학자 김성홍에 따르면, 서울의 사교육 3대 중심지인 대치동, 목동, 중계동이 모두 유사한 입지조건을 가지고 있다.

이 영원할 듯한 학원가의 아성도 언젠가는 쇠락하게 되어 있다. 아파트 상가로는 가장 큰 규모일 은마상가에 1980년대 중엽에 사무실 한칸 크기의 공간을 옹색하게 차지한 채 예배를 보던 작은 개척교회가 100여 개에 육박해 해외 언론에도 진기한 일로 소개된 적이 있다. 그 당시 어두운 밤에 은마상가 위로 솟은 '상가교회'의 붉은 십자가들을 바라보면 마치 공동묘지와 같았다. 하지만 이제는 대부분 정리되어 사라지고 없으며, 천주교 성당을 별도로 하면 전형적인 강남 대형교회의 그림자 아래 중소 교회들이 흩어져 있는 형국이다. 대치동 학원가도 언젠가는 유사한 운명을 맞을 것이다.

양재천이
변모한 까닭

이십대 중반에 대치동에 살면서 가장 먼저 부딪힌 괴로움은 먼지였다. 그도 그럴 것이 내가 살던 미도1차아파트 바로 옆에서 2차아파트 단지 공사가 요란하게 진행되고 있었던 것이다. 이른바 '비산먼지'가 자욱하게 일어나곤 했지만, 건설사 측에서 줄이려는 노력도 하지 않았고 감독 당국도 별로 개의치 않았을 것이다. 부동산 대박에 눈이 벌게진 분위기에서 먼지 따위는 아무도 문제 삼지 않던 시절이었다.

요즘처럼 헬스장이 일반화되지도 않았던 시절이니 운동을 할 방법이 마땅치가 않아서 아파트 앞의 양재천 둑길을 따라 조깅을 몇번 시도했다. 맨흙의 둑길은 달리기에는 너무 울퉁불퉁해서 불편했다. 그러나 조깅을 포기한 이유는 이 때문이 아니었다. 양재천에서 올라오는 악취가 너무 심해서 도무지 제대로 숨을 쉬며 달릴 수가 없었다. 1980년대 초중반에는 하천 관리가 부재했던 탓에 오폐수로 인해 썩은 냄새가 진동했던 것이다.

이 또한 요즘 양재천에서 산책하거나 자전거를 즐기는 사람들로서는 상상하기 힘든 옛날 일이다. 지금의 양재천은 강남구와 서초구, 상류에 있는 과천시의 노력으로 완전히 달라져 있다. 둑 아래 비교적 맑은 물이 흐르는 양편으로 잘 포장된 길이 생겨 산책하거나 달리거나 자전거를 타기 좋다. 주민들의 이용도가 높아지자 둑 중간에도 산책로를 설치했고 둑길 또한 깔끔하게 포장되었다. 곳곳에 잘 관리되는 화장실도 있고, 양재천을 건너기에 불편하지 않도록 징검다리가 놓여 있고 이용자 증가에 따라 최근 몇년 사이에 작은 다리들도 몇개 더 건설되었다. 일부 구간은 이용 주민과 자전거 통행량이 너무 많아져 일방통행까지 실시하고 있다.

이렇게 양재천이 달라진 까닭은 환경의식의 변화나 환경정책 덕분이기도 하겠지만, 삭막한 잿빛 도시에서 숨 쉴 공간을 찾는 주민의 절박한 요구가 가장 크게 작용했을 것이다. 1990년대에 들어 지방자치제가 시행되면서 지자체장이 주민의 표를 의식해 생활체육이 가능한 공간과 시설,

자연을 느낄 수 있는 녹지를 가꾸는 일에 앞다퉈 나선 것은 어느 지역이든 마찬가지였지만, 특히 양재천의 경우는 강남구와 서초구라는 재정이 풍부한 구청의 남다른 투자와 관리가 있었다. 양재천 상류로 올라가면 과천시에 이르기까지, 하류로 내려가면 탄천과의 합류지점에서 북쪽으로는 한강시민공원(괴상한 1980년대식 명칭은 '한강고수부지'), 남쪽으로는 성남시 분당구까지 이어지는 자전거 도로가 2000년대 중후반에 완성되어 마라톤, 자전거, 인라인스케이트 동호인뿐만 아니라 남녀노소를 막론하고 주민들이 사랑하는 휴식 공간으로 탈바꿈했다.

어떤 이들은 강남이 워낙 잘사는 지역이니까 양재천이라는 자연환경도 돈을 퍼부어 잘 가꿔놓았다고 생각하고 넘어갈 것이다. 그러나 그것은 지방자치제 실시의 효과를 간과한 다소 부정확한 판단이 아닌가 싶다. 1987년 6월항쟁으로 군사정권이 붕괴되었지만 재집권에 성공한 노태우 정권이 법을 어겨가며 미루고 미루다 실시한 지방자치제는 아직도 숱한 문제를 안고 있으며 심각하게 변질되고 왜곡된 면도 많다. 그러나 만약 지방자치제가 없었다면 양재천이 비교적 신속하게 주민 요구에 부합하는 쾌적한 공간으로 재탄생하기는 어려웠을 것이다.

내 주장을 실증하기는 난감하지만, 이명박 정부가 4대강 사업 홍보의 일환으로 난데없이 전국 어디서나 자전거 도로를 확보하라고 성화를 부린 결과 강남구에도 생긴 기묘한 형태의 자전거 전용도로, 아무도 이용하지 않는 길이 좋은 방증이라고 본다. 만약 강남구의 지방자치가 중앙정부의 압력에서 독립적이었다면, 혹은 강남구를 운영하는 지자체 간부들이 이명박 정부의 무리한 시책과 거리를 두었다면 그저 전시용으로 만들어 자동차 흐름만 방해하는 자전거 도로는 생기기 어려웠을 것이고,

양재천 산책로의 자전거 일방통행 표지와 인근 도로의 기묘한 자전거 전용도로.

지금은 벌써 철거되이 사라졌을 수도 있다. 이처럼 사소하지만 주민생활과 직결된 문제에도 민주주의가 얼마나 잘 작동하느냐에 따라 큰 차이가 생기는 것이다.

이 대목에서 양재천뿐만 아니라 한강변의 도시 풍경이 어떤 가능성을 지니고 있었는지에 대해서도 다시 생각해볼 만하다. 현재의 올림픽대로와 강변북로, 그리고 한강시민공원의 풍경에 우리는 익숙해져 있다. 그러나 당시 정부가 강남 개발을 하면서 조금이라도 안목이 있었다면 한강변에서 "최소한 100m 정도의 폭은 남겨두고 아파트 업자들에게 땅을 팔아도 팔았을 것"이고, 그렇게 했다면 오늘 우리는 한강변에 정말 아름다운 수변공원을 확보할 수 있었을 것이다. 그러나 개발 주체들에게는 "콘크리트를 만들기 위해서는 현장 가까운 곳에 모래와 자갈이 있"어야 한다는 유리한 조건만이 중요했으며, 따라서 녹색 공간을 마련할 생각은 꿈에도 없이 압구정동의 대규모 아파트들은 강가에 바싹 붙여 건설되었던 것이다.[2] 결국 시민의 휴식 공간은커녕 서울의 교통 문제를 풀 강변의 간

선도로를 위한 공간마저 옹색해지고 말았다. 개발에 대한 사회적 합의와 주민의 요구를 대변할 지방자치제의 부재를 활용해 자본이 얼마나 노골적이고 천박하게 자신의 요구를 관철했는지 알 수 있다.

그래서 양재천은 더욱 소중하고 아름답다. 이른 봄에 개나리부터 피기 시작하여 4월 초중순에는 벚꽃도 제법 볼 만하고 비슷한 시기에 조팝꽃, 귀룽꽃, 찔레꽃 등이 연이어 화사한 분위기를 연출한다. 경사진 둑에서는 애기똥풀 같은 풀꽃들을 쉽게 접할 수 있어 어린이들에게 좋은 놀이터가 된다. 물속에는 잉어와 송사리가 헤엄치고, 청둥오리, 해오라기 등의 물새만이 아니라 산새도 많이 날아들며, 심지어 너구리도 살고 있다. 탄천과 합류하는 지점의 늪에는 한때 연꽃을 심어 7월경에는 희고 붉은 연꽃이 만발하여 장노년층의 산책길을 즐겁게 하는가 하면 아침 일찍 부모 손을 잡고 나온 아이들에게도 좋은 볼거리였다. 그러나 관리가 어려운 탓인지 아쉽게도 최근에는 다른 물풀에 밀려나 연꽃을 볼 수 없다.

앞서도 말했지만, 나는 도시에서 자란 터라 농사를 경험하며 시골에서 자란 이와 달리 자연에 무지하다. 그러나 도시라도 지금과는 달라서 동네 뒷산이나 텃밭에 익숙했고, 사냥감을 찾는 솔개가 하늘에 떠 있으면 옆집 닭장의 병아리들을 걱정하기도 했다. 그래서 꽃과 나무와 새 들에 대해 관심이 없지 않았고, 어린 자식들을 자연과 더불어 기르려고 노력하는 편이었다. 마침 요즘의 초등학교는 자연교육에 정성을 기울여 학교 운동장 구석에 마련된 화단에서 갖가지 우리 풀과 꽃 들을 익힐 기회가 많다. 내 아이들이 저학년 때 나도 잘 모르는 풀꽃 이름을 줄줄 외우는 모습을 기특하게 지켜본 적도 있다.

하지만 대부분의 대치동 어린이와 청소년은 풀과 꽃, 새에 대해 무지하고 무관심하다. 필경 도시 출신일 부모들도 다르지 않다. 아파트 단지에도 흔한 직박구리의 이름을 대는 사람들이 얼마나 있을까? '뱁새가 황새 따라가려다 가랑이 찢어진다'는 속담을 모르는 이는 없지만, 양재천에서 쉽게 마주치는 뱁새떼를 참새떼와 구분할 줄 아는 이는 적다. 좀더 만나기 힘든 박새나 곤줄박이는 말할 것도 없다. 나무는 은행나무와 단풍나무밖에 구별 못하고, 새는 참새, 까치, 비둘기, 양재천에 떠 있는 오리밖에 알아보지 못한다면 그것이 삶다운 삶이라고 할 수 있을까.

양재천을 가꾸는 지자체나 후원기업들의 움직임에도 우려되는 점이 있다. 최근에 지자체가 후원기업과 함께 양편 둑 안쪽에 왕벚나무와 물푸레나무를 많이 심었다. 하지만 여름철에 큰불이 져서 양편 둑 위로 넘칠 지경이 되었을 때, 둑 안에 인위적으로 심은 나무들은 물의 흐름을 방해하여 범람 피해를 키울 가능성이 있다. 이런 점에 대해 전문가적 고려가 충분히 있었는지 걱정이 된다. 요즘의 양재천은 녹색 공간으로서 과잉 개발되는 측면이 없지 않으며, 여기에도 은연중 '돈 많은 우리가 하면 최고의 공간이 된다'는 오만한 논리가 작용하는 혐의가 있다.

영어 광풍

양재천을 걷노라면 20년 전이라면 정말 희귀했을 일을 종종 겪는다. 외국에서 왔음을 짐작하게 하는 옷차림으로 운동이나 산책을 나온 청소년이나 젊은이 들이 서로 유창한 영어로 대화를 나누는 것이다. 과거에 비해 외국인도 자주 마주치게 되지만, 어린 나이에 미국으로 조기유학을 떠나거나 부모의 직장 때문에 외국에서 오래 생활한 아이들이 더 많다.

이럴 때마다 15년은 넘은 어느 여름날이 생각난다. 대치동의 이름난 삼계탕집에 애들을 데리고 갔는데, 옆자리에 대학생으로 보이는 건장한 두 청년이 삼계탕에 콜라를 시켜놓고 맛있게 들며 영어로 이야기를 나누고 있었다. 내 아이들이 곁눈질로 '삼계탕에 콜라를 먹다니 희한하다'는 표정을 짓던 기억이 난다. 그때는 나도 신기한 광경이라고 생각했지만, 이제는 방학을 맞아 귀국한 조기유학생들이 보여주는 낯설지 않은 모습이 되었다.

입시경쟁의 심장부인 대치동 학원가의 밑바닥에는 '영어 광풍'이 도사리고 있다. 물론 과거부터 입시경쟁에서 수학이 큰 비중을 차지하고 국어 관련 과목도 중요하지만, 요즘 교육열의 사회적 특징은 영어 능력에 대한 과도한 관심과 투자이다. 영어 능력이 탁월해야만 승자독식의 이 사회에서 승자의 위치에 올라설 수 있다는 믿음이 확고하게 뿌리를 내렸기 때문이다. '광풍'이라는 심한 말을 쓰는 이유는 이곳 학부모들이 가능하기만 하다면 자녀의 모국어, 즉 제1언어를 한국어에서 영어로 바꿀 용의가 있기 때문이다. 그것은 불가능하지 않을지는 몰라도 극히 어려운 일이요, 대개는 아이들의 성장에 큰 부작용을 일으킬 '미친' 짓이다. 전문가들에 따르면, 자연스러운 생활환경에서는 어린이가 어른보다 외국어를 훨씬 빨리 배우지만 학습환경에서는 별 차이가 없다. 따라서 영어가 공용어나 일상어가 아닌 상황, 즉 학습상황에서 영어를 우리말처럼 자유롭게 하라는 목표는 달성하기 매우 곤란한 것이며, 아이들에게 정신적으로 엄청난 스트레스를 안겨주게 된다.

영어 광풍이 낳은 몇가지 우스꽝스러운 사례를 들어보자. 양재천 끝머리에는 이곳을 방문하는 학생들이 견학할 수 있는 건물이 세워져 있다.

그런데 건물 벽면에 걸린 명칭이 낯설다. 그것은 영어의 'visitor center'를 직역한 '탄천·양재천 방문자센터'이다. '안내소'나 '안내센터'처럼 과거에 쓰던 익숙한 용어는 미국 문화를 추종하는 심성에는 불만스러운 것 같고, '안내소'는 탈북자 말투로 간주되는 언어감각이 이미 일반화되었을지 모른다는 걱정마저 든다. 또 여러해 전에 양재천변의 한 초등학교를 지나다가 교문 위에 걸린 현수막이 눈에 들어왔다. 미래의 인재를 기른다는 현수막의 내용은 "미래의 리더자"라는 어이없는 표현을 담고 있었다. 그 앞을 적어도 2주일 동안 서너번 지나다니면서 그때마다 확인했지만 현수막은 건재했으니 학교 측은 문제를 모르고 넘어간 것이 틀림없다. 스마트폰 아닌 구형 휴대폰 카메라에 담아둔 탓에 그 현수막 증거 사진이 없어진 것이 못내 아쉽다.

영어에 대한 과잉 투자는 나로서도 할 말이 없다. 내 전공이 영문학이기도 하지만, 아이들이 영어를 잘하지 않으면 앞으로 자신이 정말 하고 싶은 일을 잘할 수 없을 거라는 생각이 내 마음속에도 박혀 있었다. 그래서 자식들의 영어 구사력을 위해 할 수 있는 노력은 다 했다. 두 아이는 내가 얻은 연구년 덕분에 각각 미국의 초등학교와 중학교를 경험했으니 영어 몰입교육을 최소 1년 이상 받은 셈이다.

막내가 중학교 1학년을 미국에서 보낸 후 돌아와 대치동의 영어학원에 다니게 되어서, 학원 원장과의 학부모 면담을 딱 한번 가본 적이 있다. 미국서 자란 교포라서 영어와 우리말이 다 능숙한 원장이 말하기를, 둘째가 속한 반의 학생 열두명 중에 절반 정도만 외국 경험이 있다고 했다. 내가 외국 경험이 없는 나머지 절반이 이 정도 수준의 영어 수업을 따라올 수 있느냐고 물었더니, 원장은 아무 문제가 없으며 그 이유는 나머지

'탄천·양재천 방문자센터'라는
낯선 영어식 명칭이 내걸린 건물.

절반이 대개 국제중학교 학생이기 때문이라고 답하는 것이었다. 놀라지
않을 수 없었다.

그런데 이것은 실제 내가 가르치는 대학에서 선생들이 가끔 경험하는
일이기도 하다. 외국서 오래 자랐을뿐더러 미국 명문대를 나온 한 동료
교수는 어느 면 우리말보다 영어가 더 편한 분이다. 이분이 대학영어(옛
날의 '교양영어'이지만 수업을 모두 영어로 진행한다) 수업에서 한 학생
이 너무 영어를 잘해 어느 나라에서 얼마나 있었느냐고 물어봤더니 외국
경험이 없다고 대답했다며 놀라워한 적이 있다. 이럴 정도로 한국의 일
부 학부모들은 영어에 대해 무한 투자를 하는 중이다.

영어를 영미인처럼 유창하게 한다면 큰 자산임이 분명한데 왜 무한 투
자를 비판하느냐고 할지도 모른다. 그러나 앞서도 말했듯이 인간의 능력,
성장하는 학생의 역량에는 한계가 있는 법이고, 영어에 과잉 투자한 만
큼 다른 영역에서 부작용이 터져나오지 않을 수 없다. 대치동의 교육 열
풍을 다룬 김희애 주연의 드라마 「아내의 자격」(2012)이 국제중학교에 입

학하기 위해 초등학생 자식을 들들 볶는 내용이라는 것도 의미심장하다. 2010년대에 들어서며 국제중학교가 열혈 학부모들의 관심을 끌기 시작한 후, 대치동 학원가에는 초등학생이 책이 가득 담긴 바퀴 달린 가방을 끌고 학원문을 나서서 엄마 차에 올라타는 풍경이 생겨났다. 「아내의 자격」이 종합편성채널 시청률 1위를 기록하자 한 부모는 어느 여성지와의 인터뷰에서 자신이 중학교부터 대학교까지 미국에서 다녔음을 밝히면서 "저는 아예 아이들 공부방을 유리벽으로 만들었어요. 감시를 한다기보다는 교감하는 느낌이 들어서 좋더라고요"[3]라고 말한다. 설마 정말로 유리벽을 만들었을까 의구심부터 들지만, 사실이라고 하더라도 그 무엇과도 바꿀 수 없는 소중한 아들딸들의 선상과 행복을 위해서 절대 따라 할 일이 아니다.

눈에 보이지 않는
지역의 삶

그런데 이처럼 과도한 경쟁으로 넘쳐나는 대치동에 실제 거주하는 주민, 혹은 대치동에서 장사를 하며 이곳을 생계의 터전으로 삼은 이들의 실상은 어떠할까? 이 물음에 제대로 답하려면 심층적인 사회조사가 필요하겠지만, 우선 내가 겪고 관찰한 일화들이 그 실상의 중요한 편린을 보여주리라고 믿는다.

자식이 건강하기를 바라는 것은 어느 부모나 마찬가지이다. 어린 시절에 병약했고 성인이 되어서도 강골은 아니었던 나 역시 두 아이의 심신을 위해 열심히 운동을 시키고 싶었다. 양재천에서 자전거 타기는 이를 위해 좋은 방법이었다. 맘껏 뛰놀아야 할 어린이들에게 콘크리트와 아스팔트 일색인 환경은 결코 행복한 것일 수 없었고, 아빠가 시간을 내는 주말에 양재천을 따라 자전거를 타는 즐거움을 아이들이 마다할 리가 없었다. 큰애와 작은애 사이에 터울이 커서 셋이서 함께 자전거를 탄 경우는 드물었지만, 아이가 자전거에 익숙해지고 난 후에 과천까지는 종종 다녀왔고 한강 쪽으로는 여의도를 왕복한 적도 두어번 있다. 아이들이 중학교에 진학한 후에는 자연스럽게 뜸해지고 말았지만, 양재천 자전거 타기는 부모로서 귀중한 추억으로 남아 있다.

아이에게는 새 자전거를 사줬지만 나는 은마아파트 입구 네거리 모퉁이의 작은 자전거포에서 중고를 사서 썼다. 그 이유는 좁은 집 베란다에 자전거가 하나밖에 들어가지 않아 나머지 자전거를 아파트의 공용 보관대나 복도에 두어야 하는데 새 자전거는 도난당하기 쉬웠기 때문이다. 애들의 세발자전거 시절부터 드나들던 자전거포 주인은 팔십이 넘은 노인이셨다. 서로 낯을 익힌 후에 여쭤보니 이북 함경도가 고향인 분이었다. 고향 생각이 간절하시지 않으냐고 물었더니 너무 오랜 일이라 아무 기억이 없다고 답하시기도 했다. 좁은 가게의 자그마한 구석방에 앉아 계시던 할머니도 고향이 이북이셨다. 에누리를 해주는 법이 없고 자전거 품질보다 가격 싼 것만 찾는 세태를 틈만 나면 탓하던 할아버지는 퉁명스럽기까지 하셨지만, 사실은 노부부가 모두 친근감이 가는 분들이었다. 자식들 얘기까지 물어볼 기회는 없었지만, 영등포에 사시면서 할머니는 대중교통으로 가게로 나오시고 할아버지는 종종 한강을 따라 자전거로 출근하시는 것도 알게 되었다. 나는 내 애들이 장성할 때까지 이 노부부가 자전거포를 지키실 것이라고 막연히 믿고 있었다.

그러나 어느날 자전거포가 있던 건물이 재건축에 들어가 가게는 하루아침에 사라지고 말았다. 재건축에 대한 사전공지도 없었던 터라 지나가다가 건물이 폐쇄된 것을 보고서야 노부부가 가게 터를 잃어버린 것을 알게 되었다. 그 연세에 다른 장소를 물색해서 가게를 새로 내기는 어려울 듯하여 무척 걱정되고 서운하기 짝이 없었다. 여하튼 이후로는 근방에서 중고 자전거포를 찾을 길이 없었다.

대치동의 상가 건물을 20여년에 걸쳐 유심히 관찰해보니 몇가지 패턴이 보였다. 강남이 처음 개발되던 때에 지어진 낡은 건물들은 1990년대 후반부터 하나하나 철거되고 약간 더 높은 층수로 신축된다. 새 건물의 1층에는 음식점과 커피점, 부동산중개소 등이 들어서고 2층 이상에는 동네 병원이나 소규모 기업이 주로 들어선다. 시간이 지나가면서 2층 이상에 입주한 기업 사무실은 차례로 사라지고 결국 입시학원들로 바뀐다. 1층의 커피점, 제과점 등은 업종은 동일해도 한해가 멀다 하고 주인과 가게명이 바뀌거나, 이동통신사 대리점 등 대세를 이루는 업종으로 바뀐다. 한 예로, 내 아이들이 다닌 음악미술학원이 함께 들어 있던 근처의 2층 건물은 24시간 응급실까지 갖춘 동물병원으로 바뀌었다가 어느새 고급 스포츠의류점으로 둔갑했다. 그때마다 철거되어 쏟아져 나오는 인테리어 폐기물과 새로이 들어가는 투자를 자본주의 운영의 불가피한 비용으로 보기에는 너무 심각하다. 자영업과 중소기업의 평균 수익률은 대치동의 높은 임대료를 감당할 수 없는 것이 분명하고, 오로지 입시학원이나 영어학원만이 고액의 임대료를 감당하는 것으로 짐작된다.

부동산 관련 일에 어두운 내가 볼 때에도 대치동 상가 건물의 변화상에는 한국 자본주의의 심각한 폐해가 숨어 있다. 세입자의 권리는 철저히 무시된다. 늙은 베트남 실향민 부부는 건물주가 재건축을 내세워 가게를 비우라고 했을 때 그 어떤 저항도 불가능했을 것이며 아무런 대책 없이 쫓겨났을 것이다. 우리는 건물과 토지의 사유권을 그야말로 신성하고 절대적인 것으로 받아들인다. 세입자의 생존권은 사적 소유권이 아무런 장애물 없이 행사된다는 전제하에서만 배려의 대상이 된다. 다시 말해, 전혀 배려의 혜택을 누리지 못한다. 각자도생의 불가피성은 제도적으로 넘지 못할 높은 벽으로 버티고 있다. 어려서 고향을 잃고 서로 의지하며 어린아이들의 자전거를 고쳐주거나 쓰다 남은 자전거를 사서 고친 후에 싸게 팔기도 하던 노부부의 사회적 삶은 잔인하게 제거되었다고 말해도 지나치지 않다.

또 하나의 일화인 재개발을 둘러싼 갈등은 현재진행형이다. 대치동 안에서도 내가 사는 블록은 좀 특이하다. 강남 개발 당시에 지어진 '○○타운' '○○빌라' 등의 이름을 달고 있는 낡은 2,3층의 연립주택들이 40년 안팎의 세월을 버티며 이 블록에 많이 남아 있다. 반면에 내가 사는 아파트는 앞서도 말했듯이 저층 아파트가 1990년대 말에 최고 22층의 고층 아파트 단지로 재건축되었고, 여기에 인접해서 두 동으로 이루어진 최고 17층의 작은 아파트 단지와 13층의 '나홀로 동' 아파트가 세워져 있다. 또 2004년에는 후문 쪽에 7층 14세대에 불과한 미니 아파트도 들어섰다.

이 아파트들이 있는 위치가 동일 블록 내에서 가장 높은 언덕이기 때문에 연립주택의 입장에서는 조망권이나 전체적인 경관에서 매우 불만스러울 수밖에 없다. 특히 내가 사는 아파트는 김영삼 정권 당시 용적률 완화의 혜택을 받아 최고 22층 높이로 지어진 터라 언덕 위에서 아래의 낡은 '빌라'들을 오만하게 내려다보는 형상이다. 또 블록의 동남쪽 끝에

(위) 폐쇄적인 아파트 단지와 낮은 지대의 연립주택 사이에는 상당한 사회적·심리적 격차가 존재한다.
(아래) 연립주택과 상업용 빌딩이 뒤섞여 혼란스러운 연립주택 지구.

있던 5개동의 아파트 단지는 재건축 대신 리모델링을 선택해서 2년여의 공사 끝에 완공된 상태이고, 연립주택 구역 안에도 3,4층짜리 작은 상업용 빌딩이 침투해 있거나 개별적으로 재건축한 빌라도 있어 혼란스럽다. 이 블록의 재개발이 지역 주민들의 폭넓은 합의하에 계획적으로 이루어지지 못하고 건설회사와 아파트 단지 주민들이 주도하는 가운데 재개발에 따르는 부동산 수익을 노리는 방향으로만 진행되었음이 확연하다.

아파트 단지 주민과 연립주택 주민 간의 사회적·심리적 격차는 상당하다. 7,8년 전만 해도 이 지역 아파트 단지에는 지금처럼 주민 차량 외의 차량 출입을 통제하는 시설이 입구에 설치된 경우가 많지 않았다. 그러나 주차난을 계기로 거의 모든 아파트 단지가 차단기로 내부를 외부와 철저히 단절시킨 지금의 풍경에서 아파트 단지 주민과 그 외부의 주민 간에는 마치 상이한 생물종과도 같은 거리감이 존재한다는 느낌이 든다.

전문가들은 한국 도시의 문제는 아파트가 아니라 아파트 단지임을 지적해왔다. 즉 법률로 뒷받침된 정부 정책에 따라 단지 내의 도로와 주차장, 전기와 소방 설비까지 입주자의 부담으로 건설해온 한국의 아파트 단지는 "공공재의 투자 없이 취약한 도시기반시설을 확보하기 위한 공간기획이자 공간정치학"[4]이다. 대규모의 아파트 단지가 서울 곳곳에 솟아남에 따라 다양한 공간을 이어주는 길과 골목이 사라지고 일종의 자폐도시들이 탄생했다.[5] 따라서 자연스럽게 입주민들은 아파트 단지라는 자신들만의 폐쇄적 공간에 대한 소유의식이 확고하며 아파트 단지의 경제적 가치를 끌어올리는 일에 공동의 이해를 가지게 되었다. 이런 점에서 1990년대에 잠시 벌어진 '아파트 공동체운동'은 '단지'의 본질적 반공동체성에 대한 냉정한 인식 없이 오히려 이를 공동체 형성의 호조건으로 인식했기 때문에 오래가지 못했다는 분석도 나온다.[6] 서울이라는 대도시의 삶을 인간답게 만드는 것은 그만큼 지난한 일인 것이다.

이런 상황에서 노후한 연립주택 소유주들은 억울해서라도 더더욱 부동산 가치를 극대화하는 재개발방식에 매달리게 된다. 내가 사는 블록의 연립주택 주민들은 오래전부터 재개발 움직임을 계속해왔다. 이 블록의 빌라 지역은 '구마을'로 불리며 1,2,3구로 나뉘어 있고, 자세한 사정은 모르지만 재개발방식을 둘러싸고 주민간의 갈등과 알력은 계속되고 있다. 여전히 강남은 한국의 다른 지역과 마찬가지로 '부동산 대박'의 꿈을 버리지 못한 채 재산증식의 수단이 될 재건축에 매달리고 있는 형국인 것이다.

대치동에서 연립주택들이 많은 4개 블록을 자세히 관찰해보면 흥미롭다. 내가 사는 블록의 길 건너 서쪽 블록과 북쪽 블록의 일부는 이미 기존 주택들이 4~6층 규모의 빌라로 재개발이 완료되어 강남 개발 초기 흔적은 찾아보기 어렵다. 새로 지어진 빌라들이 다닥다닥 붙어 있는 천편일률적인 외관은 뜻밖에도 과거 구로공단 노동자 거주지였던 '벌집방'이 밀집했던 구로동이 1990년대에 재개발되어 연립주택들로 변모한 풍경과 판박이다. 아니 내 직장이 있는 봉천동, 신림동의 과거 '달동네' 중에서 고층 아파트로 개발되지 못한 지역이 연립주택으로 재건축된 것과도 똑같다. 강남이든 구로든, 부촌이든 달동네든 재개발 이익만을 앞세운 행태는 유사한 결과를 낳는 것이다.

건축 시점이 제각각인 탓인지 빌라의 세부 디자인과 외장재, 출입문 형태와 자재 등은 똑같은 것을 찾기 힘들 만큼 천태만상이지만 기본구조는 하등 다를 바가 없다. 그나마 가장 두드러진 구조적 차이는, 비교적 새

연립주택 블록의 재개발을 둘러싸고 불거진
갈등을 보여주는 현수막들.

로운 연립주택은 1층을 기둥만 있는 빈 공간으로 설계해 주차장으로 쓰고 2층부터 사람이 사는 데 비해 예전의 형태는 옆집과의 좁은 공간이나 도로변을 주차장으로 활용하고 눈가림 벽으로 창문을 반쯤 가린 반지하층을 두고 있다는 점이다. 대부분이 4층 내지 6층인데 맨 위 두개층 정도는 계단식으로 평수가 줄어들면서 꼭대기층이 옥탑방 비슷한 구조를 이루는 경우가 많고, 연립주택 1층이나 2층까지 세탁소, 유아방, 작은 학원이 자리 잡은 경우도 흔하다. 그러나 사람이 사는 '마을'이 마땅히 갖춰야 할 공공의 공간 확보를 외면하고 사적 공간을 최대화함으로써 부동산 가치, 혹은 임대료 수입을 최우선하는 경향은 손톱만큼도 변함이 없다. 이 무서운 획일성에 어지러울 지경이다. 게다가 테헤란로의 이면도로 유흥가에 인접한 연립주택들 사이로는 주거 지역에 어울리지 않는 업소들도 침투하여 연립주택이 마치 미니 주상복합건물 같은 인상을 풍긴다.

통념과 달리 '대치동'의 주거환경에는 중산층의 고층 아파트만 있는 것이 결코 아니다. 양재천을 가로지르는 다리들 밑의 빈 공간에 판잣집이 파고들어 빈민의 거주 공간으로 사용된 적도 있고, 널리 알려진 철거민촌 구룡마을도 멀지 않다. '대치동'은 도곡동의 '타워팰리스'로 상징되는 초고층의 배타적인 주거 형태, 1970~80년대에 지은 구형 아파트, 2000년대 이후 재건축 붐과 분양가 자율화 바람을 타고 등장한 신형 아파트, 개포동의 영구임대아파트 단지, 만만찮은 비중의 연립주택들, 항상 철거의 위협을 받는 무허가 판자촌 등이 이질적인 공존 상태에서 공간적 위계를 이루고 있다. 여기에 대로변의 사무용·상업용 건물뿐만 아니라 슈퍼마켓이나 빵집처럼 이른바 '근린생활시설'이 들어선 이면도로의 작은 상가건물과 연립주택까지 파고든 무한경쟁의 상징인 학원들이 무질서한 공간 배치의 극치를 이루는 형국이다.

1990년대 초에 막 완공된 개포동 영구임대아파트 단지에 전세를 알아보러 간 적이 있다. 그때 단지 주차장을 가득 메운 택시들에 깜짝 놀라고 말았다. 저소득층의 주거환경을 개선한다는 명분으로 세운 대규모 아파트 단지가 특정한 계층 정도가 아니라 특정한 직업군, 즉 택시기사 가족들의 집단 주거지가 되어 있었던 것이다. 20년이 넘은 지금 그런 극단적 풍경은 없어졌지만, 이곳의 주차장에는 여느 강남 지역과 달리 외제차가 보이지 않는다. 한때 여기에 사는 학생을 잘사는 아파트 단지 학생들이 '영구'로 비하했다는 사실을 기억할 독자도 많을 것이다.

이처럼 특정한 공간을 중심으로 사람살이가 극명하게 나뉜다면 승자독식과 각자도생의 소용돌이는 더욱 거세질 수밖에 없다. '대치동'은 소통 단절을 부추기는 현재의 공간 질서를 생태적 다양성을 지닌 상생의 공간 배치로 바꿔낼 과제를 안고 있다. 앞서 말한 것처럼, 늙은 실향민 부부가 하루아침에 자신의 자전거포를 빼앗겨서는 곤란한 것이다. 그 경우에 그 가게에서 중고 자전거를 사고팔던 지역 주민도 피해를 입으며, 지역 주민의 소통과 상호부조는 공염불에 머물게 된다. 앞서도 말했듯이 서울이라는 대도시의 삶을 인간답게 만드는 것은 매우 어렵지만, 아예 불가능한 일도 아닐 것이다. 언론에도 자주 오르내린 마포의 성미산마을, 동작의 성대골 등이 좋은 예이다. 이 마을들에서는 인접한 주민의 친밀한 관계라는 전통적인 마을 개념이 아니라 비슷한 사고와 가치관으로 엮이는 새로운 공동체의 싹이 자라고 있는 것이다.[7] 이런 경험을 대치동이라는 전혀 다른 조건의 공간에 어떻게 접목할 것인가는 어렵고도 긴요한 생각거리이다.

마무리에
대신하여

서두에서 대도시의 삶이 그 자체로서 부정적인 것이라고 생각하지 않는다고 말했지만 솔직히 말해 확신이 서지 않는다. 인류의 다수가 농촌 아닌 (대)도시에 살게 된 것은 지난 세기 후반부에 이르러 실현된 극히 최근의 현상이다. 전지구적 자본주의의 맹렬한 확산 없이는 가능하지 않았을 일이며, 그 점에서 자본주의 이후를 내다본다면 대도시의 인간 삶은 제어되고 점차 해체되어야 할지도 모른다. 그러나 당분간 대도시의

대치동은 대로변의 상업용 건물과 연립주택,
이면도로 주거지역에 자리 잡은 업소들이 무질서하게 공존해 있다.

삶은 우리의 현실로 존재할 것이요, 그것에 적절하게 대응하는 것은 우리의 생존권과 행복할 권리를 위해 필수적이다.

미국의 역사학자 마이크 데이비스Mike Davis는 세계적인 대도시 지역인 미국 로스앤젤레스에서 중남미 이주민의 도시 적응과 관련하여 흥미로운 분석을 내놓은 바 있다. 백인 문화 외의 삶을 이해하지 못하는 LA 지역의 행정당국은 중남미 이주민들이 생계를 위해 빈민가가 형성되어 있는 도심 지역의 길가에 노점을 열어 물건이나 음식을 파는 것을 불법으로 단속하는 것이 상례이다. 그러나 데이비스는 어떤 지역에서는 시 당국이 중남미 이주민과의 진지한 대화를 통해 도로변의 영업을 일정한 규정과 위생조건 등을 전제 조건으로 허용함으로써 오히려 해당 지역의 경제가 활성화되고, 도심 빈민가가 밤에 공동화됨으로써 빈발했던 범죄를 막는 성과가 있었음을 강조한다.[8] 우리와는 판이한 사회적 조건이지만 시사하는 바가 풍부하다.

지리학자 데이비드 하비David Harvey는 한 좌담에서 1970년대에는 미국 학생들의 80%가 학교를 걸어 다녔지만 20년이 지난 후에는 그 숫자가 10%에도 못 미치는 상황이 끼치는 영향을 언급한다. 그는 자신이 어린 시절 학교를 오가며 온갖 장난을 다 치면서 세상을 배웠다는 사실을 강조하면서 자동차에 의해 강요된 사회성의 결핍을 우려한다. 이에 대해 함께 좌담에 참석한 프레드릭 제임슨Fredric Jameson은 어린 학생의 통학길에 자동차 이용이 보편적 현상이 된 일이 자동차 산업의 이해에 따라 벌어진 일이라는 정치적 교훈을 덧붙여야 한다고 맞장구친다.[9] 밤거리를 걷는 일이 크게 위험하지 않은 서울의 현실과 거리가 먼 이야기이지만, 밤늦게 학원을 마치고 부모가 기다리는 자가용에 지친 몸을 싣는 학생들의 팍팍한 생활과 맥이 통하는 문제이다.

불행하게도 대치동이 속한 강남구청의 도시생활에 대한 미래상은 막연하기만 하다. 최근 강남구는 현대에 매각된 한국전력 부지의 개발 공공기여금을 둘러싸고 서울시와 갈등하고 있다. 그 시비를 가릴 능력이 내게 없고 양쪽이 다 나름의 명분을 가지고 있다고 들었지만, 2015년 7월 초에 강남구의 대로변에 일제히 걸린 현수막들은 퇴행적인 사고방식을 적나라하게 드러낸다. 한 현수막에는 "서울시는 한전부지 개발 공공기여금을 영동대로 세계화 개발에 최우선 사용을 보장하라"라고 적혀 있지만, 영동대교에서 일원터널 입구에 이르는 영동대로가 어떻게 하면 '세계화 개발'이 된다는 것인지 짐작하기 힘들다. 더구나 "서울시는 '골고루 나누어 사용해야 한다'는 시대착오적인 발상으로 국가경제 발전의 거점 도시, 강남구를 죽이려는 우를 범하지 말라"는 현수막을 보노라면 아아, 승자독식을 이렇게 후안무치하게 내세우다니 하는 생각에 그만 얼굴이 붉어진다.

또 "한전부지 개발이익금을 강남구 내 취약시설에 사용하라!"에서 '취약시설'은 구체적으로 무엇을 지적하는지 알기 힘들다. 밤늦게 선릉역이나 삼성역에 내려 집까지 걸어오노라면 테헤란로나 이면도로의 유흥가 길바닥에 명함 크기의 성매매 선전지가 수없이 뿌려져 있다. 마스크로 얼굴을 가린 2인 1조의 젊은 남성들이 오토바이를 타고 지나가며 슬쩍슬쩍 명함을 흘린다. 이른 아침 출근하는 길에 연립주택 골목에 이들이 또 나타나 명함을 뿌리길래 놀라 살펴보니 이번에는 대부업체의 '찌라시'이다. 강남구의 취약시설이 뭔지 몰라도 강남구의 취약점은 바로 이것이다. 테헤란로에 인접한 대치동 블록들에 세워진 오피스텔의 높은 임대료를

2015년 강남구 대로변에 내걸린 현수막들은 승자독식의 사고를 적나라하게 보여준다.

감당할 수익성 높은 사업 중 하나가 성매매임은 공공연한 비밀이며, 부자동네라는 대치동의 연립주택 반지하에 사는 취약계층은 출근길에 대부업체 명함이 눈에 들어오는 순간 고리대라도 써야겠다고 결심하는 것이다.

또 대치동 구석구석에 사는 가난한 노인들을 잊어서는 곤란하다. 지난여름 메르스 사태로 강남삼성병원이 폐쇄되는 바람에 노환으로 장기간 거동을 못하시는 어머니의 약을 타러 삼성병원에서 의뢰한 근처의 작은 내과에 간 적이 있다. 그곳은 같은 강남이라는 게 믿기 힘들 정도로 행색이 초라한 노인 환자들로 붐볐고, 퀴퀴한 냄새가 진동해서 대기실에 앉아 있기가 괴로웠다. 하지만, 두명의 간호사가 익숙한 태도로 어르신들을 친절하게 다루는 것을 보며 개인병원 직원이 마치 사회복지 담당 공무원처럼 일하는구나 하며 감동하기도 했다.

우리는 서울이라는 어마어마한 메트로폴리스의 현재 모습을 체념의 자세로 받아들이지 말고 다양한 계층과 집단이 함께 생존권과 행복권을 보장받을 수 있는 길을 열어야 한다. 물론 '대치동'이라는 강남의 한 지역이 그렇게 탈바꿈하기는 쉽지 않을 것이다. 그러나 대치동만이 아니라 한국의 도시들을 승자독식과 각자도생의 사회적 생존전략이 휩쓸도록 방치해서는 곤란하다. 이 지역 안에 살고 있는 다양한 계층에게 살길이 열리고 그들의 창조적 능력이 발휘됨으로써 일종의 생태적 다양성이 성취되어야 마땅하다. 그래야만 '대치동'의 주역인 중산층 이상의 주민과 그 자녀도 무한경쟁의 압박 속에서 자신의 삶을 불행에 빠뜨리지 않을 수 있다. 입에 담기 정말 거북하지만, 우리 아이들은 성장 과정에서 자신이 사는 아파트 단지에서 두명의 청소년이 투신하여 목숨을 버리는 일을 겪어야 했다.

12

공동체사회론의
철학적 재성찰

이성백

호모 사케르,
현대시민사회의 부정성

어느 시대에나 그 시대를 규정하는 여러 개념들이 배회한다. 오늘날도 마찬가지이다. 그런데 요즈음 세상을 배회하고 있는 개념들은 현재와 미래를 긍정적이고 낙관적으로 그리기보다는 부정적이고 비관적으로 그리고 있는 것들이 대부분이다. 그 가운데 하나가 '호모 사케르'homo sacer(벌거벗은 생명)다. 처음 접한 뒤부터 좀처럼 뇌리에서 사라지지 않는 개념이다. '벌거벗은'이란 표현이 이 시대가 겪고 있는 인간적 아픔을 정확하게 짚어내고 있다는 생각이 든 탓이다. 허리가 굽어 걷기도 힘든 할머니가 고장난 유모차에 폐지를 담아 낑낑거리며 끌고 가는 모습, 이제 서울의 길 곳곳에서 볼 수 있는 이 가슴 아픈 모습이야말로 바로 호모 사케르가 아닌가? 그외에도 호모 사케르는 우리 주변 도처에서 볼 수 있다. 달리 저항의 뜻을 표현할 길이 없어 고공 철탑에 올라가 농성하는 노동자,

'삼포'에서 시작하여 '구포'를 넘어 이젠 '엔포세대'란 표현으로까지 비하된 비전을 상실한 청년들, 이들 모두가 호모 사케르인 것이다. 그런데 호모 사케르의 비극은 벌거벗은 삶을 그냥 감내하는 데에서 멈추지 않는다. 그것은 끝내 벌거벗은 삶과의 결별로 나아간다. '가치있는 삶'으로부터 배제된 호모 사케르가 마지막으로 선택하는 길이 자살이다. 한국이 OECD 회원국 중 자살률 1위의 자살공화국이 되어버렸고, 투신을 생각하는 사람들이 찾아드는 마포대교는 이를 상징하는 다리가 되어버렸다.

　20세기 초가 '세기말적' 증상으로 고통에 시달렸던 것처럼, 21세기 초에 들어선 현대사회는 또다른 차원의 세기말적 상황에 처해 있는 것처럼 보인다. 19세기 후반기 산업혁명과 함께 전개된 산업자본주의 이후 현대사회의 역사를 돌아보면—20세기 후반기 30~40년간의 복지국가 자본주의의 시기를 제외하면—현대인들의 삶은 '인간적인' 삶과는 거리가 먼 것이었다. 산업자본주의 이후부터 현대사회의 부정성—테오도르 아도르노Theodor W. Adorno의 표현을 빌리자면 '야만성'—이 표출되면서, 그 이전에 현대사회에 걸었던 "계몽의 이상"이 깨져나가기 시작하였다. 19세기 후반기에 산업자본주의의 본격적인 발전에 따라 초래된 노동자들의 빈곤과 사회적 불만은 이들의 사회적 저항을 불러일으켰으며, 이는 사회적 차원에서는 사회적 통합의 해체와 사회적 혼란을 의미하는 것이었다. 그런데 19세기 후반기의 사회적 혼란은 20세기 전반기와는 비교가 되지 않을 정도였다. 20세기로 들어서서 국가적 독점자본들 간의 이해의 대립은 세계대전이라는 어마어마한 사회적 혼란을 초래하였으며, 오스발트 슈펭글러Oswald Spengler의 '서구의 몰락'이 상징하듯이, 서구사회가 문명적 몰락에 직면해 있는 것처럼 보이면서, 바로 세기말적 상황이 연출되었다. 세계대전, 경제공황, 아우슈비츠 학살, 히로시마 원폭 투하 등의 가공할 만한 사건들로 점철된, 그리고 그 속에서 수천만명이 희생된 20세기 전반기는 역사학자 에릭 홉스봄Eric Hobsbawm이 평가하듯이, 인류 역사상 가장 끔찍했던 시기였다. 이 시기 서구인이 겪은 정신적 황폐화는 바로 철학에서 허무주의적 경향의 유행으로 표현되었다.

이런 현대사회의 부정적 전개에 서구인들이 그냥 수동적으로 끌려가고 있었던 것만은 아니다. 이 부정성을 극복하려는 염원이 공동체운동에 대한 관심을 불러일으켰으며, 미시적이고 거시적인 차원에 걸쳐 다양한 형태의 공동체 마을이나 사회에 대한 시도가 이루어졌고, 이 공동체운동은 19세기 후반기 이후 서구사회의 주류 흐름과 나란히 또 하나의 주요한 대안적 흐름으로 발전해왔다. '최대다수의 최대행복'의 원리에 따라 사회개혁을 추구한 공리주의, 인륜적 국가의 역할을 통해 사회 전체의 보편적 이해를 확립하려고 한 헤겔Georg W. F. Hegel의 국가공동체론, 쌩시몽Henri de Saint-Simon, 푸리에Charles Fourier, 오언Robert Owen으로 시작하여 맑스Karl Marx를 거쳐 소련의 건국으로 이어진 사회주의운동, 그리고 분열과 혼란에 빠진 현대사회의 통합을 모색하는 데에서 출현한 (도시)사회학이 그러한 것이다. 20세기 전반기 서구사회가 역사적으로 가장 끔찍한 시대적 참상으로 고통을 겪고 있던 반면에 1917년 러시아에서는 사회주의 정부가 수립됨으로써 공동체운동에 대한 기대감이 절정에 달했다. 그러나 소련식 사회주의가 모든 사람이 더불어 사는 새로운 사회가 아니라, 개인의 자유가 억압된 전체주의 사회였다는 것이 드러나고, 마침내 1990년대에 들어서면서 현존 사회주의 체제는 몰락의 길을 가게 되었다. 또한 현존 사회주의 체제의 몰락은 대중들의 마음에 공동체운동에 대한 실망감을 안겨주었으며, 공동체사회에 대한 담론과 실천은 거의 수면 밑으로 가라앉아버렸다.

21세기에 들어서면서 현대사회에서 사회적 불안정성과 대중적 삶의 피폐화가 가시화되면서, 공동체사회에 대한 관심이 다시 일어나고 있다. 시대의 변증법적 반전이라고나 할까, 한때 '역사의 종언'이란 미명 아래 현실적으로 가능한 가장 이상적인 사회라고 설파되던 개인주의적이고 자유주의적 원리에 근거한 사회가 다시 위기적 징후를 드러내고, 그 반대급부로 한때 명예가 실추되었던 공동체 사회와 운동에 대한 복권이 이루어지고 있다. 그러나 공동체에 대한 관심은 조심스러울 수밖에 없다. 무엇보다도 20세기에 실패했던 공동체운동의 괴오를 다시 반복해서는 안 되기 때문이다. 그래서 일차적으로 19세기 후반부터 추구되어온 공동체론에 어떤 원리상의 문제가 있었는지 그 원인을 찾아내야 할 것이고, 이를 위해서 더 포괄적으로 현대사회의 근본적인 성격을 새로이 되돌아볼 필요가 있다. 특히 현대사회의 부정성이나 야만성이 초래된 원인이 어디에 있는지, 그리고 19세기 후반에 이 부정성을 해결할 대안으로 출현한 공동체사회론이 이 원인을 제대로 파악했는지에 주목해야만 한다. 이러한 문제들에 대한 해명을 현대사회의 역사적 발전 과정과의 연관 속에서 고찰해가도록 할 것이다.

현대사회의 역사적 기원으로서의
중세도시

현대사회가 역사적으로 어디에서 기원하였는지에 대해 논하기에 앞서 우선 한가지 물음을 제기해보고자 한다. 왜 서구 사회이론사에서 현대사회를 고대 그리스의 도시국가 '폴리스'polis와 주로 연결시키는 반면, 중세도시와 연관시켜 고찰하는 연구는 없는 것인가? 중세에 대해 남아 있는 기록이 주로 교회에 관한 것이고, 중세도시에 대한 기록이 별로 없었던 것이 일차적인 이유일 수 있겠으나, 중세도시에 대한 연구는 막스 베버Max Weber 외에 소수의 몇몇 학자에 의해 이루어졌을 뿐이다. 그런데 이 몇 안되는 연구만을 들여다보더라도 그 구조적 성격상 중세도시가 현대사회와 매우 유사하다는 것을 알 수 있다. 그리고 중세도시와 비교해 볼 때 그리스의 폴리스는 그 구조적 성격이 현대사회와 상당히 상이하다고 할 수 있다. 또한 서구 사회이론이 현대사회의 기원적 모델을 그리스 폴리스에서 찾는 것이 거의 공식화되어 있지만——그 이유가 민주주의의 유사성에 있겠으나——그리스 폴리스는 현대사회와 구조적 성격이 같지 않다. 앞으로 현대사회와 중세도시의 연관성에 대한 체계적인 연구를 통해 밝혀져야 하겠지만, 우선 이 자리에서 필자는 중세도시가 역사적으로 진화하여 현대사회로 발전하였고, 중세도시가 현대사회의 모태 내지 원형prototype이라는 견해를 피력하고자 한다.

로마 몰락 이후 정체 상태에 있던 중세 유럽에서는 10세기경이 되면서 제조업과 상업이 발달하기 시작하고, 이딸리아 북부 지역과 서유럽 저지대(플랑드르)에 교역의 중심지로서 도시가 성장한다. 바로 여기에서 제조업과 상업이라는 경제적 목적을 기초로 하여 도시가 형성되었다는 것을 확인해둘 필요가 있다. 중세도시 형성의 동인이 경제(그리스 폴리스에서의 오이코스oikos)에 있었다는 것이며, 이는 현대사회도 마찬가지이다. 이 상업과 제조업에 종사하는 사람들을 중심으로 하여 시민cives, bourgeois이 구성되었다. '도시의 공기는 인간을 자유롭게 한다'는 중세 유럽 속담처럼 시민들은 이 도시 안에서 아무런 신분적 예속도 없는 자유인이었고, 역으로 도시는 시민들이 자유롭게 자신의 생업에 종사하는 자유도시였다. 더욱이 중세도시는 이미 현대사회의 기본 구성 요소들을 모두 갖추고 있었다. 전기 르네상스를 대표하는 도시 베네찌아는 아직 대부호가 등장하지 않은 수준에서 소규모 상인과 제조업자를 중심으로 조직된 자치도시로서, 시의 운영을 담당하는 시의회와 시정부(총독)를 선출하였으며, 도시의 방어를 위해 자발적인 시민군을 갖추었다. 중세도시는 일차적으로 생업에 종사하는 도시 공간으로서의 경제사회의 요소와 경제적인 영역에서 발생하는 여러 문제들을 조정하거나 도시 자체의 관리와 운영을 담당하기 위한 정치사회의 요소로 이루어져 있다. 이 중세도시가 역사적으로 진화하여 경제사회로서의 시민사회(일차적·목적적)와 정치사회로서의 정부와 국가(이차적·조정적)를 기본 구조로 하는 현대사회가 형성되었다. 특히 부의 증대를 목적으로 하는 산업과 경제가 중세도시와 현대시민사회의 구성적 핵심이다. 서구가 현대사회의 문명사적 원천을 그리스의 폴리스에서 찾고 있지만, 폴리스는 현대사회와 질적으로 다른 사회였다. 폴리스를 구성하는 것은 아고라의 민주주의라는 공적 영역이었고, 경제는 폴리스 바깥에 위치하는 사적 영역인 가계, 즉 오이코스에 머물러 있었다. 이 비사회적 영역으로 간주되던 오이코스가 사회를 구성하는 요인으로 전면에 등장한 것이 현대사회인 것이다. 폴리스가 정치사회였던 반면에, 중세도시와 현대사회는 경제사회이다.

특히 중세도시들은 이후 영주의 간섭으로부터 벗어나 자치권을 실현해나가는데, 이 자치권을 얻은 중세도시들을 '코뮌'commune이라고 부르게 된다. 바로 여기서 오늘날 개인주의적 경향에 대립하여 더불어 사는 사회라는 의미의 공동체community라는 것이 처음 출현한 것이다. 물론 코뮌은 공동체 말고도 지방자치, 코뮤니즘의 의미로도 진화했다.

이제 오늘날 일반적으로 이해되고 있는 공동체 개념을 염두에 두면서 본래 중세의 코뮌이 어떤 의미에서의 공동체였는지를 살펴볼 필요가 있다. 자치도시, 코뮌의 시민들은 앞에서 언급했듯이 자유인이다. 한편으로는 농노와 같은 봉건제의 신분적 예속에서 벗어나 자기가 원하는 것을 자기의 의지에 따라 행할 수 있는 자율적인 주체로서 자유인이고, 다른 한편으로 퇴니에스Ferdinand Tönnies의 구분을 따라 표현할 때, 시민은 농촌공동체의 유기적 연대로부터 벗어난 비유기적 독립체로서의 개인individuum이다. 유기적 공동체 내에서 인간은 그 구성 부분일 뿐이고, 개별적인 독립성을 갖지 못한 반면, 도시에서의 시민은 모든 유기적 관계로부터 자유로운 개인이다. 이 개인은 자신의 필요와 이해에 따라 다른 개인과 관계를 맺는다. 중세도시는 이 자유로운 개인들이 모여 관계망을 형성함으로써 만들어지게 된 것이며, 특히 영주의 간섭과 지배로부터 독립하여 시민들이 자치적으로 운영해나간 것이 코뮌인 것이다. 자유로운 개인들, 즉 경제적이고 정치적인 주체로서의 개인들이 자신의 자유로운 의지에 의해 그리고 자신의 필요와 목적에 따라 결성한 결사체가 코뮌이다. 단적으로 말해서 코뮌은 '자유로운 개인들의 자유로운 연합'이다. 현대사회가 이상형으로 그려왔던 고전적 모델은 그리스의 아테네가 아니라 바로 이 코뮌이다. 뒤에서 언급하겠지만 중세의 코뮌이라는 공동체는 퇴니에스의 공동사회와 다르고, 오늘날 일반적으로 이해되고 있는 공동체 개념과 다르다. 개인주의의 비판에서 출발하고 있는 오늘날의 공동체 개념은 개인주의와 개인의 주체성을 본질적으로 구분하지 못하고 있다.

코뮌은 전기 르네상스시대로부터 후기 르네상스시대로 넘어가면서 질적인 변화가 일어난다. 코뮌은 자유로운 개인들의 자유로운 연합이자 자유시민들의 민주적인 자치도시로서의 본질적 성격을 상실한다. 도시의 부가 일부 소수에 집중되고, 이들은 막강한 경제력을 바탕으로 도시의 정치적 지배력도 장악한다. 피렌쩨의 메디치가가 그 대표적인 사례라 할 수 있는데, 중세도시는 코뮌적 성격을 상실하고 소수의 권력자에 의해 다수가 지배되는 도시로 변질되고 이는 이후 군주제로 발전되어간다. 특히 시민의식에 있어서도 변화가 일어나는데, 자유로운 개인들은 소유의식이 강화되면서 '탐욕'에 눈먼 이기적 개인들로 전락해간다. 그리고 도시민의 이러한 이기주의화와 개인주의화는 도시의 내적 통합력을 약화시켰으며, 마침내 단떼Alighieri Dante의 불길한 예언처럼 도시의 파멸을 초래하였다. 사회의 역사적 운동도 반복이 되듯이, 19세기 중반 이후 일어난 현대사회의 야만화가 이미 전기 르네상스로부터 후기 르네상스로의 시대적 이행 속에서도 일어나고 있었다. 19세기 후반기 이후 현대사회 속에서 모색된 공동체사회의 원리가 바로 공동체라는 개념의 어원이 되고 있는 중세의 코뮌을 모델로 하고 있는 것처럼 보인다. 그런데 문제는 현대의 공동체사회가 중세의 코뮌과 원리적으로 같지 않다는 것이다.

현대사회에는 전통사회에 비하여 새로운 인간형 내지 새로운 인간의 존재방식이 출현한 것으로 주장되어왔다. 바로 '개인의 출현'이다. 개인은 어떤 것에도 예속되지 않은 자유로운 존재로, 자신의 세계를 창조해나가는 주체라고, 그리고 이런 주체적인 개인에 의해 모든 인간이 자유롭고 평등하며 풍요롭게 살 수 있는 세계(사회)가 실현될 것이라고 설파

되어왔다. 데까르뜨René Descartes 이후 서양의 현대철학은 이 개인의 주체성을, 주체로서 개인의 존재방식을 철학적 논리로 해명하려 해왔다. 그런데 이 현대적 인간형으로서의 개인이 바로 중세도시에서 처음으로 출현하였던 것이다. 이 점에서도 중세도시가 현대사회의 모태임을 확인할 수 있다. 이제 현대적 인간의 전형으로서 개인의 존재방식이 데까르뜨 이후 현대철학과 사회학에서 어떤 식으로 해명되어왔는지를 현대사회의 발전과 변화와 연관 지어 고찰해보도록 하겠다. 특히 여기에서 지금까지 개인의 존재방식에 대해 충분히 고려되지 못했던 점에 대해 논의를 제시해볼 것이다. 그리고 이 논의가 현대사회에서 초래되는 부정성, 즉 개인이 주체로서 선언되는 현대사회에서 인간들이 어떻게 해서 호모 사케르, 벌거벗은 생명으로 버림받게 되는지에 대해 인간학적 측면에서 그 해답을 제시할 수 있을 것이라 기대한다.

현대시민사회에서
인간의 존재방식

주지하다시피 데까르뜨는 철학사에서 현대철학의 창시자로 간주된다. "나는 사유한다, 고로 나는 존재한다"는 명제가 인간을 합리적 존재로, 그리고 합리적 존재인 인간을 세계의 주인으로 선언하고 있기 때문이다. 인간은 이성적 능력을 통해 자신의 삶을 실현하고, 이성적인 세계 속에서 인간이 더 인간답게 사는 세계를 창조해간다는 이념, 이 현대적 이념이 그에 의해 최초로 확립되었다.

데까르뜨의 철학 속에서 '사유하는 나'는 현실사회의 차원에서는 개인이다. 이 개인은 생명체로서 자신의 이성적 능력을 동원하여 자신의 생명을 유지해야 한다. 즉 먹고살아야 하며, 그러기 위해서 생계수단을 확보해야 한다. 단적으로 말해 부나 재산을 소유해야 한다. 따라서 "나는 사유한다, 고로 나는 존재한다"는 명제의 현실적인 의미는 "나는 소유한다, 고로 나는 존재한다"는 데에 있다.

개인의 존재에 대한 현실적이고 사회적인 맥락에서의 논의는 토머스 홉스Thomas Hobbes와 존 로크John Locke의 사회이론을 통해 본격적으로 전개된다. 생존과 자기유지Selbsterhaltung를 위해 부의 소유를 추구하는 개인들에 의해 사회는 어떤 상태로 전개되어나갈 것이며, 어떤 결과를 초래할 것인가? 이를 놓고 현대사회를 긍정적으로 보는 입장과 부정적으로 보는 입장으로 갈라진다. 바로 현대사회이론의 길을 처음으로 연 홉스와 로크에 있어서 두 입장이 대립되고 있다. 이 두 입장의 대립은 단지 철학자들의 학문적인 견해 차이를 넘어서서 현대사회의 역사적 전개 과정과 관계있다.

홉스에 따르면 생존을 추구하는 개인들은 자기의 생존이 다른 어느 것보다 앞서기 때문에 근본적으로 이기적일 수밖에 없다. 이런 이기적인 개인들 간의 관계에서는 서로 자기가 더 많이 가지려 하기 때문에 이해의 충돌 내지 대립이 불가피하다. 그래서 시민사회는 그대로 내버려두면 '만인에 대한 만인의 투쟁 상태'에 빠지게 된다. 홉스에게 있어서 시민사회는 본질적으로 적대적 관계이다. 이에 반해 로크는 개인들이 이기적이기는 하지만, 갈등을 자율적으로 해결할 수 있을 만큼 합리적이다. 따라서 시민사회는 기본적으로 자율적인 조정 능력을 갖추고 있으며, 최소한의 권한만이 부여되는 정부가 이차적인 필요성에서 인정된다. 로크에게 있어서는 자유로운 개인들의 자유로운 연합으로서의 시민사회가 원칙적으로 가능하다.

스페인(무적함대)과의 전쟁 그리고 청교도혁명이라는 사회적 공포와 혼란이 홉스에게 있어서 시민사회의 부정성으로 표현된 반면, 명예혁명 이후 평화적인 발전으로 이어진 영국의 사회상이 로크의 낙관론으로 표현되었다. 로크 이후 19세기 후반기에 유럽에 사회적 혼란이 본격화되기 이전까지 사회이론은 개인들의 자유로운 행위가 사회의 평화로운 발전을 가져온다는 시민사회에 대한 긍정론이 지배적인 경향이었다. 애덤 스미스Adam Smith의 자유방임주의는 시민사회에 대해 로크보다도 더 낙관론으로 나아가고 있다. 개인들의 이기적인 목적의 추구는 시장의 '보이지 않는 손'에 의해 조절되도록 되어 있다. 이에 의해 개인들의 이기적인 행동이 그들 간의 충돌이나 시장의 혼란이 아니라 시장의 자유로운 조화를 이루어낸다. 당시 낙관론 중에서도 최고라 할 수 있는 것은 라이프니츠Gottfried W. Leibniz의 단자론과 예정조화설이다. 단자는 하나의 소우주로서 모든 다른 단자와 독립해 있는 그 자체로서 완결체다. 라이프니츠는 단자론을 통해 개인을 자율적이고 자기완결적인 실체의 자리에 올려놓고 있다. 무수한 단자들은 상호작용이 없이도 서로 조화될 수 있도록 미리 예정되어 있다. 그래서 이 세계는 모든 가능한 세계 가운데에서 가장 좋은 세계이다. "존재하는 것은 모두 옳으니라."

이런 시민사회의 긍정론은 단순한 예찬론이 아니라 당시 시대상의 반영이다. 정치적이고 경제적인 측면에서 시민사회가 안정적인 발전을 이루어가고 있었을 뿐만 아니라, 영국의 경험론과 대륙의 합리론을 위시하여 인문사회과학과 자연과학의 전면적인 발전, 문화와 예술의 눈부신 발전이 이루어졌다. 자유로운 개인들에 의해 자유로운 사회로서의 시민사회가 형성되었고, 인류역사는 현대라는 시대에 이르러 모든 인류가 자유롭고 풍요롭게 살게 되는 세계로 진보해간다는 계몽주의 이념이 유럽인들의 마음속에 자리 잡았다.

19세기 후반 산업자본주의가 본격화되면서 계몽의 이상에 금이 가기 시작한다. 시민사회에 대해서 긍정적인 입장으로부터 부정적인 입장으로 사회이론의 경향이 변화해간다. 인구의 다수를 차지하는 노동자들의 경제적 빈곤화와 여기서 초래된 사회적 갈등이 대두되면서 시민사회의 부정성으로 이론적 관심이 기울어지고, 서두에서 이미 언급했듯이 이 부정성을 해결하기 위한 이론적이고 실천적인 노력들이 다각적으로 이루어졌다. 특히 헤겔은 그의 유명한 변증법 논리 속에서 시민사회를 적대성Antagonismus으로 개념화한다. 당시 영국과 프랑스에서 나타나고 있던 산업자본주의에서 발생하는, 한편으로 부가 소수에 집중되고 다른 한편으로 다수의 빈민층이 창출되는 문제점을 보고, 헤겔은 시민사회를 자기욕구를 충족시키려고 하는 개인들 간의 충돌을 필연적으로 야기시키는 적대적 모순의 사회로 규정한다. 이 시민사회를 그대로 내버려두면 사회 전체의 이해, 즉 보편적 이해가 위태로워지게 된다. 따라서 시민사회의 파국을 막기 위해 사회의 보편적 이해를 담당하는 인륜적 국가를 요청한다.

여기에서 주목할 점은 시민사회의 적대성인데, 한동안 묻혀 있던 홉스의 적대성이 헤겔의 변증법적 사회이론에서 재현되고 있다는 점이다. 시민사회의 적대성의 핵심은, 이기적인 개인들의 관계는 서로 적대적일 수밖에 없고 우호적이고 유대적인 관계가 될 수 없다는 것이다. 비단 헤겔만이 아니라, 19세기 후반기 이후 사회이론들은 전반적으로 시민사회의 부정성과 적대성을 기본적인 경향으로 공유한다. 맑스도 시민사회의 적대성을 헤겔로부터 이어받는다. 물론 그 해결책이 헤겔과 달리 더 급진화하는데, 헤겔이 시민사회의 적대성을 국가의 통제를 통해 제한하려 했다면, 맑스는 시민사회의 적대성 자체를 지양하는 길을 모색했다. 시민사회의 개조를 통해 개인과 사회의 조화의 회복, 『공산당 선언』에서 피력하고 있듯이, "각인의 자유로운 발전이 만인의 자유로운 발전의 조건이 되는 하나의 연합체"의 가능성을 공산주의의 원리로 제시했다. 사회의 철학적 이념의 차원에서 맑스는 자유로운 개인을 전제로 하고 있으나, 과연 개인과 사회의 조화가 어떻게 해서 회복될 수 있을지는 19세기 후반기 이후 현대사회가 풀기 어려운 난제로서 지금까지 계속되고 있다. 개인인가 사회인가는 조화의 문제라기보다는 현실적으로는 어느 쪽을 우위에 둘 것인가라는 선택의 문제가 되었고, 퇴니에스의 사회학 이론에서 잘 드러나고 있듯이, 개인의 자유를 제한함으로써 사회의 보편적 이해를 유지해야 한다는 맥락에서 개인에 대한 공동체 우위론이 전반적인 기조가 된다.

퇴니에스는 공동사회와 이익사회란 개념을 도입하여 전통사회와 현대사회를 사회학적으로 비교한다. 현대사회는 이기적 개인들의 실리적인 이해에 의해 지배되는 이익사회로서, 개인들 사이에 유대가 깨지고 서로 반목하게 된다. 이에 반해 전통사회는 '실제적이고 유기체적인 삶'의 욕구에 부응하고, 신뢰와 친밀성의 장소이자 우애에 의한 유대가 이루어졌던 공동사회이다. 개인주의적이고 이기주의적인 이익사회로부터 새로운 공동사회를 건설함으로써 사회적 통합을 실현해야 한다는 것이

퇴니에스의 로드맵이다. 퇴니에스의 이론에는 전통사회에서 그가 찾아낸 인간적 유대에 대한 지대한 기대감이 내재되어 있다. 이기심에 의해 깨어진 유대의 회복을 바라는 퇴니에스의 이론이 현대사회의 문제를 인식하고 있던 사람들에게 호소력이 컸던 것은 당연한 일이다. 19세기 후반 현대시민사회의 부정성이 표출된 이후부터 인간들 사이의 유대를 회복하여 모든 사람이 다함께 어울려 산다는 공동체사회의 이념이 하나의 시대정신이 되었다.

이제 퇴니에스의 공동사회 개념을 다른 각도에서 고찰함으로써 공동체사회의 이념에서 간과되었던 점을 살펴보도록 한다. 퇴니에스가 전통사회의 모델로 구체적으로 염두에 두고 있었던 것은 중세의 공동체였다. 여기에서 한가지 물음을 던진다면, 그것은 퇴니에스의 문제의식을 좀더 세분할 필요가 있다는 것이다. 즉 그가 공동사회의 모델로 삼았던 중세의 공동체가 농촌 촌락이었는가 아니면 앞에서 언급했던 중세 자치도시, 코뮌이었는가? 여기에서 퇴니에스가 생각했던 것은 전자였다. 물론 중세의 농촌 촌락이 외적으로 영주와 봉건적 예속관계에 있었다는 점을 퇴니에스가 무시했을 리가 없다. 다만 그는 촌락의 내부적인 인간 간의 구성만을 들여다보려 했다. 그리고 이 촌락 '공동체'의 인간적 유대에서 개인주의적으로 파편화된 현대사회의 병리성을 치유할 해법을 찾았다. 그런데 이 촌락 '공동체'의 유대가 개념적으로 바람직한 것인가? 아니면 다른 유대 개념은 없는가? 자치도시를 지칭하는 코뮌의 개념에 들어 있는 '같이함'이란 것은 촌락공동체와는 다른 유대의 개념을 담고 있다. 코뮌의 유대 개념은 자신의 삶을 실현하려고 하는 자유로운 개인들이 자유의사를 통해 서로 연합한다는 (현대적 의미의) 유대 개념이고, 촌락공동체에서의 유대는 개인의 자립성이 결여되어 있는 (전통적이고, 전근대적인) 유대 개념이다. 퇴니에스가 촌락공동체에서 찾은 유대 개념에는 개인의 자유가 빠져 있다.

중세 농촌의 촌락공동체에는 구성원들 간에 거의 한 가족과 같은 강한 유대감이 있었다. 구성원들은 공동체 내에 있는 한 자신의 생존을 걱정할 일이 없었다. 공동체 내에 있다는 것 자체가 이미 생존의 안정성의 보장이었다. 오늘날처럼 취업을 걱정할 필요가 없었다. 그러나 공동체 내에서 그 구성원은 자신이 개인으로서 하고 싶은 것을 할 수가 없었다. 공동체 내에서 이미 주어져 있는 일 외에는 다른 선택의 여지가 없었다. 자기가 하고 싶은 것을 자유롭게 추구할 수 있는 것, 자아의 실현이 바로 이런 존재방식 속에서 존재할 때 그 인간의 규정이 개인이다. 이런 의미에서의 자립적이고 주체적인 개인은 촌락공동체에는 없었다. 이 개인적 성취를 위해서 중세의 농노들은 고향을 버리고 자유로운 공기를 호흡하는 도시로 몰려들었던 것이다. 인간의 존재방식으로서의 개인은 중세도시에서 출현하여 현대사회로 이어져온 역사적 성과이다. 물론 현대사회가 개인들 사이의 적대성이라는 부정성에 직면해 있기 때문에, 개인들 사이의 갈등과 불화를 해결해야 하는 것이 사회적 과제인 것은 맞지만, 그것이 개인의 자유를 제한하거나 무시하는 것이어서는 곤란하다. 19세기 후반에 대두되기 시작한 새로운 공동체론에서는 개인의 자유 문제가 인간적 유대 회복의 절실함 속에서 소홀히 되었다. 그리고 그 결과는 이른바 20세기 '사회주의의 실험'의 실패라는 뼈아픈 역사의 교훈으로 나타났다.

개인의 자유에서 출발하는
새로운 공동체사회의 가능성

　마지막 절의 제목을 '개인의 자유에서 출발하는 새로운 공동체사회의 가능성'이라 붙이기는 했지만, 아직은 물음표다. '자유로운 개인들의 자유로운 연합'은 아직 공허한 개념에 불과할 뿐이고, 이것을 구체화하는 공동체 사회이론이 아직 제시되지 못하고 있기 때문이다. 그 물음에 답을 찾아나가는 것이 이제부터 시작되어야 할 21세기의 시대적 과제인 것이다. 이 과제를 풀어나가는 데 실마리가 될 수 있을 것으로 보이는 한가지를 제시해보는 것으로 결론을 대신하고자 한다.

　자신이 성취하고 싶은 것을 추구할 수 있는 자유로운 개인이 그 기대와는 반대로 벌거벗은 생명에 처하게 되는 원인은 어디에 있는가? 스펙과 자격을 갖춘 많은 청년들이 취업을 못해 실망과 좌절에서 벗어나지 못하는 원인은 어디에 있는가? 개인으로서의 인간의 존재방식에 대해 현대의 학문적 사유가 충분히 심각하게 고려하지 못한 부분이 있는 것처럼 보이는데, 바로 개인과 생존의 문제이다. 전통사회에서는 생존의 안정성은 보장되어 있었다. 공동체가 이미 평생직장과 같은 것이었다. 이에 반해 현대사회에서의 개인은 스스로 자신의 생존을 책임져야 한다. 자신의 미래를 자신이 헤쳐나가야 한다. 생존의 안정성이 주어져 있지 않기 때문에 개인은 불안할 수밖에 없다. 생존의 불안이 개인이 회피할 수 없는 존재방식의 하나이자, 자유로운 개인의 '불편한 진실'이다. 여건과 상황이 허용되어 있을 경우에 개인은 적극적으로 자유로운 삶을 실현하는 길로 나아갈 수도 있으나, 그렇지 않은 경우에 개인은 생존의 절박성으로 내몰릴 수도 있다. 개인들에게 자신의 생존이 자기 책임인 것으로 받아들여지고 있지만, 실제로 개인 스스로 생존의 문제를 해결할 수 있는 것이 아니다. 개인이 아무리 노력하더라도 사회적 환경이 미리 주어져 있지 않다면 개인은 아무것도 해결할 수 없다. 따라서 개인의 자유로운 삶의 실현은 개인 자신만의 문제가 아니다. 그것은 사회적 환경에 달려 있다. 중세 코뮌은 개인의 자유를 위한 사회적 환경이 형성되어 있었기 때문에 사람들이 모여들었던 것이고, 현대사회에도 19세기 중반까지는 개인의 자유를 보장하는 사회적 환경이 형성되어 있었다. 19세기 후반기 이후 현대사회는 자유주의 이념의 지배 속에서 개인의 자유의 실현을 설파해왔지만, 실제로는 다수의 개인이 자유로운 삶의 가능성을 찾지 못한 채 생존의 절박성으로 내몰려왔다. 개인이 자유로운 삶을 실현하기 위해서는 그것을 가능케 하는 사회적 환경이 마련되어 있어야 한다. 구체적으로 말해 취업을 원하는 청년에게는 일자리가 제공되어야 한다. 개인의 자유의 실현은 이것을 가능케 하는 사회 속에서 가능하다.

　제2차세계대전 이후 복지국가 자본주의는 생존의 불안감에서 벗어나 개인들이 스스로 하고 싶은 것을 마음대로 할 수 있는 사회적 환경을 창출하였다. 그러나 1980년대 이후 신자유주의 체제가 다시 다수의 개인들을 생존의 절박성으로 내몰고 있다. 신자유주의에 의해 초래되고 있는 현대시민사회의 부정성을 극복할 대안이 무엇인지 거시적 차원에서는 아직 아무것도 드러난 것이 없지만 미시적이고 지역적인 차원에서는 새로운 움직임이 일어나고 있다. 세계 여러 지역에서 협동조합운동이 전개되고 있고, 서울에서도 협동조합, 마을공동체 사업 등 도시공동체운동이 진행되고 있다.

최근 들어 볼로냐 협동조합이 세계적으로 관심의 대상이 되고 있는데, 자유로운 개인들의 연합이란 코뮌의 원리에 부합되는 모델이라는 점에서 주목할 만한 가치가 있다. 이딸리아 북동부 지역을 1970년대 이후 '제3이딸리아'라고 부르게 되었는데, 이 지역은 포드주의의 한계를 극복하는 새로운 포스트포드주의 생산방식으로 높이 평가되고 있다. 이 지역의 새로운 산업화를 어떤 사회학자는 "현재의 공장 체계보다 더 유토피아적인 어떤 것이 마침내 실현되었다"고 평가할 정도이며, 지역주민과 기업과 지방정부 사이의 호혜적 협력, 즉 지역적 유대가 잘 이루어져 있다고 한다. 특히 제3이딸리아 지역의 에밀리아─로마냐의 주도(州都)인 볼로냐는 협동조합 도시로서 '세계 협동조합의 수도'라는 명칭을 얻고 있다. 건설, 유통 등 주요 산업이 대기업이 아니라 협동조합의 형태로 조직되어 있을 뿐만 아니라, 경제적 효율성이 높은 방식으로 협동조합이 조직·운영되고, 그 성과가 지역 조합원들에게 돌아가는 대규모 신산업의 면모를 보이고 있다. 이 제3이딸리아가 세계 다른 지역에도 적용될 수 있는 일반성이 있는지, 이딸리아에서만 가능한 특수한 모델인지에서부터 많은 논의가 필요하지만, 자유로운 개인들에 의해 결성되는 자유로운 공동체라는 코뮌의 원리에 의거하고 있다는 점에서 대안적 관점으로 새로이 주목해 볼 필요가 있다.

류보선_ 광장의 꿈, 혹은 권력의 광장에서 대화의 광장으로

1   김중혁『뭐라도 되겠지 ─ 호기심과 편애로 만드는 특별한 세상』, 마음산책 2011,
    282~83면.
2   권기봉『다시, 서울을 걷다』, 알마 2012, 60면.
3   박민규 외『눈먼 자들의 국가』, 문학동네 2014, 57면.
4   문강형준 「"자네는 학자잖나. 어서 말을 걸어보게" ─ 세월호 침몰과 파국적 사유」,
    『말과 활』 2014년 5-6월호, 79면.

염복규_ '서울 남촌', 100년의 역사를 걷는다

1   「新春을 迎하는 京城, 푸지고 번화한 남촌 경황 쓸쓸하고 적적한 북촌 일대」,『동아일
    보』 1922. 1. 1.
2   전우용『서울은 깊다』, 돌베개 2008, 117~25면.
3   이하에서 한양공원, 조선신궁 등에 대한 내용은 김대호 선생(국사편찬위원회 편사연
    구사)의 교시와 답사 안내에 크게 의존한 것임을 밝혀둔다.
4   『매일신보』 1936. 12. 3.
5   『한국일보』 2010. 4. 27.
6   「한양도성 훼손하고 세운 일제 조선신궁 터 첫 확인」,『연합뉴스』 2014. 8. 13.
7   종로 일통행인 「경성 경운동 개벽사 엽서통신」,『별건곤』 1930년 11월호.
8   김미선『명동 아가씨』, 마음산책 2012, 189~90, 195~97면.
9   『주간한국』 2014. 11. 3.
10 『동아일보』 2015. 8. 21.

신수정_ 노인에 대하여 말할 때 우리가 제대로 말하지 못한 것들

1 정성일 「마음을 따뜻하게 해주는 '몰래 카메라'」, 『말』 2002년 7월호, 177면.

2 오애리 「두 노인의 사랑 다큐로 담고 싶었다——박진표 감독 인터뷰」, 『문화일보』 2002. 8. 9.

3 H. Lefebvre, *Writings on Cities*, Blackwell, 1996, 223면.

4 박승진 「모던보이, 공원을 거닐다——탑골공원을 통해서 바라본 근대 공원의 풍경과 일상」, 『공원을 읽다——도시 공원을 바라보는 열두가지 시선들』, 나무도시 2010, 18~19면.

5 이양숙 「채만식 소설에 나타난 1941년의 경성과 지식인」, 서울시립대학교 도시인문학연구소 엮음 『1930~40년대 경성의 도시체험과 도시문제』, 라움 2014, 319면.

6 이강원 「공공 공간의 전유와 배제 논리——1990년대 후반부터 2000년대 초반까지 탑골공원의 사례」, 『대한지리학회지』 48권 6호, 2013, 949면.

7 김선미 『구경』, 커뮤니케이션북스 2003, 22~23면.

8 오근재 『퇴적 공간』, 민음인 2014, 84면.

9 같은 책 84~85면.

10 같은 책 189~90면.

11 박범신 『은교』, 문학동네 2010, 12면.

12 같은 책 93면.

13 같은 책 95면.

14 박완서 「그리움을 위하여」, 『박완서 단편소설 전집 7』, 문학동네 2013, 37면.

15 같은 글 38면.

16 같은 글 43~44면.

17 지그문트 바우만 『쓰레기가 되는 삶들』, 정일준 옮김, 새물결 2008, 71면.

조연정_ 이 멋진 도시를 어떻게 내 것으로 만들 수 있을까

1 「신규 대졸자 43% 경제활동 안해」, 『서울경제』 2013. 4. 17.

2 「청년 고용 빙하기」, 『한국일보』 2015. 7. 27.

3 오찬호 『우리는 차별에 찬성합니다——괴물이 된 이십대의 자화상』, 개마고원 2013, 23~24면.

4 한병철 『피로사회』, 김태환 옮김, 문학과지성사 2012.

5 「'달관세대'가 사는 법」,『조선일보』2015.2.23~25.

6 오찬호, 앞의 책 228면.

7 류동민『서울은 어떻게 작동하는가 — 그리고 삶은 어떻게 소진되는가』, 코난북스 2014, 65면.

8 같은 책 66면.

9 정민우『자기만의 방 — 고시원으로 보는 청년 세대와 주거의 사회학』, 이매진 2011, 180면.

10 같은 책 178~80면.

11 같은 책 176~77면.

12 같은 책 177면.

13 김사과『천국에서』, 창비 2013, 92, 96~97면.

14 같은 책 131면.

15 같은 책 137면.

16 같은 책 144면.

17 같은 책 144~45면.

18 같은 책 151면.

19 같은 책 119면.

최윤영_ 새로운 이방인 서울사람들

1 「서울서 만나는 이주민의 손맛」,『연합뉴스』2015.5.18~6.15.

2 박천응「한국사회의 다문화 현실 비판과 정책적 과제」,『선교와 신학』2012년 봄호, 15면.

3 세계 각국에서는 이민자 증가와 더불어 새로운 사회문제들이 등장하고 있다. 미국에서는 불법 이민과 테러가 가장 큰 사회문제가 된 반면, 독일의 경우 가장 큰 문제는 주류사회와 이민자사회의 화합문제로 나타난다. 주류사회에서는 독일 문화의 이질화에 대한 불안, 외국인 혐오, 민족주의 등이 표출되는데 특히 자국의 경제 사정이 좋지 않을 때는 자국 노동자의 일자리를 뺏는다는 불안이 생겨나고 이민자들이 연금을 받을 나이가 되면서 독일인의 사회보장기금을 축내고 있다는 비난까지도 일고 있다. 이주민사회에서는 동화와 정체성의 보존 사이 갈등이 문제로 대두된다.

4 최윤영「독일 이민자에 대한 한국사회의 이미지 변동 연구」,『독일어문화권연구』

17권, 2008, 305~23면 참조.

5 정성화『박정희 시대와 파독 한인들』, 선인 2013, 85면 이하(김태우 구술), 172면 이하(전이종 구술) 참조. 이 책은 주로 파독 광부와 간호사들의 구술에 집중하고 있는데, 이들의 파독이 한국 현대사에 어떤 의미를 가질 수 있는가라는 질문에 여러 구술자가 파독 자체와 더불어 새로운 다문화사회에 자신들의 경험을 전달할 수 있음을 들면서 과거의 자신들처럼 한국에 온 이주노동자들이 이곳에서 성공적 삶을 살 수 있는 기회를 제공해야 한다고 주장한다.

6 같은 책 86면.

7 최웅선 외『다문화사회에서 외국인 주민은 어디에서 사나?』, 대영문화사 2013, 66면.

8 법무부 2015년 1/4분기 자료. 서울연구원「서울의 외국인 수, 얼마나 늘었나?」,『서울인포그래픽스』 137호(2015. 5. 18)에서 재인용.

9 같은 자료 참조.

10 하성규·마강래·안아림「서울시 외국인 주거지의 공간적 분리패턴에 관한 연구」,『서울도시연구』 12권 3호, 2011, 91~105면.

11 최웅선 외, 앞의 책 27면 이하.

12 심영희「초국적 장과 초국적 정체성」, 이소희 엮음『다문화사회, 이주와 트랜스내셔널리즘』, 보고사 2012, 32~38면.

13 「'비정상회담' 제작진이 시청자의 요구와 소통하는 방식」,『헤럴드경제』 2015. 7. 5.

14 「JTBC '비정상회담'의 훈남 4인방, 한국·한국인을 말하다」,『월간중앙』 2014년 9월호.

15 「외국인 예능, 감초에서 주연으로」,『스포츠서울』 2014. 9. 12.

16 미디어에 노출된 모습 역시 이러한 변모를 확인시켜 준다.「미녀들의 수다」에 출연했던 베라 홀라이터는『서울의 잠 못 이루는 밤 ─ 한국에서의 일년』(문학세계사 2009)이라는 책을 써서 화제가 되었다. 이 책에 따르면 저자가 한국이라는 나라를 알게 된 계기는 독일에서 우연히 한 한국 여학생의 설문지에 답변을 하고부터였다. 그 여학생은 독일에서 한국인의 이미지에 대한 논문을 쓰기 위해 한국이 선진국인지, 풍부한 문화유산을 지닌 나라인지, 한국 여행을 상상해볼 수 있는지, 한국인과의 결혼이 상상이 되는지 등을 물어보았는데, 홀라이터는 세번째 네번째 질문에 긍정적 대답을 했다고 쓰고 있다.(13면) 그러면서 당시 자신이 독일에서 보통의 독일인과 비슷한 지식을 가지고 있었고 88올림픽 개최지가 서울이었다는 것, 독일에 입양된 한국의 두 여자

아이, 태권도, 노트북과 휴대전화, 현대, 엘지, 대우와 분단국가, 핵무기 위협 등이 아는 것의 전부였다고 쓰고 있다.

17 왕한석 「국제결혼 이주여성의 언어 적응의 제 양상」, 『2006년도 한국사회언어학회·담화인지언어학회 공동학술대회 자료집』, 2006.4, 15면.

18 같은 글 15면.

19 「이 땅에 사는 외국인도 한국인의 심장을 가졌다」, 『중앙일보』 2015. 5. 28.

20 필립 라스킨 「한국을 브랜딩하라!」, 『세계가 사랑한 한국』, 안기순·이서연 옮김, 파이카 2010, 35면.

변미리_ 서울의 핫 플레이스 혹은 '뜨는 거리'

1 장소성(Identity of Place, Sense of Place)이란 장소의 본질, 구체적으로는 장소가 지니는 의미이며, 인간의 체험을 통해 나타나는 물리적인 환경에 대한 의식이라 할 수 있다. 또한 도시환경에 대한 개인 또는 집단적 인식, 그리고 특수성과 공통성을 동시에 내재하는 것이라 할 수 있다.

2 Wonho Jang · Terry Clark · Miree Byun, *Scenes Dynamics in Global Cities: Seoul, Tokyo and Chicago*, 서울시정개발연구원, 2011.

3 미국의 새로운 세대나 계층의 부상을 저널리스트의 시각에서 풀어내는 데이비드 브룩스(David Brooks)는 자신의 저서 『보보스 — 디지털 시대의 엘리트』(2001)에서 미국에서 새롭게 부상하는 상류층으로 보보(Bobo)라는 신조어를 제시했다. 자본주의 사회의 부르주아 계층이면서 보헤미안적 반문화(counter-culture)의 가치를 추구하는 성격을 지닌 신계층 보보의 하이브리드적 라이프스타일은 우리가 꿈꾸던 이상이다. 자유로운 정신을 보유하면서 속물적이지 않은 예술적 소비와 향유를 주도하는 이 새로운 계층은 이후 리처드 플로리다(Richard Florida)의 '창조계급'으로 이어지는 유사성을 갖고 있다.

4 김남균·김마스타·신현준 대담 「젠트리피케이션의 과정 진단과 대안 모색」, 『문화+서울』 2015년 3월호.

정수진_ 청계천, 서울의 빛나는 신전

1 송도영 「청계천 공구상가 사람들의 활동권역과 관계망」, 서울시립대 부설 서울학연구소 주최 심포지엄 자료집 『20세기 서울의 변천사 3 — 서울 남촌: 시간, 장소, 사람』

2011.11.17.

2 청계천 복원 과정에서 발굴된 유적에 대한 조사는 교통혼란을 가중시키고 비용증가
로 인한 시민의 부담이 증가한다는 것을 근거로, 그 기간이 충분히 주어지지 않은 채
공사구간에만 한정하여 졸속으로 진행된 후 급히 마무리되었다.

3 오영욱『그래도 나는 서울이 좋다──흔적과 상상, 건축가 오기사의 서울 이야기』, 페
이퍼스토리 2012.

4 구본준「세운상가 트릴로지 2──세운상가에서만 볼 수 있는 것들」,『한겨레』블로그
'구본준의 거리 가구 이야기', 2008.3.24.

김성홍_ 땅과 용적률의 인문학

1 Kim Kwang-jong, *International Urban Form Study: Development Pattern and Density of Selected World Cities*, 서울시정개발연구원, 2003.

2 「서울의 건축 주택행정」, 서울시 주택정책실 자료, 2011.

3 장남종·맹다미·민승현『서울시 뉴타운·재개발 해제지역의 실태조사 분석연구』, 서
울연구원 연구보고서 2013-BR-10, 2014.11.28, 36~38면.

4 서울시토지관리과「서울시, 2015년도 개별공시지가 결정·공시」, 서울특별시 주택
도시계획 부동산 소식, 2015.5.29.

정홍수_ 보행 공간의 확장과 자발성의 공간 실천

1 리베카 솔닛『걷기의 역사』, 김정아 옮김, 민음사 2003, 10면.

2 같은 책 12면.

3 같은 책 13면.

4 같은 책 23~24면.

5 홍기원『성곽을 거닐며 역사를 읽다』, 살림 2010, 96면.

6 조경란「일요일의 철학」,『일요일의 철학』, 창비 2013, 135~36면.

서우석_ 「강남스타일」이 노래한 강남

1 정희준「싸이의 '포르노 한류', 자랑스럽습니까?」,『프레시안』2013.4.18.

2 유하「바람 부는 날이면 압구정동에 가야 한다 2」,『바람 부는 날이면 압구정동에 가
야 한다』, 문학과지성사 1991, 60면.

3 「스타인터뷰—소크라테스 '싸이'」,『엘르』2015년 12월호.

4 조혜정「압구정 '공간'을 바라보는 시선들—문화정치적 실천을 위하여」, 현실문화
연구 엮음『압구정동—유토피아 디스토피아』, 현실문화연구 1992.

5 심승희·한지은「압구정동·청담동 지역의 소비문화 경관 연구」,『한국도시지리학회
지』9권 1호, 2006 ; 주성재「한국 영화산업의 발전과 공간적 집적 특성—새로운 부
흥의 중심지로서 서울 강남지역의 등장」,『대한지리학회지』41권 3호, 2006.

김명환_ '대치동', 승자독식과 각자도생의 소용돌이

1 서울역사박물관『강남 40년—영동에서 강남으로』, 서울역사박물관 2011, 90면.

2 함인선『건축은 반역이다』, 서울포럼 1999, 210면.

3 「대치동 열혈맘 3인—내 아이 국제중 합격기」,『우먼센스』2012년 5월호.

4 박철수『아파트—공적 냉소와 사적 정열이 지배하는 사회』, 마티 2005, 145면.

5 같은 책 140면.

6 박인석『아파트 한국사회』, 현암사 2013, 297~303면.

7 하승창『나의 시민운동 이야기』, 휴머니스트 2015, 225~31면.

8 Mike Davis, *Magical Urbanism: Lations Reinvent the us City*, Verso 2000.

9 데이비드 하비·프레드릭 제임슨·마사오 미요시·백낙청 좌담「변혁운동과 녹색사
상」,『창작과비평』1995년 겨울호, 34면.

사진 제공

국가기록원	123면(관리번호: CET0069908)
김명환	280~299면
김성	165(아래), 173, 177, 184, 215면
김봉관	204면(왼쪽)
김형범/김성홍건축도시연구실	192, 197, 210면
동아일보	25, 79, 85, 107면
박영채	204면(오른쪽)
서울시	23면(아래)
서울연구원	155(위), 245면
연합뉴스	35, 65(오른쪽), 141, 165(위), 260, 263면
염복규	45(아래), 47(오른쪽), 51, 53(아래), 69면
장호준	168면
정홍수	224, 228면
코리아넷/Flickr	30면
한국경제	102, 255면(오른쪽)
한국관광공사	23(위), 155면(아래)
Deiz/wikipedia.org	255면(왼쪽)